AF231750

BULLETINS

OFFICIELS

DE LA GRANDE ARMÉE.

BATAILLE DE WAGRAM,

Gagnée par les Français le 6 Juillet 1809.

BULLETINS

OFFICIELS

DE LA GRANDE ARMÉE,

RECUEILLIS ET PUBLIÉS

PAR ALEXANDRE GOUJON,

ANCIEN OFFICIER D'ARTILLERIE LÉGÈRE, MEMBRE DE LA LÉGION D'HONNEUR.

CAMPAGNES

DE PRUSSE, DE POLOGNE

ET D'AUTRICHE.

PARIS.

BAUDOUIN FRÈRES, IMPRIMEURS-LIBRAIRES,
RUE DE VAUGIRARD, N° 36.

25 MARS 1821.

BULLETINS

DE

LA GRANDE ARMÉE.

QUATRIÈME COALITION.

SUITE

DES CAMPAGNES DE PRUSSE
ET DE POLOGNE.

CINQUANTE-SIXIÈME BULLETIN.

Arensdorf, le 5 février 1807.

APRÈS le combat de Mohringen, où elle avait été battue et mise en déroute, l'avant-garde de l'armée russe se retira sur Liebstadt ; mais le surlendemain, 27 janvier, plusieurs divisions russes la joignirent, et toutes étaient en marche pour porter le théâtre de la guerre sur le bas de la Vistule.

Le corps du général Essen, accouru du fond de la Moldavie, où il était d'abord destiné à servir contre les Turcs, et plusieurs régimens qui étaient en Russie, mis en marche depuis quelque temps des extrémités de ce vaste empire, avaient rejoint les corps d'armée.

L'Empereur donna ordre au prince de Ponte-Corvo de battre en retraite, et de favoriser les opérations offensives de l'ennemi, en l'attirant sur le bas de la Vistule. Il ordonna en même temps la levée de ses quartiers d'hiver.

Le 5e corps, commandé par le général Savary, le maréchal Lannes étant malade, se trouva réuni le 31 janvier à Brok, devant tenir en échec le corps du général Essen, cantonné sur le Haut-Bug.

Le 3e corps se trouva réuni à Mysiniez;

Le 4e corps à Willenberg;

Le 6e corps à Gilgenburg;

Le 7e corps à Neidenburg.

L'Empereur partit de Varsovie, et arriva le 31 au soir à Willenberg. Le grand-duc s'y était rendu depuis deux jours, et y avait réuni toute sa cavalerie.

Le prince de Ponte-Corvo avait successivement évacué Osterode, Tobau, et s'était jeté sur Strasburg.

Le maréchal Lefebvre avait réuni le 10e corps à Thorn, pour la défense de la gauche de la Vistule et de cette ville.

Le 1er février, on se mit en marche. On rencontra à Passenheim l'avant-garde ennemie qui prenait l'offensive, et se dirigeait déjà sur Willenberg. Le grand-duc, avec plusieurs colonnes de cavalerie, la fit charger, et entra de vive force dans la ville.

Le corps du maréchal Davoust se porta à Ortelsburg.

Le 2, le grand-duc de Berg se porta à Allenstein avec le corps du maréchal Soult.

Le corps du maréchal Davoust marcha sur Whastruburg.

Les corps des maréchaux Augereau et Ney arrivèrent dans la journée du 3 à Allenstein.

Le 3 au matin, l'armée ennemie, qui avait rétrogradé en toute hâte, se voyant tournée par son flanc gauche, et jetée sur cette Vistule qu'elle s'était tant vantée de vouloir passer, parut rangée en bataille, la gauche appuyée au village de Moudtken, le centre à Joukowo, couvrant la grande route de Liebstadt.

Combat de Bergfried.

L'Empereur se porta au village de Getkendorf, et plaça en bataille le corps du maréchal Ney sur la gauche, le corps du maréchal Augereau au centre, et le corps du maréchal Soult à la droite, la garde impériale en réserve. Il ordonna au maréchal Soult de se porter sur le chemin de Gustadt, et de s'emparer du pont de Bergfried, pour déboucher sur les derrières de l'ennemi avec tout son corps d'armée ; manœuvre qui donnait à cette bataille un caractère décisif. Vaincu, l'ennemi était perdu sans ressource.

Le maréchal Soult envoya le général Guyot, avec sa cavalerie légère, s'emparer de Gustadt, où il prit une grande partie du bagage de l'ennemi, et fit successivement 1600 prisonniers russes. Gustadt était son centre de dépôts. Mais au même moment le maréchal Soult se portait sur le pont de Bergfried avec les divisions Leval et Legrand. L'ennemi, qui sentait que cette position importante protégeait la retraite de son flanc gauche, défendait ce pont avec 12 de ses meilleurs bataillons. A trois heures après midi, la canonnade s'engagea. Le 4ᵉ régiment de ligne et le 24ᵉ d'infanterie légère, eurent la gloire d'aborder les premiers l'ennemi. Ils soutinrent leur vieille réputation. Ces deux régimens seuls, et un bataillon du 28ᵉ en réserve, suffirent pour débusquer l'ennemi, passèrent au pas de charge le pont, enfoncèrent les 12 bataillons russes, prirent 4 pièces de canon, et couvrirent le champ de bataille de morts et de blessés. Le 46ᵉ et le 55ᵉ, qui formaient la seconde brigade, étaient derrière, impatiens de se déployer ; mais déjà l'ennemi en déroute abandonnait épouvanté toutes ses belles positions ; heureux présage pour la journée du lendemain !

Dans le même temps, le maréchal Ney s'emparait d'un bois où l'ennemi avait appuyé sa droite ; la division Saint-Hilaire s'emparait du village du centre ; et le grand-duc de Berg , avec une division de dragons placée par escadrons au centre, passait le bois et balayait la plaine, afin d'éclaircir le devant de notre position. Dans ces petites attaques partielles, l'ennemi fut repoussé et perdit une centaine de prisonniers. La nuit surprit ainsi les deux armées en présence.

Le temps est superbe pour la saison ; il y a trois pieds de neige ; le thermomètre est à deux ou trois degrés de froid.

A la pointe du jour du 4 , le général de cavalerie légère Lasalle battit la plaine avec ses hussards. Une ligne de cosaques et de cavalerie ennemie vint sur-le-champ se placer devant lui. Le grand-duc de Berg forma en ligne sa cavalerie, et marcha pour reconnaître l'ennemi. La canonnade s'engagea ; mais bientôt on acquit la certitude que l'ennemi avait profité de la nuit pour battre en retraite, et n'avait laissé qu'une arrière-garde de la droite , de la gauche et du centre. On marcha à elle, et elle fut menée battant pendant six lieues. La cavalerie ennemie fut culbutée plusieurs fois ; mais les difficultés d'un terrain montueux et inégal s'opposèrent aux efforts de la cavalerie. Avant la fin du jour , l'avant-garde française vint coucher à Deppen. L'Empereur coucha à Schlett.

Le 5, à la pointe du jour, toute l'armée française fut en mouvement. A Deppen, l'Empereur reçut le rapport qu'une colonne ennemie n'avait pas encore passé l'Alle, et se trouvait ainsi débordée par notre gauche, tandis que l'armée russe rétrogradait toujours sur les routes d'Arensdorf et de Landsberg. Sa Majesté donna l'ordre au grand-duc de Berg et aux maréchaux Soult et Davoust de poursuivre l'ennemi dans cette direction. Elle fit passer l'Alle au corps du maréchal Ney, avec la division de cavalerie légère du général Lasalle et une division de dragons, et lui donna l'ordre d'attaquer le corps ennemi qui se trouvait coupé.

Combat de Waterdorf.

Le grand-duc de Berg, arrivé sur la hauteur de Waterdorf, se trouva en présence de 8 à 9,000 hommes de cavalerie. Plusieurs charges successives eurent lieu, et l'ennemi fit sa retraite.

Combat de Deppen.

Pendant ce temps, le maréchal Ney se canonnait et était aux prises avec le corps ennemi qui était coupé. L'ennemi voulut un moment essayer de forcer le passage, mais il vint trouver la mort au milieu de nos baïonnettes. Culbuté au pas de charge, et mis dans une déroute complète, il abandonna canons, drapeaux et autres bagages. Les autres divisions de ce corps voyant le sort de leur avant-garde, battirent en retraite. A la nuit, nous avions déjà fait plusieurs milliers de prisonniers, et pris 16 pièces de canon.

Cependant, par ces mouvemens, la plus grande partie des communications de l'armée russe ont été coupées. Ses dépôts de Gustadt et de Liebstadt, et une partie de ses magasins de l'Alle, avaient été enlevés par notre cavalerie légère.

Notre perte a été peu considérable dans tous ces petits combats; elle se monte à 80 ou 100 morts, et à 3 ou 400 blessés. Le général Gardanne, aide-de-camp de l'Empereur, et gouverneur des pages, a eu une forte contusion à la poitrine. Le colonel du 4ᵉ régiment de dragons a été grièvement blessé. Le général de brigade Latour-Maubourg a été blessé d'une balle dans le bras. L'adjudant-commandant Lauberdière, chargé du détail des hussards, a été blessé dans une charge. Le colonel du 4ᵉ régiment de ligne a été blessé.

CINQUANTE-SEPTIÈME BULLETIN.

Preussich-Eylau, le 7 février 1807.

Le 6 au matin, l'armée se mit en marche pour suivre l'ennemi : le grand-duc de Berg, avec le corps du maréchal Soult, sur Landsberg ; le corps du maréchal Davoust, sur Heilsberg, et celui du maréchal Ney sur Worenditt, pour empêcher le corps coupé à Deppen de s'élever.

Combat de Hoff.

Arrivé à Glaudau, le grand-duc de Berg rencontra l'arrière-garde ennemie, et la fit charger entre Glaudau et Hoff. L'ennemi déploya plusieurs lignes de cavalerie qui paraissaient soutenir cette arrière-garde, composée de douze bataillons, ayant le front sur les hauteurs de Landsberg. Le grand-duc de Berg fit ses dispositions. Après différentes attaques sur la droite et sur la gauche de l'ennemi, appuyées à un mammelon et à un bois, les dragons et les cuirassiers de la division du général d'Hautpoult firent une brillante charge, culbutèrent et mirent en pièces deux régimens d'infanterie russe. Les colonels, les drapeaux, les canons et la plupart des officiers et soldats furent pris. L'armée ennemie se mit en mouvement pour soutenir son arrière-garde. Le maréchal Soult était arrivé : le maréchal Augereau prit position sur la gauche, et le village de Hoff fut occupé. L'ennemi sentit l'importance de cette position, et fit marcher dix bataillons pour le reprendre. Le grand-duc de Berg fit exécuter une seconde charge par les cuirassiers, qui les prirent en flanc et les écharpèrent. Ces manœuvres sont de beaux faits d'armes, et font le plus grand honneur à ces intrépides cuirassiers. Cette journée mérite une relation particulière. Une partie des deux armées passa la nuit du 6 au 7 en présence. L'ennemi fila pendant la nuit.

A la pointe du jour, l'avant-garde française se mit en marche, et rencontra l'arrière-garde ennemie entre le bois et la petite ville d'Eylau. Plusieurs régimens de chasseurs à pied ennemis qui la défendaient furent chargés et en partie pris. On ne tarda pas à arriver à Eylau, et à reconnaître que l'ennemi était en position derrière cette ville.

CINQUANTE-HUITIÈME BULLETIN.

Preussich-Eylau, le 9 février 1807.

Combat d'Eylau.

A un quart de lieue de la petite ville de Preussich-Eylau, est un plateau qui défend le débouché de la plaine. Le maréchal Soult ordonna au 46ᵉ et au 18ᵉ régimens de ligne de l'enlever. Trois régimens qui le défendaient furent culbutés ; mais au même moment une colonne de cavalerie russe chargea l'extrémité de la gauche du 18ᵉ, et mit en désordre un de ses bataillons. Les dragons de la division Klein s'en aperçurent à temps ; les troupes s'engagèrent dans la ville d'Eylau. L'ennemi avait placé dans une église et un cimetière plusieurs régimens. Il fit là une opiniâtre résistance ; et, après un combat meurtrier de part et

d'autre, la position fut enlevée à dix heures du soir.
La division Legrand prit ses bivouacs au-devant de
la ville, et la division Saint-Hilaire à la droite. Le
corps du maréchal Augereau se plaça sur la gauche;
le corps du maréchal Davoust avait, dès la veille,
marché pour déborder Eylau, et tomber sur le flanc
gauche de l'ennemi, s'il ne changeait pas de position.
Le maréchal Ney était en marche pour le déborder
sur son flanc droit. C'est dans cette position que la
nuit se passa.

Bataille d'Eylau.

A la pointe du jour l'ennemi commença l'attaque
par une vive canonnade sur la ville d'Eylau et sur la
division Saint-Hilaire.

L'Empereur se porta à la position de l'église que
l'ennemi avait tant défendue la veille. Il fit avancer
le corps du maréchal Augereau, et fit canonner le
monticule par quarante pièces d'artillerie de sa garde.
Une épouvantable canonnade s'engagea de part et
d'autre.

L'armée russe, rangée en colonnes, était à demi-
portée de canon : tout coup frappait. Il parut un
moment, aux mouvemens de l'ennemi, qu'impa-
tienté de tant souffrir, il voulait déborder notre
gauche. Au même moment, les tirailleurs du maréchal Davoust se firent entendre, et arrivèrent sur
les derrières de l'armée ennemie. Le corps du maréchal Augereau déboucha en même temps en colonnes,
pour se porter sur le centre de l'ennemi, et, parta-
geant ainsi son attention, l'empêcher de se porter
tout entier contre le corps du maréchal Davoust. La
division Saint-Hilaire déboucha sur la droite, l'une
et l'autre devant manœuvrer pour se réunir au maréchal Davoust. A peine le corps du maréchal Augereau et la division Saint-Hilaire eurent-ils débouché,

qu'une neige épaisse, et telle qu'on ne distinguait pas à deux pas, couvrit les deux armées. Dans cette obscurité le point de direction fut perdu, et les colonnes s'appuyant trop à gauche, flottèrent incertaines. Cette désolante obscurité dura une demi-heure. Le temps s'étant éclairci, le grand-duc de Berg, à la tête de la cavalerie, et soutenu par le maréchal Bessières, à la tête de la garde, tourna la division Saint-Hilaire, et tomba sur l'armée ennemie ; manœuvre audacieuse s'il en fut jamais, qui couvrit de gloire la cavalerie, et qui était devenue nécessaire dans la circonstance où se trouvaient nos colonnes. La cavalerie ennemie, qui voulut s'opposer à cette manœuvre, fut culbutée ; le massacre fut horrible. Deux lignes d'infanterie russe furent rompues ; la troisième ne résista qu'en s'adossant à un bois. Des escadrons de la garde traversèrent deux fois toute l'armée ennemie.

Cette charge brillante et inouie, qui avait culbuté plus de 20 mille hommes d'infanterie, et les avait obligés à abandonner leurs pièces, aurait décidé sur-le-champ la victoire, sans le bois et quelques difficultés de terrain. Le général de division d'Hautpoult fut blessé d'un biscayen. Le général Dalhmann, commandant les chasseurs de la garde, et un bon nombre de ses intrépides soldats, moururent avec gloire. Mais les cent dragons, cuirassiers ou soldats de la garde que l'on trouva sur le champ de bataille, on les y trouva environnés de plus de mille cadavres ennemis. Cette partie du champ de bataille fait horreur à voir. Pendant ce temps, le corps du maréchal Davoust débouchait derrière l'ennemi. La neige, qui plusieurs fois dans la journée obscurcit le temps, retarda aussi sa marche et l'ensemble de ses colonnes. Le mal de l'ennemi est immense ; celui que nous avons éprouvé est considérable. Trois cents bouches à feu ont vomi la mort de part et d'autre

pendant douze heures: La victoire, long-temps in-
certaine, fut décidée et gagnée, lorsque le maréchal
Davoust débcucha sur le plateau, et déborda l'ennemi, qui, après avoir fait de vains efforts pour le reprendre, battit en retraite. Au même moment, le
corps du maréchal Ney débouchait par Altorff sur la
gauche, et poussait devant lui le reste de la colonne
prussienne échappée au combat de Deppen. Il vint se
placer le soir au village de Schenaditten ; et par-là
l'ennemi se trouva tellement serré entre les corps des
maréchaux Ney et Davoust, que, craignant de voir
son arrière-garde compromise, il résolut, à huit
heures du soir, de reprendre le village de Schenaditten. Plusieurs bataillons de grenadiers russes, les
seuls qui n'eussent pas donné, se présentèrent à ce
village ; mais le 6ᵉ régiment d'infanterie légère les
laissa approcher à bout portant, et les mit dans une
entière déroute. Le lendemain, l'ennemi a été poursuivi jusqu'à la rivière de Frischling. Il se retire au-
delà de la Pregel. Il a abandonné sur le champ de
bataille seizes pièces de canon et ses blessés. Toutes
les maisons des villages qu'il a parcourus la nuit, en
sont remplies.

Le maréchal Augereau a été blessé d'une balle.
Les généraux Desjardins, Heudelet, Lochet, ont été
blessés. Le général Corbineau a été enlevé par un
boulet. Le colonel Lacuée, du 63ᵉ, et le colonel Le-
marois, du 43ᵉ, ont été tués par des boulets. Le colonel Bouvières, du 11ᵉ régiment de dragons, n'a
pas survécu à ses blessures. Tous sont morts avec
gloire. Notre perte se monte exactement à 1,900 morts
et à 5,700 blessés, parmi lesquels un millier qui le
sont grièvement, seront hors de service. Tous les morts
ont été enterrés dans la journée du 10. On a compté
sur le champ de bataille 7,000 Russes.

Ainsi l'expédition offensive de l'ennemi, qui avait

pour but de se porter sur Thorn en débordant la gauche de la Grande-Armée, lui a été funeste. 12 à 15,000 prisonniers, autant d'hommes hors de combat, 18 drapeaux, 45 pièces de canon, sont les trophées trop chèrement payés sans doute par le sang de tant de braves.

De petites contrariétés de temps, qui auraient paru légères dans toute autre circonstance, ont beaucoup contrarié les combinaisons du général français. Notre cavalerie et notre artillerie ont fait des merveilles. La garde à cheval s'est surpassée ; c'est beaucoup dire. La garde à pied a été toute la journée l'arme au bras, sous le feu d'une épouvantable mitraille, sans tirer un coup de fusil ni faire aucun mouvement. Les circonstances n'ont point été telles qu'elle ait dû donner. La blessure du maréchal Augereau a été aussi un accident défavorable, en laissant, pendant le plus fort de la mêlée, son corps d'armée sans chef capable de le diriger.

Ce récit est l'idée générale de la bataille. Il s'est passé des faits qui honorent le soldat français : l'état-major s'occupe de les recueillir.

La consommation en munitions à canon a été considérable ; elle a été beaucoup moindre en munitions d'infanterie.

L'aigle d'un des bataillons du 18e régiment ne s'est pas retrouvée ; elle est probablement tombée entre les mains de l'ennemi. On ne peut en faire un reproche à ce régiment : c'est, dans la position où il se trouvait, un accident de guerre ; toutefois l'Empereur lui en rendra un autre, lorsqu'il aura pris un drapeau à l'ennemi.

Cette expédition est terminée, l'ennemi battu et rejeté à cent lieues de la Vistule. L'armée va reprendre ses cantonnemens et rentrer dans ses quartiers d'hiver.

CINQUANTE-NEUVIÈME BULLETIN.

Preussich-Eylau, le 14 février 1807.

L'ennemi prend position derrière la Prégel. Nos coureurs sont sur Kœnigsberg ; mais l'Empereur a jugé convenable de mettre son armée en quartiers, en se tenant à portée de couvrir la ligne de la Vistule.

Le nombre des canons qu'on a pris depuis le combat de Bergfried, se monte à près de 60. Les vingt-quatre que l'ennemi a laissés à la bataille d'Eylau, viennent d'être dirigés sur Thorn.

L'ennemi a fait courir la notice ci-jointe. Tout y est faux. L'ennemi a attaqué la ville, et a été constamment repoussé. Il avoue avoir perdu 20,000 hommes tués ou blessés. Sa perte est beaucoup plus forte. La prise de 9 aigles est aussi fausse que la prise de la ville.

Le grand-duc de Berg a toujours son quartier-général à Vittenberg, tout près de la Prégel.

Le général d'Hautpoult est mort de ses blessures. Il a été généralement regretté. Peu de soldats ont eu une fin plus glorieuse. Sa division de cuirassiers s'est couverte de gloire à toutes les affaires. L'Empereur a ordonné que son corps serait transporté à Paris.

Le général de cavalerie Bonardi-Saint-Sulpice, blessé au poignet, ne voulut point aller à l'ambulance et fournit une seconde charge. S. M. a été si contente de ses services, qu'elle l'a nommé général de division.

Le maréchal Lefebvre s'est porté le 12 sur Marien-weder. Il y a trouvé 7 escadrons prussiens, les a culbutés, leur a pris 300 hommes, parmi lesquels un colonel, un major et plusieurs officiers, et 250 chevaux. Ce qui a échappé à ce combat s'est réfugié dans Dantzick.

(La notice annoncée dans ce bulletin ne s'y est pas trouvée jointe.)

SOIXANTIÈME BULLETIN.

Preussich-Eylau, le 17 février 1807.

La reddition de la Silésie avance. La place de Schweidnitz a capitulé. Ci-jointe la capitulation. Le gouverneur prussien de la Silésie a été cerné dans Glatz, après avoir été forcé dans la position de Frankeinstein et de Neuhrode par le général Lefèvre. Les troupes de Wurtemberg se sont fort bien comportées dans cette affaire. Le régiment bavarois de la Tour-et-Taxis, commandé par le colonel Seydis, et le 6ᵉ régiment de ligne bavarois, commandé par le colonel Baker, se sont fait remarquer. L'ennemi a perdu dans ces combats une centaine d'hommes tués, e 300 faits prisonniers.

Le siége de Kosel se poursuit avec activité.

Depuis la bataille d'Eylau, l'ennemi s'est rallié derrière la Prégel. On concevait l'espoir de le forcer dans cette position, si la rivière fût restée gelée; mais le dégel continue, et cette rivière est une barrière au-delà de laquelle l'armée française n'a pás intérêt de le jeter.

Du côté de Willenberg, 3,000 prisonniers russes ont été délivrés par un parti de 1,000 cosaques.

Le froid a entièrement cessé, et la neige est partout fondue; et la saison actuelle nous offre le phénomène, au mois de février, du temps de la fin d'avril.

L'armée entre dans ses cantonnemens.

SOIXANTE-UNIÈME BULLETIN.

Landsberg, le 18 février 1807.

La bataille d'Eylau avait d'abord été présentée par plusieurs officiers ennemis comme une victoire. On fut dans cette croyance à Kœnigsberg toute la matinée du 9. Bientôt le quartier-général et toute l'armée russe arrivèrent. Peu de temps après, on entendit des coups de canon, et l'on vit les Français maîtres d'une petite hauteur qui dominait tout le camp russe.

Le général russe a déclaré qu'il voulait défendre la ville ; ce qui a augmenté la consternation des habitans, qui disaient : Nous allons éprouver le sort de Lubeck. Il est heureux pour cette ville qu'il ne soit pas entré dans les calculs du général français de forcer l'armée russe dans cette position.

Le nombre des morts dans l'armée russe, en généraux et en officiers, est extrêmement considérable.

Par la bataille d'Eylau, plus de 5,000 blessés russes restés sur le champ de bataille ou dans les ambulances environnantes, sont tombés au pouvoir du vainqueur. Partie sont morts, partie légèrement blessés, ont augmenté le nombre des prisonniers. 1,500 viennent d'être rendus à l'armée russe. Indépendamment de ces 5,000 blessés, qui sont restés au pouvoir de l'armée française, on calcule que les Russes en ont eu 15,000.

L'armée vient de prendre ses cantonnemens. Les pays d'Elbing, de Liebstadt, d'Osterode, sont les plus belles parties de ces contrées. Ce sont ceux que l'Empereur a choisis pour y établir sa gauche.

Le maréchal Mortier est entré dans la Poméranie suédoise. Stralsund a été bloqué. Il est à regretter que l'ennemi ait mis le feu sans raison au beau faubourg de Kniper. Cet incendie offrait un spectacle horrible. Plus de 2,000 individus se trouvent sans maisons et sans asile.

Proclamation.

Preussich-Eylau, le 19 février 1807.

Soldats!

Nous commencions à prendre un peu de repos dans nos quartiers d'hiver, lorsque l'ennemi a attaqué le premier corps, et s'est présenté sur la Basse-Vistule. Nous avons marché à lui. Nous l'avons poursuivi l'épée dans les reins pendant l'espace de 80 lieues. Il s'est réfugié sous les remparts de ses places, et a repassé la Prégel. Nous lui avons enlevé, aux combats de Bergfried, de Deppen, de Hoff, à la bataille d'Eylau, 66 pièces de canon, 16 drapeaux, et tué, blessé ou pris plus de 40,000 hommes. Les braves qui, de notre côté, sont restés sur le champ d'honneur, sont morts d'une mort glorieuse ; c'est la mort des vrais soldats. Leurs familles auront des droits constans à notre sollicitude et à nos bienfaits.

Ayant ainsi déjoué tous les projets de l'ennemi, nous allons nous rapprocher de la Vistule et rentrer dans nos cantonnemens. Qui osera en troubler le repos, s'en repentira ; car au-delà de la Vistule, comme au-delà du Danube, au milieu des frimats de l'hiver, comme au commencement de l'automne, nous serons toujours les soldats français, et les soldats français de la Grande-Armée.

SOIXANTE-DEUXIÈME BULLETIN.

Liebstadt, le 21 février 1807.

La droite de la Grande-Armée a été victorieuse, comme le centre et la gauche. Le général Essen, à la

tête de 25,000 hommes, s'est porté sur Ostrolenka,
le 15, par les deux rives de la Narew. Arrivé au village de Flacies-Lawowa, il rencontra l'avant-garde
du général Savary, commandant le 5ᵉ corps.

Le 16, à la pointe du jour, le général Gazan se
porta avec une partie de sa division à l'avant-garde.
A 9 heures du matin, il rencontra l'ennemi sur la
route de Nowogrod, l'attaqua, le culbuta, et le mit
en déroute. Mais au même moment l'ennemi attaquait Ostrolenka par la rive gauche. Le général
Campana, avec une brigade de la division Gazan,
et le général Ruffin, avec une brigade de la division
du général Oudinot, défendaient cette petite ville.
Le général Savary y envoya le général de division
Reille, chef de l'état-major du corps d'armée. L'infanterie russe, sur plusieurs colonnes, voulut emporter la ville. On la laissa avancer jusqu'à la moitié
des rues. On marcha à elle au pas de charge; elle fut
culbutée trois fois, et laissa les rues couvertes de
morts. La perte de l'ennemi fut si grande, qu'il abandonna la ville et prit position derrière les monticules
de sable qui la couvrent.

Les divisions des généraux Suchet et Oudinot
avancèrent; à midi, leurs têtes de colonnes arrivèrent à Ostrolenka. Le général Savary rangea sa petite armée de la manière suivante :

Le général Oudinot, sur deux lignes, commandait
la gauche; le général Suchet le centre; et le général
Reille, commandant une brigade de la division Gazan, formait la droite. Il se couvrit de toute son artillerie et marcha à l'ennemi. L'intrépide général
Oudinot se mit à la tête de la cavalerie, fit une
charge qui eut du succès, et tailla en pièces les cosaques de l'arrière-garde ennemie. Le feu fut très-vif;
l'ennemi ploya de tous côtés et fut mené battant
pendant trois lieues.

Le lendemain, l'ennemi a été poursuivi plusieurs lieues, mais avant qu'on pût reconnaître que sa cavalerie avait battu en retraite toute la nuit. Le général Suwarow et plusieurs autres officiers ennemis ont été tués. L'ennemi a abandonné un grand nombre de blessés. On en avait ramassé 1,200; on en ramassait à chaque instant. Sept pièces de canon et deux drapeaux sont les trophées de la victoire. L'ennemi a laissé 1,300 cadavres sur le champ de bataille. De notre côté, nous avons eu 60 hommes tués et 4 à 500 blessés. Mais une perte vivement sentie, est celle du général de brigade, Campana, qui était un officier d'un grand mérite et d'une grande espérance. Il était né dans le département de Marengo. L'Empereur a été très-peiné de sa perte. Le 103ᵉ régiment s'est particulièrement distingué dans cette affaire. Parmi les blessés, sont le colonel du Hamel, du 21ᵉ régiment d'infanterie légère, et le colonel d'artillerie Nourrit.

L'Empereur a ordonné au 5ᵉ corps de s'arrêter et de prendre ses quartiers d'hiver. Le dégel est affreux. La saison ne permet pas de rien faire de grand. C'est celle du repos. L'ennemi a le premier levé ses quartiers; il s'en repent.

SOIXANTE-TROISIÈME BULLETIN.

Osterode, le 28 février 1807.

Le capitaine des grenadiers à cheval de la garde impériale, Auzouï, blessé à mort à la bataille d'Eylau, était couché sur le champ de bataille. Ses camarades viennent pour l'enlever et le porter à l'ambulance. Il ne recouvre ses esprits que pour leur dire : « Laissez-moi, mes amis; je meurs content, puisque nous avons la victoire, et que je puis mourir sur le lit d'honneur, environné de canons pris à l'ennemi et des débris de leur défaite. Dites à l'Empereur que je n'ai qu'un regret; c'est que, dans quelques momens, je ne pourrai plus rien pour son service et pour la gloire de notre belle France.... A elle mon dernier soupir. » L'effort qu'il fit pour prononcer ces paroles, épuisa le peu de forces qui lui restaient.

Tous les rapports que l'on reçoit s'accordent à dire que l'ennemi a perdu à la bataille d'Eylau 20 généraux et 900 officiers tués et blessés, et plus de 30,000 hommes hors de combat.

Au combat d'Ostrolenka, du 16, deux généraux russes ont été tués et trois blessés.

S. M. a envoyé à Paris les 16 drapeaux pris à la bataille d'Eylau. Tous les canons sont déjà dirigés sur Thorn. S. M. a ordonné que ces canons seraient fondus, et qu'il en serait fait une statue en bronze du général d'Haupoult, commandant la 2ᵉ division de cuirassiers, dans son costume de cuirassier.

L'armée est concentrée dans ses cantonnemens derrière la Passarge, appuyant sa gauche à Marienwerder, à l'île du Nogat et à Elbing, pays qui fournissent des ressources.

Instruit qu'une division russe s'était portée sur Braunsberg, à la tête de nos cantonnemens, l'Empereur a ordonné qu'elle fût attaquée. Le prince de Ponte-Corvo chargea de cette expédition le général Dupont, officier d'un grand mérite. Le 26, à 2 heures après midi, le général Dupont se présenta devant Braunsberg, attaqua la division ennemie, forte de 10,000 hommes, la culbuta à la baïonnette, la chassa de la ville, et lui fit repasser la Passarge, lui prit 16 pièces de canon, 2 drapeaux, et lui fit 2,000 prisonniers. Nous avons eu très-peu d'hommes tués.

Du côté de Gustadt, le général Léger-Belair se porta au village de Peterswalde à la pointe du jour du 26, sur l'avis qu'une colonne russe était arrivée dans la nuit à ce village, la culbuta, prit le général, baron de Korff, qui la commandait, son état-major, plusieurs lieutenans-colonels et officiers, et 400 hommes. Cette brigade était composée de 10 bataillons, qui avaient tellement souffert, qu'ils ne formaient que 1,600 hommes présens sous les armes.

L'Empereur a témoigné sa satisfaction au général Savary pour le combat d'Ostrolenka, lui a accordé la grande décoration de la légion d'honneur, et l'a rappelé près de sa personne. S. M. a donné le commandement du 5ᵉ corps au maréchal Masséna, le maréchal Lannes continuant à être malade.

A la bataille d'Eylau, le maréchal Augereau, couvert de rhumatismes, était malade et avait à peine connaissance; mais le canon réveille les braves : il revole au galop à la tête de son corps, après s'être fait attacher sur son cheval. Il a été constamment exposé au plus grand feu, et a même été légèrement blessé. L'Empereur vient de l'autoriser à rentrer en France pour y soigner sa santé.

Les garnisons de Colberg et de Dantzick, profitant du peu d'attention qu'on avait fait à elles, s'étaient encouragées par différentes excursions. Un avantposte de la division italienne a été attaqué, le 16, à Stargard, par un parti de 800 hommes de la garnison de Colberg. Le général Bonfanti n'avait avec lui que quelques compagnies du 1ᵉʳ régiment de ligne italien, qui ont pris les armes à temps, ont marché avec résolution sur l'ennemi, et l'ont mis en déroute.

Le général Teulié, de son côté, avec le gros de la division italienne, le régiment de fusiliers de la garde et la première compagnie de gendarmes d'ordonnance, s'est porté pour investir Colberg. Arrivé à Naugarten, il a trouvé l'ennemi retranché, occupant un fort hérissé de pièces de canon. Le colonel Boyer, des fusiliers de la garde, est monté à l'assaut. Le capitaine de la compagnie des gendarmes, M. de Montmorency, a fait une charge qui a eu du succès. Le fort a été pris, 300 hommes faits prisonniers et 6 pièces de canon enlevées. L'ennemi a laissé 100 hommes sur le champ de bataille.

Le général Dabrowsky a marché contre la garnison de Dantzick ; il l'a rencontrée à Dirschan, l'a culbutée, lui a fait 600 prisonniers, pris 7 pièces de canon, et l'a poursuivie plusieurs lieues l'épée dans les reins. Il a été blessé d'une balle. Le maréchal Lefebvre était arrivé sur ces entrefaites, au commandement du 10ᵉ corps : il avait été joint par les Saxons, et il marchait pour investir Dantzick.

Le temps est toujours variable. Il gelait hier ; il dégèle aujourd'hui. L'hiver s'est ainsi passé. Le thermomètre n'a jamais été à plus de cinq degrés.

SOIXANTE-QUATRIÈME BULLETIN.

Osterode, le 2 mars 1807.

La ville d'Elbing fournit de grandes ressources à l'armée : on y a trouvé une grande quantité de vins et d'eau-de-vie, ce pays de la basse Vistule est très-fertile.

Les ambassadeurs de Constantinople et de Perse sont entrés en Pologne et arrivent à Varsovie.

Après la bataille d'Eylau, l'Empereur a passé tous les jours plusieurs heures sur le champ de bataille, spectacle horrible, mais que le devoir rendait nécessaire. Il a fallu beaucoup de travail pour enterrer tous les morts. On a trouvé un grand nombre de cadavres d'officiers russes avec leurs décorations. Il paraît que parmi eux il y avait un prince Repnin. Quarante-huit heures encore après la bataille, il y avait plus de 5000 Russes blessés qu'on n'avait encore pu emporter. On leur faisait porter de l'eau-de-vie et du pain, et successivement on les a transportés à l'ambulance.

Qu'on se figure, sur un espace d'une lieue carrée, 9 ou 10,000 cadavres, 4 ou 5000 chevaux tués, des lignes de sacs russes, des débris de fusils et de sabres, la terre couverte de boulets, d'obus, de munitions, 24 pièces de canon, auprès desquelles on voyait les cadavres des conducteurs tués au moment où ils faisaient des efforts pour les enlever : tout cela avait plus de relief sur un fond de neige : ce spectacle est fait pour inspirer aux princes l'amour de la paix et l'horreur de la guerre.

Les 5000 blessés que nous avons eus, ont été tous évacués sur Thorn et sur nos hôpitaux de la rive gauche de la Vistule sur des traîneaux. Les chirurgiens ont observé avec étonnement, que la fatigue de cette évacuation n'a point nui aux blessés.

Voici quelques détails sur le combat de Braunsberg.

Le général Dupont marcha à l'ennemi sur deux colonnes. Le général Bruyère, qui commandait la colonne de droite, rencontra l'ennemi à Ragern, le poussa sur la rivière qui se trouve en avant de ce village. La colonne de gauche poussa l'ennemi sur Willenberg, et toute la division ne tarda pas à déboucher hors du bois. L'ennemi, chassé de sa première position, fut obligé de se replier sur la rivière qui couvre la ville de Braunsberg : il a d'abord tenu ferme, mais le général Dupont a marché à lui, l'a culbuté au pas de charge, et est entré avec lui dans la ville qui a été jonchée de cadavres russes.

Le 9ᵉ d'infanterie légère, le 32ᵉ, le 96ᵉ de ligne qui composent cette division, se sont distingués. Les généraux Barrois, Lahoussaye, le colonel Semelé, du 24ᵉ de ligne, le colonel Meunier, du 9ᵉ d'infanterie légère, le chef de bataillon Bouge, du 32ᵉ de ligne, et le chef d'escadron Hubinet, du 9ᵉ de hussards, ont mérité des éloges particuliers.

Depuis l'arrivée de l'armée française sur la Vistule, nous avons pris aux Russes, aux affaires de Pultusk et de Golymin, 89 pièces de canon ; au combat de Bergfried, 4 pièces ; dans la retraite d'Allenstein, 5 pièces ; au combat de Deppen, 16 pièces ; au combat de Hoff, 12 pièces ; à la bataille d'Eylau, 24 pièces ; au combat de Braunsberg, 16 pièces ; au combat d'Ostrolenka, 9 pièces : total, 175 pièces de canon.

On a fait à ce sujet la remarque, que l'Empereur n'a jamais perdu de canons dans les armées qu'il a commandées, soit dans les premières campagnes d'Italie et d'Égypte, soit dans celle de l'armée de réserve, soit dans celle d'Autriche et de Moravie, soit dans celle de Prusse et de Pologne.

————

Par décrets des 16, 21, 25 février, 1ᵉʳ et 3 mars 1807, sont nommés :

Grand-croix de la Légion d'Honneur :

M. Savary, général de division.

Commandans de la Légion d'Honneur :

MM. les généraux de brigade d'artillerie,
    Lamartinière,
    Pernetty,
    Cenarmont.

Officiers de la Légion d'Honneur :

MM.

Forco, colonel du 2ᵉ régiment d'artillerie à cheval.
Valée, colonel du 1ᵉʳ régiment d'artillerie à pied.

Dubois, chef de bataillon au 3ᵉ *idem.*

Dardennes, chef de bataillon au 6ᵉ *idem.*

Membres de la Légion d'Honneur :

MM.

Joseph-Étienne Salançon, lieutenant.

Courville, chirurgien-major du 9ᵉ rég. d'hussards.

Bienvenu Clary, sous-lieutenant au 4ᵉ régiment de chasseurs.

Tillier, capitaine au 7ᵉ régiment d'artillerie à pied.

Jarry, *idem.*

Hubert, capitaine au 5ᵉ rég. d'artillerie à cheval.

Pano, capitaine au 5ᵉ régiment d'artillerie à pied.

Barrey, *idem.*

Benoist, capitaine au 3ᵉ *idem.*

Grojean, capitaine au 6ᵉ rég. d'artillerie à cheval.

Charlaud, au 2ᵉ *idem.*

Zabern, capitaine au 1ᵉʳ bataillon des pontonniers.

Piedecoq, capitaine au 2ᵉ bataillon *bis* du train.

Babouin, capitaine au 8ᵉ bataillon principal du train.

Houdard, lieutenant au 3ᵉ rég. d'artillerie à cheval.

Jault, lieutenant au 7ᵉ rég. d'artillerie à pied.

Alphan, *idem.*

Paulinier, lieutenant au 5ᵉ rég. d'artillerie à cheval.

Roy, *idem.*

Guerrier, *idem.*

Even, *idem.*

Laporte, *idem.*

Lavillette, aide-de-camp.

Aumont, lieutenant au 5ᵉ rég. d'artillerie à pied.

Casse, *idem.*

Brocard, *idem.*

Vacquier, lieutenant au 3ᵉ rég. d'artillerie à pied.

Goujon, lieutenant au 6ᵉ rég. d'artillerie à cheval.

Simonet, *idem.*

Mullot, *idem.*

Masson, *idem.*

Gourgaud, *idem.*

Desjobert, lieutenant au 2ᵉ *idem.*

Pache, *idem.*

Evain, lieutenant-aide-de-camp.

Thomas, lieutenant au 1ᵉʳ bataillon principal du train.

Capelle, lieutenant au 8ᵉ *idem.*

Breton, sergent-major au 5ᵉ rég. d'artillerie à pied.

Mouhague, maréchal-des-logis-chef au 6ᵉ régiment d'artillerie à cheval.

Marrion, maréchal-des-logis au 6ᵉ *idem.*

Germain, *idem.*

Trossard, maréchal-des-logis au 1ᵉʳ bataillon *bis* du train.

Brouzard, *idem.*

Lacire, maréchal-des-logis au 2ᵉ régiment d'artillerie à cheval.

Morey, maréchal-des-logis au 5ᵉ *idem.*

Renaud, *idem.*

Huet, maréchal-des-logis au 6ᵉ *idem.*

Laumont, *idem.*

Mounier, *idem.*

Eudelaine, sergent au 1ᵉʳ rég. d'artillerie à pied.

Degrege, fourrier au 3ᵉ rég. d'artillerie à cheval.

Clerc, brigadier au 5ᵉ *idem.*

Perrey, *idem.*

Thieux, brigadier au 6ᵉ *idem.*

Poël, *idem.*

Dufresne, brigadier au 2ᵉ *idem.*

Helzinger, caporal au 5ᵉ rég. d'artillerie à pied.

Champlon, caporal au 1ᵉʳ *idem.*

Levret, artificier au 3ᵉ régiment.

Calom, canonnier au 5ᵉ rég. d'artillerie à cheval.

Wevolet, *idem.*

Vampoul, *idem.*
Clergeot, canonnier au 3ᵉ rég. d'artillerie à pied.
Bonnot, canonnier au 6ᵉ rég. d'artillerie à cheval.
Krismann, *idem.*
Matelot, *idem.*
Docq, canonnier au 2ᵉ *idem.*
Chaussepied, soldat au 8ᵉ bataillon principal du train.
Paluette, soldat au 1ᵉʳ *idem.*
Fortin, *idem.*
Preau, capitaine au 8ᵉ rég. d'artillerie à pied.
Renaud, capitaine au 3ᵉ *idem.*
Boussarogue, capitaine de la 4ᵉ compagnie d'ouvriers.
Bonju, capitaine au 3ᵉ rég. d'artillerie à cheval.
Metzinger, capitaine au 2ᵉ *idem.*
Kobilausky, capitaine au 5ᵉ *idem.*
Champigny, chirurgien-major au 5ᵉ régiment d'artillerie à cheval.
Raindre, capitaine au 1ᵉʳ rég. d'artillerie à pied.
Vaudidon, lientenant *idem.*
Ferry, sergent *idem.*
Mahy, caporal *idem.*
Maurice, canonnier *idem.*

SOIXANTE-CINQUIÈME BULLETIN.

Ostcrode, le 10 mars 1807.

L'armée est cantonnée derrière la Passarge;
Le prince de Ponte-Corvo, à Holland et à Braunsberg;
Le maréchal Soult, à Liebstadt et Mohrungen;
Le maréchal Ney, à Guttstadt;
Le maréchal Davoust, à Allenstein, Hoheinstein et Deppen;

Le quartier-général, à Osterode;

Le corps d'observation polonais, que commande le général Zayonchek, à Neidenbourg;

Le corps du maréchal Lefebvre, devant Dantzick;

Le 5e corps, sur l'Omulew;

Une division de Bavarois, que commande le prince royal de Bavière, à Varsovie;

Le corps du prince Jérôme, en Silésie;

Le 8e corps, en observation dans la Poméranie suédoise.

Les places de Breslaw, de Schweidnitz et de Brieg sont en démolition.

Le général Rapp, aide-de-camp de l'Empereur, est gouverneur de Thorn.

On jette des ponts sur la Vistule, à Marienbourg et à Dirschau.

Ayant été instruit, le 1er mars, que l'ennemi, encouragé par la position qu'avait prise l'armée, faisait voir des postes tout le long de la rive droite de la Passarge, l'Empereur ordonna aux maréchaux Soult et Ney de faire des reconnaissances en avant pour repousser l'ennemi. Le maréchal Ney marcha sur Guttstadt. Le maréchal Soult passa la Passarge à Wormditt. L'ennemi fit aussitôt un mouvement général, et se mit en retraite sur Kœnigsberg. Ses postes, qui s'étaient retirés en toute hâte, furent poursuivis à huit lieues. Voyant ensuite que les Français ne faisaient plus de mouvemens, et s'apercevant que ce n'étaient que des avant-gardes qui avaient quitté leurs régimens, deux régimens de grenadiers russes se rapprochèrent, et se portèrent de nuit sur le cantonnement de Zechern. Le 50e les reçut à bout portant; le 27e et le 39e se comportèrent de même. Dans ces petits combats, les Russes ont eu un millier d'hommes blessés, tués ou prisonniers.

Après s'être ainsi assurée des mouvemens de l'ennemi, l'armée est rentrée dans ses cantonnemens.

Le grand-duc de Berg, instruit qu'un corps de cavalerie s'était porté sur Willenberg, l'a fait attaquer dans cette ville par le prince Borghèse, qui, à la tête de son régiment, a chargé 8 escadrons russes, les a culbutés et mis en déroute, et leur a fait une centaine de prisonniers, parmi lesquels se trouvent 3 capitaines et 8 officiers.

Le maréchal Lefebvre a cerné entièrement Dantzick, et a commencé les ouvrages de circonvallation de la place.

SOIXANTE-SIXIÈME BULLETIN.

Osterode, le 14 mars 1807.

La Grande-Armée est toujours dans ses cantonnemens, où elle prend du repos. De petits combats ont eu lieu souvent entre les avant-postes des deux armées. Deux régimens de cavalerie russe sont venus le 12 inquiéter le 69ᵉ régiment d'infanterie de ligne dans son cantonnement de Linguau, en avant de Guttstadt. Un bataillon de ce régiment prit les armes, s'embusqua, et tira à bout portant sur l'ennemi, qui laissa 80 hommes sur la place. Le général Guyot, qui commande les avant-postes du maréchal Soult, a eu de son côté quelques engagemens qui ont été à son avantage.

Après le petit combat de Willenberg, le grand-duc de Berg a chassé les cosaques de toute la rive droite de l'Alle, afin de s'assurer que l'ennemi ne masquait pas quelque mouvement. Il s'est porté à Wartembourg, Seeburg, Meusguth, Bischoffsbourg. Il a eu quelques engagemens avec la cavalerie ennemie, et a fait une centaine de cosaques prisonniers.

L'armée russe paraît concentrée du côté de Bartenstein, sur l'Alle ; la division prussienne, du côté de Creutzbourg.

L'armée ennemie a fait un mouvement de retraite, et s'est rapprochée d'une marche de Kœnigsberg.

Toute l'armée française est cantonnée ; elle est approvisionnée par les villes d'Elbing , de Braunsberg, et par les ressources que l'on tire de l'île du Nogat , qui est d'une très-grande fertilité.

Deux ponts ont été jetés sur la Vistule ; un à Marienbourg , et l'autre à Marienwerder. Le maréchal Lefebvre a achevé l'investissement de Dantzick. Le général Teulié a investi Colberg. L'une et l'autre de ces garnisons ont été rejetées dans ces places après de légères attaques.

Une division de 12,000 Bavarois, commandée par le prince-royal de Bavière, a passé la Vistule à Varsovie, et vient joindre l'armée.

SOIXANTE-SEPTIÈME BULLETIN.

Osterode, le 25 mars 1807.

Le 14 mars à trois heures après-midi, la garnison de Stralsund , à la faveur d'un temps nébuleux, déboucha avec deux mille hommes d'infanterie , deux escadrons de cavalerie et six pièces de canon , pour attaquer une redoute construite par la division Dupas. Cette redoute qui n'était ni fermée ni palissadée, ni armée de canons, était occupée par une seule compagnie de voltigeurs du 58e de ligne. L'immense supériorité de l'ennemi n'étonna point ces braves. Cette compagnie, ayant été renforcée par une compagnie du 4e d'infanterie légère , commandée par le capitaine Barral , brava les efforts de cette brigade suédoise. Quinze soldats suédois arrivèrent sur les parapets, mais ils y trouvèrent la mort. Toutes les tentatives que fit l'ennemi furent également inutiles. Soixante-deux cadavres suédois ont été enterrés au pied de la redoute. On peut supposer que plus de 120 hommes ont été blessés; 5o ont été faits prisonniers. Il n'y avait cependant dans cette redoute que 15o hommes. Plusieurs officiers suédois, décorés, ont été trouvés parmi les morts. Cet acte d'intrépidité a fixé les regards de l'Empereur, qui a accordé trois décorations de la Légion d'honneur aux compagnies de voltigeurs du 58ᵉ et du 4ᵉ légère. Le capitaine Drivet, qui commandait dans cette mauvaise redoute, s'est particulièrement distingué.

Le maréchal Lefebvre a ordonné, le 20, au général de brigade Schramm, de passer de l'île du Nogat dans Frisch-Hoff, pour couper la communication de Dantzick avec la mer. Le passage s'est effectué à trois heures du matin; les Prussiens ont été culbutés et ont laissé entre nos mains 3oo prisonniers.

A six heures du soir, la garnison a fait un détachement de 4ooo hommes pour reprendre ce poste; il a été repoussé avec perte de quelques centaines de prisonniers et d'une pièce de canon.

Le général Schramm avait sous ses ordres le 2ᵉ bataillon du 2ᵉ régiment d'infanterie légère et plusieurs bataillons saxons qui se sont distingués. L'Empereur a accordé trois décorations de la Légion d'honneur aux officiers saxons, et trois aux sous-officiers et soldats, et au major qui les commandait.

En Silésie, la garnison de Neiss a fait une sortie. Elle a donné dans une embuscade. Un régiment de cavalerie wurtembergeoise a pris les troupes sorties en flanc, et leur a tué une cinquantaine d'hommes et fait 6o prisonniers.

Cet hiver a été en Pologne comme il paraît qu'il a été à Paris, c'est-à-dire variable. Il gèle et dégèle tour à tour. Cependant nous sommes assez heureux pour n'avoir point de malades. Tous les rapports disent que l'armée russe en a, au contraire, beaucoup. L'armée continue à être tranquille dans ses cantonnemens.

Les places formant tête de pont de Sierock, Modin, Praga, Marienbourg et Marienwerder, prennent tous les jours un nouvel accroissement de forces. Les manutentions et les magasins sont organisés, et s'approvisionnent sur tous les points de l'armée. On a trouvé à Elbing 3oo mille bouteilles de vin de Bordeaux, et quoiqu'il coutât 4 fr. la bouteille, l'Empereur l'a fait distribuer à l'armée, en en faisant payer le prix aux marchands.

L'Empereur a envoyé le prince Borghèse à Varsovie avec une mission.

SOIXANTE-HUITIÈME BULLETIN.

Osterode, le 29 mars 1807.

Le 17 mars à trois heures du matin, le général de brigade Lefèvre, aide-de-camp du prince Jérôme, se trouvant, avec 3 escadrons de chevau-légers et le régiment d'infanterie légère de Taxis, passa auprès de Glatz, pour se rendre à Wunchelsbourg. Quinze cents hommes sortirent de la place avec deux pièces de canon. Le lieutenant-colonel Gérard les chargea aussitôt et les rejeta dans Glatz, après leur avoir pris 1oo soldats, plusieurs officiers et leurs deux pièces de canon.

Le maréchal Masséna s'est porté de Villenberg sur Ortelsbourg; il y a fait entrer la division de dragons Becker, et l'a renforcée d'un détachement de Polonais à cheval. Il y avait à Ortelsbourg quelques cosaques;

plusieurs charges ont eu lieu, et l'ennemi a perdu 20 hommes.

Le général Becker, en venant reprendre sa position à Willenberg, a été chargé par 2000 cosaques; on leur avait tendu une embuscade d'infanterie dans laquelle ils ont donné. Ils ont perdu 200 hommes.

Le 26, à cinq heures du matin, la garnison de Dantzick a fait une sortie générale, qui lui a été funeste. Elle a été repoussée partout. Un colonel nommé Cracaw, qui avait fait le métier de partisan, a été pris avec 400 hommes et deux pièces de canon, dans une charge du 19ᵉ de chasseurs. La légion polonaise du Nord s'est fort bien comportée; deux bataillons saxons se sont distingués.

Du reste il n'y a rien de nouveau; les lacs sont encore gelés; on commence cependant à s'apercevoir de l'approche du printemps.

SOIXANTE-NEUVIÈME BULLETIN.

Finckenstein, le 4 avril 1807.

Les gendarmes d'ordonnance sont arrivés à Marienwerder. Le maréchal Bessières est parti pour aller en passer la revue. Ils se sont très-bien comportés, et ont montré beaucoup de bravoure dans les différentes affaires qu'ils ont eues.

Le général Teulié, qui jusqu'à présent avait conduit le blocus de Colberg, a fait preuve de beaucoup d'activité et de talent. Le général de division Loison vient de prendre le commandement du siége de cette place. Le 19 mars, les redoutes de Selnow ont été attaquées et emportées par le 1ᵉʳ régiment d'infanterie légère italienne. La garnison a fait une sortie. La compagnie de carabiniers du 1ᵉʳ régiment léger, et une compagnie de dragons, l'ont repoussée. Les voltigeurs du 19ᵉ régiment de ligne se sont distingués à l'attaque du village d'Allstadt. L'ennemi a perdu dans ces affaires 3 pièces de canon et 200 hommes faits prisonniers.

Le maréchal Lefebvre commande le siége de Dantzick. Le général Lariboissière a le commandement de l'artillerie. Le corps de l'artillerie justifie dans toutes les circonstances la réputation de supériorité qu'il a si bien acquise. Les canonniers français méritent, à juste raison, le titre d'hommes d'élite. On est satisfait de la manière de servir des bataillons du train.

L'Empereur a reçu à Finckenstein une députation de la Chambre de Marienwerder, composée de MM. le comte de Groeben, le conseiller baron de Schleinitz et le comte de Dohna, directeur de la Chambre. Cette députation a fait à S. M. le tableau des maux que la guerre a attirés sur les habitans. L'Empereur lui a fait connaître qu'il en était touché, et qu'il les exemptait, ainsi que la ville d'Elbing, des contributions extraordinaires. Il a dit qu'il y avait des malheurs inévitables pour le théâtre de la guerre, qu'il y prenait part, et qu'il ferait tout ce qui dépendrait de lui pour les alléger.

On croit que S. M. partira aujourd'hui pour faire une tournée à Marienwerder et à Elbing.

La seconde division bavaroise est arrivée à Varsovie.

Le prince-royal de Bavière est allé prendre à Pultusk le commandement de la 1ʳᵉ division.

Le prince héréditaire de Bade est allé se mettre à la tête de son corps de troupe à Dantzick. Le contingent de Saxe-Weimar est arrivé sur la Warta.

Il n'a pas été tiré aux avant-postes de l'armée un coup de fusil depuis 15 jours.

La chaleur du soleil commence à se faire sentir;

mais elle ne parvient point à amollir la terre. Tout est encore gelé : le printemps est tardif dans ces climats.

Des courriers de Constantinople et de Perse arrivent fréquemment au quartier-général.

La santé de l'Empereur ne cesse pas d'être excellente. On remarque même qu'elle est meilleure qu'elle n'a jamais été. Il y a des jours où S. M. fait 40 lieues à cheval.

On avait cru la semaine dernière, à Varsovie, que l'Empereur y était arrivé à 10 heures du soir ; la ville fut aussitôt et spontanément illuminée.

Les places de Praga, Sierock, Modlin, Thorn et Marienbourg, commencent à être en état de défense ; celle de Marienwerder est tracée. Toutes ces places forment des têtes de pont sur la Vistule.

L'Empereur se loue de l'activité du général Kellermann à former des régimens provisoires, dont plusieurs sont arrivés à l'armée dans une très-bonne tenue, et ont été incorporés.

S. M. se loue également du général Clarke, gouverneur de Berlin, qui montre autant d'activité et de zèle que de talent dans le poste important qui lui est confié.

Le prince Jérôme, commandant des troupes en Silésie, fait preuve d'une grande activité, et montre les talens et la prudence qui ne sont d'ordinaire que les fruits d'une longue expérience.

SOIXANTE-DIXIÈME BULLETIN.

Finckenstein, le 9 avril 1807.

Un parti de 400 Prussiens, qui s'étaient embarqués à Kœnigsberg, a débarqué dans la presqu'île, vis-à-vis de Pilau, et s'est avancé vers le village de

Carlsberg. M. Mainguernaud , aide-de-camp du maréchal Lefebvre, s'est porté sur ce point avec quelques hommes. Il a si habilement manœuvré, qu'il a enlevé les 400 Prussiens, parmi lesquels il y avait 120 hommes de cavalerie.

Plusieurs régimens russes sont entrés par mer dans la ville de Dantzick. La garnison a fait différentes sorties. La légion polonaise du Nord , et le prince Michel Radzivil qui la commande , se sont distingués. Ils ont fait une quarantaine de prisonniers russes. Le siége continue avec activité. L'artillerie de siége commence à arriver.

Il n'y a rien de nouveau sur les différens points de l'armée.

L'Empereur est de retour d'une course qu'il a faite à Marienwerder et à la tête de pont sur la Vistule. Il a passé en revue le 12ᵉ régiment d'infanterie légère et les gendarmes d'ordonnance.

La terre, les lacs, dont le pays est rempli , et les petites rivières , commencent à dégeler. Cependant il n'y a encore aucune apparence de végétation.

SOIXANTE-ONZIÈME BULLETIN.

Finckenstein, le 19 avril 1807.

La victoire d'Eylau , ayant fait échouer tous les projets que l'ennemi avait formés contre la Basse-Vistule , nous a mis en mesure d'investir Dantzick et de commencer le siége de cette place. Mais il a fallu tirer les équipages de siége des forteresses de la Silésie et de l'Oder , en traversant une étendue de plus de 100 lieues dans un pays où il n'y a pas de chemins. Ces obstacles ont été surmontés et les équipages de siége commencent à arriver. 100 pièces de canon de gros calibre, venues de Stettin , de Custrin , de Glogau et de Breslaw, auront sous peu de jours leur approvisionnement complet.

Le général prussien Kalkreuth commande la ville de Dantzick. Sa garnison est composée de 14,000 Prussiens et 6,000 Russes. Des inondations et des marais, plusieurs rangs de fortifications et le fort de Wechselmund, ont rendu difficile l'investissement de la place.

Le journal ci-joint du siége de Dantzick fera connaître ses progrès à la date du 17 de ce mois. Nos ouvrages sont parvenus à 80 toises de la place ; nous avons même plusieurs fois insulté et dépalissadé les chemins couverts.

Le maréchal Lefebvre montre l'activité d'un jeune homme. Il était parfaitement secondé par le général Savary ; mais ce général est tombé malade d'une fièvre bilieuse à l'abbaye d'Oliva, qui est à peu de distance de la place. Sa maladie a été assez grave pour donner pendant quelque temps des craintes sur ses jours. Le général de brigade, Schramm, le général d'artillerie, Lariboissière, et le général du génie, Kirgener, ont aussi très-bien secondé le maréchal Lefebvre. Le général de division du génie, Chasseloup, vient de se rendre devant Dantzick.

Les Saxons, les Polonais, ainsi que les Badois, depuis que le prince héréditaire de Bade est à leur tête, rivalisent entre eux d'ardeur et de courage.

L'ennemi n'a tenté d'autre moyen de secourir Dantzick, que d'y faire passer par mer quelques bataillons et quelques provisions.

En Silésie, le prince Jérôme fait suivre très-vivement le siége de Neiss.

Depuis que le prince de Pletz a abandonné la partie, l'aide-de-camp du roi de Prusse, baron de Kleist, est arrivé à Glatz par Vienne, avec le titre de gouverneur-général de la Silésie. Un commissaire anglais l'a accompagné, pour surveiller l'emploi des 80,000 liv. sterl. donnés au roi de Prusse par l'Angleterre.

Le 13 de ce mois, cet officier est sorti de Glatz avec un corps de 4,000 hommes, et est venu attaquer, dans la position de Frankenstein, le général de brigade Lefèvre, commandant le corps d'observation qui protège le siége de Neiss. Cette entreprise n'a eu aucun succès : M. de Kleist a été vivement repoussé.

Le prince Jérôme a porté, le 14, son quartier-général à Munsterberg.

Le général Loison a pris le commandement du siége de Colberg. Les moyens nécessaires pour ses opérations commencent à se réunir. Ils ont éprouvé quelques retards, parce qu'ils ne devaient pas contrarier la formation des équipages de siége de Dantzick.

Le maréchal Mortier, sous la direction duquel se trouve le siége de Colberg, s'est porté sur cette place, en laissant en Poméranie le général Grandjean avec un corps d'observation, et l'ordre de prendre position sur la Peene.

La garnison de Stralsund ayant, sur ces entrefaites, reçu par mer un renfort de quelques régimens, et ayant été informée du mouvement fait par le maréchal Mortier avec une partie de son corps d'armée, a débouché en forces. Le général Grandjean, conformément à ses instructions, a passé la Peene et a pris position à Anclam. La nombreuse flottille des Suédois leur a donné la facilité de faire des débarquemens sur différens points, et de surprendre un poste hollandais de 30 hommes et un poste italien de 37 hommes. Le maréchal Mortier, instruit de ces mouvemens, s'est porté, le 13, sur Stettin, et ayant réuni ses forces, a manœuvré pour attirer les Suédois, dont le nombre ne s'élève pas à 12,000 hommes.

La Grande-Armée est depuis deux mois stationnaire dans ses positions. Ce temps a été employé à renouveler et remonter la cavalerie, à réparer l'armement, à former de grands magasins de biscuit et d'eau-de-vie, à approvisionner le soldat de souliers. Chaque homme, indépendamment de la paire qu'il porte, en a deux dans le sac.

La Silésie et l'île du Nogat ont fourni aux cuirassiers, aux dragons, à la cavalerie légère, de bonnes et nombreuses remontes.

Dans les premiers jours de mai, un corps d'observation de 50,000 hommes, français et espagnols, sera réuni sur l'Elbe. Tandis que la Russie a presque toutes ses troupes concentrées en Pologne, l'Empire français n'y a qu'une partie de ses forces : mais telle est la différence de puissances réelles des deux États. Les 500,000 Russes que les gazetiers font marcher tantôt à droite, tantôt à gauche, n'existent que dans leurs feuilles et dans l'imagination de quelques lecteurs, qu'on abuse d'autant plus facilement, qu'on leur montre l'immensité du territoire russe, sans parler de l'étendue de ses pays incultes et de ses vastes déserts.

La garde de l'empereur de Russie est, à ce qu'on dit, arrivée à l'armée ; elle reconnaîtra, lors des premiers événemens, s'il est vrai, comme l'ont assuré plusieurs généraux ennemis, que la garde impériale ait été détruite. Cette garde est aujourd'hui plus nombreuse qu'elle ne l'a jamais été, et presque double de ce qu'elle était à Austerlitz.

Indépendamment du pont qui a été rétabli sur la Narew, on en construit un sur pilotis entre Varsovie et Praga ; il est déjà fort avancé : l'Empereur se propose d'en faire faire trois autres sur différens points.

Ces ponts sur pilotis sont plus solides et d'un meilleur service que les ponts de bateaux. Quelques grands travaux qu'exigent ces entreprises sur une rivière de 400 toises de large, l'intelligence et l'activité des officiers qui les dirigent, et l'abondance des bois, en facilitent le succès.

M. le prince de Bénévent est toujours à Varsovie, occupé à traiter avec les ambassadeurs de la Porte et de l'empereur de Perse. Indépendamment des services qu'il rend à S. M. dans son ministère, il est fréquemment chargé de commissions importantes relativement aux différens besoins de l'armée.

Finckenstein, où S. M. s'est établie pour rapprocher son quartier-général de ses positions, est un très-beau château qui a été construit par M. de Finckenstein, gouverneur de Frédéric II, et qui appartient maintenant à M. de Dohna, grand-maréchal de la cour de Prusse.

Le froid a repris depuis deux jours. Le printemps n'est encore annoncé que par le dégel. Les arbustes les plus précoces ne donnent aucun signe de végétation.

SOIXANTE-DOUZIÈME BULLETIN.

Finckenstein, le 23 avril 1807.

Les opérations du maréchal Mortier ont réussi comme on pouvait le désirer. Les Suédois ont eu l'imprudence de passer la Peene, de déboucher sur Anclam et Demmin, et de se porter sur Passewalk. Le 16, avant le jour, le maréchal Mortier réunit ses troupes, déboucha de Passewalk sur la route d'Anclam, culbuta les positions de Belling et de Ferdinandshoff, fit 400 prisonniers, prit deux pièces de canon, entra pêle-mêle avec l'ennemi dans Anclam, et s'empara de son pont sur la Peene.

La colonne du général suédois Cardell a été coupée. Elle était à Uckermünde lorsque nous étions déjà à Anclam. Le général en chef suédois d'Armfeld a été blessé d'un coup de mitraille. Tous les magasins de l'ennemi ont été pris.

La colonne coupée du général Cardell a été attaquée le 17 à Uckermünde, par le général de brigade Veau. Elle a perdu 3 pièces de canon et 500 prisonniers. Le reste s'est embarqué sur des chaloupes canonnières sur le Haff. Deux autres pièces de canon et 100 hommes ont été pris du côté de Demmin.

Le baron d'Essen, qui se trouve commander l'armée suédoise en l'absence du général Armfeld, a proposé une trève au général Mortier, en lui faisant connaître qu'il avait l'autorisation spéciale du roi pour sa conclusion. La paix et même une trève accordée à la Suède remplirait les plus chers désirs de l'Empereur, qui a toujours éprouvé une véritable douleur de faire la guerre à une nation généreuse, brave, géographiquement et historiquement amie de la France. Et dans le fait, le sang suédois doit-il être versé pour la défense de l'empire ottoman ou pour sa ruine? doit-il être versé pour maintenir l'équilibre des mers, ou pour leur asservissement? Qu'a à craindre la Suède de la France? Rien. Qu'a-t-elle à craindre de la Russie? Tout. Ces raisons sont trop solides pour que, dans un cabinet aussi éclairé et chez une nation qui a des lumières et de l'opinion, la guerre actuelle n'ait promptement un terme. Immédiatement après la bataille d'Jéna, l'Empereur fit connaître le désir qu'il avait de rétablir les anciennes relations de la Suède avec la France. Ces premières ouvertures furent faites au ministre de Suède à Hambourg ; mais elles furent repoussées. L'instruction de l'Empereur à ses généraux a tou-

jours été de traiter les Suédois comme des amis avec
lesquels nous sommes brouillés, et avec lesquels la
nature des choses ne tardera pas à nous remettre en
paix. Ce sont là les plus chers intérêts des deux peuples. « S'ils nous faisaient du mal, ils le pleureraient
un jour ; et nous , nous voudrions réparer le mal
que nous leur aurions fait. L'intérêt de l'État l'emporte tôt ou tard sur les brouilleries et sur les petites
passions. » Ce sont les propres termes des ordres de
l'Empereur. C'est dans ce sentiment que l'Empereur
a contre-mandé les opérations du siége de Stralsund.
et en a fait revenir les mortiers et les pièces qu'on y
avait envoyées de Stettin. Il écrivait dans ces termes
au général Mortier : « Je regrette déjà ce qui s'est
fait. Je suis fâché que le beau faubourg de Stralsund
ait été brûlé. Est-ce à nous à faire du mal à la
Suède? Ceci n'est qu'un rêve. C'est à nous à la défendre, et non à lui faire du mal. Faites-lui-en le
moins que vous pourrez. Proposez au gouverneur de
Stralsund un armistice, une suspension d'armes,
afin d'alléger et de rendre moins funeste une guerre
que je regarde comme criminelle, parce qu'elle est
impolitique. »

La suspension d'armes a été signée le 18, entre le
maréchal Mortier et le baron d'Essen.

Le 16 avril, à 8 heures du soir, un détachement
de 2,000 hommes, et six pièces de canon de la garnison de Glatz, marcha sur la droite de la position
de Frankenstein ; le lendemain 17 , à la pointe du
jour, une nouvelle colonne de 800 hommes sortit de
Silberberg. Ces troupes réunies marchèrent sur Frankenstein, et commencèrent l'attaque à 5 heures du
matin, pour en déloger le général Lefèvre, qui était
là avec son corps d'observation. Le prince Jérôme
partit de Munsterberg au premier coup de canon ,
et arriva à 10 heures du matin à Frankenstein. L'en-

nemi a été complètement battu et poursuivi jusque sur les chemins couverts de Glatz. On lui a fait 600 prisonniers et pris 3 pièces de canon. Parmi les prisonniers se trouvent 1 major et 8 officiers, 300 morts sont restés sur le champ de bataille. 400 hommes s'étant perdus dans les bois furent attaqués à 11 heures du matin et pris. Le colonel Beckers, commandant le 6ᵉ régiment de ligne bavarois, et le colonel Scharfenstein, des troupes de Wurtemberg, ont fait des prodiges de valeur. Le premier, quoique blessé à l'épaule, ne voulut point quitter le champ de bataille ; il se portait partout avec son bataillon, et partout faisait des prodiges. L'Empereur a accordé à chacun de ces officiers l'aigle de la légion d'honneur. Le capitaine Brockfeld, commandant provisoirement les chasseurs à cheval de Wurtemberg, s'est fait remarquer. C'est lui qui a pris les pièces de canon.

Le siège de Neiss avance. La ville est déjà à demi-brûlée, et les tranchées approchent de la place.

SOIXANTE-TREIZIÈME BULLETIN.

Elbing, le 8 mai 1807.

L'ambassadeur persan a reçu son audience de congé. Il a apporté de très-beaux présens à l'Empereur de la part de son maître, et a reçu en échange le portrait de l'Empereur enrichi de très-belles pierreries. Il retourne en Perse directement : c'est un personnage très-considérable de son pays, et un homme d'esprit et de beaucoup de sagacité : son retour dans sa patrie était nécessaire. Il a été réglé qu'il y aurait désormais une légation nombreuse de Persans à Paris, et de Français à Téhéran.

L'Empereur s'est rendu à Elbing, et a passé la

revue de 18 à 20,000 hommes de cavalerie, cantonnés dans les environs de cette ville et dans l'île du Nogat, pays qui ressemble beaucoup à la Hollande. Le grand-duc de Berg a commandé la manœuvre. A aucune époque l'Empereur n'avait vu sa cavalerie en meilleur état et mieux disposée.

Le journal du siége de Dantzick fera connaître qu'on s'est logé dans le chemin couvert, que les feux de la place sont éteints, et donnera les détails de la belle opération qu'a dirigée le général Drouet, et qui a été exécutée par le colonel Aimé, le chef de bataillon Arnaud, du 2e légère, et le capitaine Avy. Cette opération a mis en notre pouvoir une île que défendaient 1,000 Russes, et 5 redoutes garnies d'artillerie, et qui est très-importante pour le siége, puisqu'elle prend de revers la position que l'on attaque. Les Russes ont été surpris dans leurs corps-de-garde : 400 ont été égorgés à la baïonnette sans avoir le temps de se défendre, et 600 ont été faits prisonniers. Cette expédition, qui a eu lieu dans la nuit du 6 au 7, a été faite en grande partie par les troupes de Paris, qui se sont couvertes de gloire.

Le temps devient plus doux, les chemins sont excellens, les bourgeons paraissent sur les arbres, l'herbe commence à couvrir les campagnes ; mais il faut encore un mois pour que la cavalerie puisse trouver à vivre.

L'Empereur a établi à Magdebourg, sous les ordres du maréchal Brune, un corps d'observation qui sera composé de près de 80,000 hommes, moitié Français, et l'autre moitié Hollandais et confédérés du Rhin : les troupes hollandaises sont au nombre de 20,000 hommes.

Les divisions françaises, Molitor et Boudet, qui font aussi partie de ce corps d'observation, arrivent le 15 mai à Magdebourg. Ainsi on est en mesure de recevoir l'expédition anglaise sur quelque point qu'elle se présente. Il est certain qu'elle débarquera ; il ne l'est pas qu'elle puisse se rembarquer.

SOIXANTE-QUATORZIÈME BULLETIN.

Finckenstein, le 16 mai 1807.

Le prince Jérôme ayant reconnu que trois ouvrages avancés de Neiss, qui étaient le long de la Biélau, gênaient les opérations du siége, a ordonné au général Vandamme de les enlever. Ce général, à la tête des troupes wurtembergeoises, a emporté ces ouvrages dans la nuit du 30 au 1er mai, a passé au fil de l'épée les troupes ennemies qui les défendaient, a fait 120 prisonniers et pris 9 pièces de canon. Les capitaines du génie, Depouthon et Prost, le premier officier d'ordonnance de l'Empereur, ont marché à la tête des colonnes et ont fait preuve de grande bravoure. Les lieutenans Hohendorff, Bawer et Mulher se sont particulièrement distingués.

Le 2 mai, le lieutenant-général Cancer a pris le commandement de la division wurtembergeoise.

Depuis l'arrivée de l'empereur Alexandre à l'armée, il paraît qu'un grand conseil de guerre a été tenu à Bartenstein, auquel ont assisté le roi de Prusse et le grand-duc Constantin ; que les dangers que courait Dantzick ont été l'objet des délibérations de ce conseil ; que l'on a reconnu que Dantzick ne pouvait être sauvé que de deux manières : la première, en attaquant l'armée française, en passant la Passarge, en courant la chance d'une bataille générale, dont l'issue, si l'on avait du succès, serait d'obliger l'armée française à découvrir Dantzick ; l'autre, en secourant la place par mer. La première opération paraît n'avoir pas été jugée praticable, sans s'exposer à une ruine et à une défaite totale ; et on s'est arrêté au plan de secourir Dantzick par mer.

En conséquence, le lieutenant-général Kaminski, fils du feld-maréchal, avec deux divisions russes, formant douze régimens, et plusieurs régimens prussiens, ont été embarqués à Pillau. Le 12, 66 bâtimens de transport, escortés par trois frégates, ont débarqué les troupes à l'embouchure de la Vistule, au port de Dantzick, sous la protection du fort de Weischelmunde.

L'Empereur donna sur-le-champ l'ordre au maréchal Lannes, commandant le corps de réserve de la Grande-Armée, de se porter de Marienbourg où était son quartier-général, avec la division du général Oudinot, pour renforcer l'armée du maréchal Lefebvre. Il arriva en une marche dans le même temps que l'armée ennemie débarquait. Le 13 et le 14, l'ennemi fit des préparatifs d'attaque ; il était séparé de la ville par un espace de moins d'une lieue, mais occupé par les troupes françaises. Le 15, il déboucha du fort sur trois colonnes ; il projetait de pénétrer par la droite de la Vistule. Le général de brigade Schramm, qui était aux avant-postes avec le 2e régiment d'infanterie légère et un bataillon de Saxons et de Polonais, reçut les premiers feux de l'ennemi, et le contint à portée de canon de Weischelmunde.

Le maréchal Lefebvre s'était porté au pont situé au bas de la Vistule, et avait fait passer le 12e d'infanterie légère et des Saxons, pour soutenir le général Schramm. Le général Gardanne, chargé de la défense de la droite de la Vistule, y avait également appuyé le reste de ses forces. L'ennemi se trouvait supérieur, et le combat se soutenait avec une égale opiniâtreté. Le maréchal Lannes, avec la réserve d'Oudinot, était placé sur la gauche de la Vistule, par où il paraissait la veille que l'ennemi devait déboucher : mais voyant les mouvemens de l'ennemi démasqués, le maréchal Lannes passa la Vistule avec quatre bataillons de la réserve d'Oudinot. Toute la ligne et la réserve de l'ennemi furent mises en déroute et poursuivies jusqu'aux palissades; et à neuf heures du matin, l'ennemi était bloqué dans le fort de Weischelmunde. Le champ de bataille était couvert de morts. Notre perte se monte à 25 hommes tués et 200 blessés. Celle de l'ennemi est de 900 hommes tués, 1500 blessés et 200 prisonniers. Le soir on distinguait un grand nombre de blessés qu'on embarquait sur les bâtimens, qui, successivement, ont pris le large pour retourner à Kœnigsberg. Pendant cette action, la place n'a fait aucune sortie, et s'est contentée de soutenir les Russes par une vive canonnade. Du haut de ses remparts délâbrés et à demi-démolis, l'ennemi a été témoin de toute l'affaire. Il a été consterné de voir s'évanouir l'espérance qu'il avait d'être secouru. Le général Oudinot a tué de sa propre main trois Russes. Plusieurs de ses officiers d'état-major ont été blessés. Le 12ᵉ et le 2ᵉ régiment d'infanterie légère se sont distingués. Les détails de ce combat n'étaient pas encore arrivés à l'état-major.

Le journal du siége de Dantzick fera connaître que les travaux se poursuivent avec une égale activité, que le chemin couvert est couronné, et que l'on s'occupe des préparatifs du passage du fossé.

Dès que l'ennemi sut que son expédition maritime était arrivée devant Dantzick, ses troupes légères observèrent et inquiétèrent toute la ligne, depuis la position qu'occupe le maréchal Soult le long de la Passarge, devant la division du général Morand sur l'Alle. Elles furent reçues à bout-portant par les voltigeurs, perdirent un bon nombre d'hommes, et se retirèrent plus vite qu'elles n'étaient venues.

Les Russes se présentèrent aussi à Malga, devant le général Zayonchek, commandant le corps d'observation polonais, et enlevèrent un poste de Polonais. Le général de brigade Fischer marcha à eux, les culbuta, leur tua une soixantaine d'hommes, 1 colonel et 2 capitaines. Ils se présentèrent également devant le 5e corps, insultèrent les avant-postes du général Gazan à Villemberg. Ce général les poursuivit pendant plusieurs lieues. Ils attaquèrent plus sérieusement la tête du pont de l'Omulew de Drenzewo. Le général de brigade Girard marcha à eux avec le 88e, et les culbuta dans la Narew. Le général de division Suchet arriva, poussa les Russes l'épée dans les reins, les culbuta dans Ostrolenka, leur tua une soixantaine d'hommes, et leur prit 50 chevaux. Le capitaine du 64e, Laurin, qui commandait une grand'garde, cerné de tous côtés par les cosaques, fit la meilleure contenance, et mérita d'être distingué. Le maréchal Masséna, qui était monté à cheval avec une brigade de troupes bavaroises, eut lieu d'être satisfait du zèle et de la bonne contenance de ces troupes.

Le même jour, 13, l'ennemi attaqua le général Lemarrois à l'embouchure du Bug. Ce général avait passé cette rivière le 10 avec une brigade bavaroise et un régiment polonais, avait fait construire en trois jours des ouvrages de têtes de pont, et s'était porté sur Wiskowo, dans l'intention de brûler les radeaux auxquels l'ennemi faisait travailler depuis six semaines. Son expédition a parfaitement réussi; tout a été brûlé; et dans un moment ce ridicule ouvrage de six semaines fut anéanti.

Le 13, à 9 heures du matin, 6,000 Russes, arrivés de Nur, attaquèrent le général Lemarrois dans son camp retranché. Ils furent reçus par la fusillade et la mitraille; 300 Russes restèrent sur le champ de bataille ; et quand le général Lemarrois vit l'ennemi qui était arrivé sur les bords du fossé repoussé, il fit une sortie, et le poursuivit l'épée dans les reins. Le colonel du 4ᵉ de ligne bavarois, brave militaire, a été tué : il est généralement regretté. Les Bavarois ont perdu 20 hommes, et ont eu une soixantaine de blessés.

Toute l'armée est campée par divisions en bataillons carrés, dans des positions saines.

Ces événemens d'avant-postes n'ont occasionné aucun mouvement dans l'armée. Tout est tranquille au quartier-général. Cette attaque générale de nos avant-postes dans la journée du 13, paraît avoir eu pour but d'occuper l'armée française, pour l'empêcher de renforcer l'armée qui assiége Dantzick. Cette espérance de secourir Dantzick par une expédition maritime, paraîtra fort extraordinaire à tout militaire sensé, et qui connaîtra le terrain et la position qu'occupe l'armée française.

Les feuilles commencent à pousser. La saison est comme au mois d'avril en France.

DÉCRETS IMPÉRIAUX.

Par décret rendu au camp impérial de Finckenstein, le 14 avril 1807, Sa Majesté a nommé membres de la Légion d'honneur, les militaires ci-après désignés :

4ᵉ régiment d'Infanterie de ligne.

MM. Dauloup-Verdun, chef de bataillon ; Bergeron, adjudant-major ; Julliet, Desca, Alary, capitaines ; Castie, Deperret, Lantré, lieutenans ; Raynaud, sous-lieutenant ; Busque, Delmas, Moisset, sergens-majors ; Ruty, Carbon, Parisot, Jullié, sergens ; James, Mainbourg, caporaux.

8e *régiment de ligne.*

MM. Develle, Talivet, Vittefeux, Deroquigni, capitaines ; Danug, adjudant-major ; Leballeur, Dubard, Dumes, Brugnot, capitaines ; Lagrange, Bourlet, Leroux, Babin, Leleu, Gadois, sergens ; Cardeur, caporal ; Horaud, grenadier ; Prat, chirurgien-major.

12e *de ligne.*

MM. Moteau, Renaud, Boumard, Gruau, Hopquin, Fusier, Guyot, capitaines ; Ripert, Drouaillet, lieutenans ; Lazarre, Carré, sergens ; Antoine, adjudant-sous-officier ; Burette, Porte, sergens ; Mulot, caporal ; Garnier, fusilier ; Pageot, voltigeur ; Voisin, grenadier.

14e *de ligne.*

MM. Lemercier, chef de bataillon ; Gremillon, Poignant, Huot, Labbé, Ste-Maréville, Lavigne, Martin, Dupré, capitaines ; Lecuret, Coudère, Hyvou, Franqueville, sergens ; Gouet, Lequesne, caporaux ; Medrina, grenadier ; Parisot, voltigeur ; Perrin, fusilier.

17e *de ligne.*

MM. Vesian, Boujet, Manot, Lacassagne, Allard, Masse, Combe, capitaines ; Lamarque, adjudant-major ; Rouyer, lieutenant ; Patrouillard, Loustaud, Rivière, Olivier, Raille, sergens ; Pelletier, sergent-major ; Mouvion, grenadier ; Foureau, voltigeur ; David, fusilier.

18e *de ligne.*

MM. Baudin, Charpentier, Borelle, Faugeyron, Dumagnon, Lambert, Cussot, Plantié, capitaines ; Delsol, lieutenant ; Legros, sergent-major ; Coulon, Bernard, Sage, Segret, Dumont, sergens ; Pingibert, grenadier ; Romeuf, voltigeur ; Beignet, fusilier.

21e *de ligne.*

MM. Sire, capitaine-adjudant-major; Boisseraud, Mettreau, Texier, Camusat, Dufouard, Boisson, capitaines; Frassin, lieutenant; Héron, chirurgien-major; Jobert, Barberet, Bourgogne, sergens-majors; Delacourt, Magnin, sergens; Colas, grenadier; Bernard, caporal; Respeleure, fusilier; Jacquemin, tambour.

24e *de ligne.*

MM. Guyton, Boudin, Nicot, adjudans-majors; Lamy, Richard, Lachapelle, Roy, Belligny, capitaines; Castillard, lieutenant; Forcade, chirurgien-major; Mahuet, Latierre, Destournay, Buisson, Routelle, Colinet, sergens; Canord, voltigeur; Vergus, fusilier.

25e *de ligne.*

MM. Santon, Manuel, Moullet, Manavit, Pilhes, Gigoux, Tessières, Bigot, capitaines; Brochier, lieutenant; Tricolet, grenadier, Garraut, Mortail, Trinquart, sergens; Laguerre, voltigeur; Feigner, Voisin, sergens; Bertholon, voltigeur; Vidal, fusilier.

27e *de ligne.*

MM. Ducan, adjudant-major; Boulerne, Jouan, Paulus, Tardy, Batefort, Ducastaing, capitaines; Dariot, lieutenant; Lepape, sous-lieutenant; Piqueur, Dupré, sergens-majors; Labroguère, Verdier, Autage, sergens; Lafourcade, Colard, caporaux; Bazin, fusilier; Jehanne, sergent.

28e *de ligne.*

MM. Robillard, capitaine-adjudant-major; Jeannin, chirurgien-major; Braquerat, Lionville, Pichard, capitaines; Thacussios, Michel, Lorrain, lieutenans; Corbinière, sous-lieutenant; Larue, sergent-major; Royer, sergent; Lebon, fourrier; Jacquiot, François,

caporaux ; Bayard , Leguerne , grenadiers ; Ménage ,
voltigeur ; Barraux , fusilier.

3o^e de ligne.

MM. Pluchet, Amiet, Bonneville, Santon , Du-
mesnil, Berthier, capitaines ; Peychers, Richard ,
lieutenans ; Jacquemin, chirurgien-major ; Herbin,
Lingrand, Mignard, Derigny, sergens ; Morin , sergent-major ; Bertrand, fusilier ; Capy , grenadier ;
Patureau , voltigeur ; Porcher, grenadier.

3a^e de ligne.

MM. Peronier, Vallard, Liotard, Daumié , Vil-
lecrosse, Frangin, capitaines ; Dufaut, Bergeret,
lieutenans ; Dutilh , sous-lieutenant ; Lefebvre , chirurgien-major ; Thouard, Porre, sergens-majors ;
Lodoyer, sergent ; Trouvé, Fauverté, Messin, Guery,
caporaux ; Pioche, grenadier.

33e de ligne.

MM. Demarle , Nortier, Delaporte, Malignon ,
Jaurèche, Nadeau, capitaines ; Eslin, Valmalette ,
lieutenans ; Letuat, aide-major ; Liobart, Lefort ,
sergens-majors ; Lardent, Cotteret, sergens ; Gachot,
caporal ; Dubois , fusilier ; Lucas, grenadier ; Huré ,
Livet, voltigeurs.

34e de ligne.

MM. Drouard, Lanoix, Hubert, Troyon , Roux ,
Pinel, Lautrec, Chaud , capitaines ; Fronge, lieutenant ; Tassy, tambour-major ; Castand , Néron, sergens ; Barraux, caporal ; Coiffard , grenadier ; Charles, voltigeur ; Roy, caporal ; Petitot, sergent ;
Leblanc, fusilier.

36e de ligne.

MM. Lecurel, chef de bataillon ; Morin, adjudant-
major ; Courteille, Letellier, Chollet, capitaines ;
Delhommé, lieutenant ; Lefeuvre, Feuvrier, Froi-

dure, lieutenans; Longet, adjudant; Fontaine, sergent-major; Delhay, sergent; Boisson, Renaud, Dardennes, caporaux; Manchon, grenadier; Bourgouin, voltigeur; Levergère, fusilier.

39ᵉ de ligne.

MM. Huguenot, Fririon, Maurice, Teppe, Masson, Journet, capitaines; Toucas, adjudant-major; Farges, Leroux, lieutenans; Gaillard, adjudant-sous-officier; Millou, Robelet, sergens-majors; Parisse, caporal; Montel, sergent; Lecorre, sapeur; Angelot, Jaretie, voltigeurs; Masson, fusilier; Menuleblanc, chirurgien-major; Masson, Dutrieux, Preveaux, Bonnefoy, capitaines; Sénac, adjudant-major; Quillet, Seronvalle, Lagier, lieutenans; Grain, sergent-major; Lefaivre, Roch, sergens; Condaminx, Franoux, caporaux; Fontaine, Lecornay, grenadiers; Milliaux, voltigeur; Bertholot, fusilier.

43ᵉ de ligne.

MM. Digout, adjudant-major; Martin, chirurgien-major; François, David, Lacour, Danzo, Mongey, capitaines; Rousseau, Barbier, lieutenans; Perny, Garnier, Berger, Évrard, sergens-majors; Théobal, caporal; Pintelin, musicien; Pidoux, fusilier; Joly, sergent; Eudes, sergent-major.

44ᵉ de ligne.

MM. Drouin, Satin, Trehair, Dunand, capitaines; Évrard, Ducarre, Laurialld, lieutenans; Duclos, Guillot, sous-lieutenans; Boineau, adjudant-sous-officier; Huguenot, Guynot, Josse, sergens-majors; Perdreau, Chenaud, sergens; Antoinard, caporal; Floquet, Valisser, grenadiers.

45ᵉ de ligne.

MM. Brun, adjudant-major; Devaux, Bulifond,

Poulet, Cuny, capitaines; Metais, Guerrier, Alberton, Picardeau, lieutenans; Collaud, Durand, adjudans-sous-officiers; Bribot, Villard, sergens-majors; Boyer, Guilhen, Thevenard, Ponge, Épinal, sergens.

46ᵉ *de ligne.*

MM. Lemaire, Maquard, Watré, Para, Bessa, Boissay, capitaines; Caillard, aide-major; Adam, Arnaud, lieutenans; Ricard, adjudant-sous-officier; Sorin, sergent-major; Jamain, Lours, Laforêt, Pinard, Mathieu, Mezières, sergens; Lesneurs, caporal.

48ᵉ *de ligne.*

MM. Noos, chef de bataillon; Brouet, Boscq, Robert, Ives, Laboulaye, capitaines; Quinard, Mancheron, lieutenans; Labbé, sous-lieutenant; Ovelaque, tambour-major; Cagniard, Cremieux, sergens de voltigeurs; Chauvelot, caporal de grenadiers; Castelain, caporal; Gauthier, fusilier; Pierrard, grenadier; Blanchier, voltigeur; Nattay, fusilier.

50ᵉ *de ligne.*

MM. Granjean, Brigaud, Trezel, Bioret, Benoît, capitaines; Brocard, Hutin, Bornat, Bardey, lieutenans; Leclerc, sergent-major; Champagneux, grenadier; Mercier, sergent-major; Maubey, sergent; Nocud, Berlin, caporaux; Danqui, grenadier; Després, Gouin, voltigeurs.

51ᵉ *de ligne.*

MM. Besson, Temporal, Billot, Suran, Genin, Naudon, Cormillot, capitaines; Faugère, chirurgien-major; Cadeot, lieutenant; Lheman, adjudant-sous-officier; Duval, tambour-major; Dumas, Faquet, Fornier, sergens; Luis, Leroy, grenadiers; Soulier, voltigeur; Martin, fusilier.

54ᵉ *de ligne.*

MM. Meunier, Picard, Girard, capitaines ; Drouard, Tardieu, Laplanche, Oudine, lieutenans ; Golzio, Fourniat, sous-lieutenans ; Delesque, adjudant-sous-officier ; Lienard, Lecrecq, Delcroix, sergens-majors ; Roptin, Bertraud-Saur, sergens ; Benard, caporal ; Delmas, grenadier ; Duvivier, chirurgien-major.

55ᵉ *de ligne.* –

MM. Beruette, Bernard, adjudans-majors ; Multon, chirurgien-major ; Hugo, Pelloux, Moiré, capitaines ; Sonnet, Lebre, Martinet, lieutenans ; Jahm, Rollant, Toyon, sergens-majors ; Raffin, Merigo, Chavaroche, sergens ; Lambert, caporal ; Boulon, grenadier ; Guyenne, voltigeur.

57ᵉ *de ligne.*

MM. Bernier, adjudant-major ; Dansage, Simon, Boyer, capitaines ; Pilhes, Verrier, Lavigne, lieutenans ; Raverat, sous-lieutenant ; David, chirurgien-major ; Revou, Menut, sergens-majors ; Contenceau, sergent ; Cottin, caporal ; Lockmann, Laffont, Lepecqueur, grenadiers ; Joubert, Desclos, voltigeurs.

59ᵉ *de ligne.*

MM. Mazure, Delalaude, Aurange, Cap-de-Come, Isch, Renard, Leblond, Bleynie, capitaines ; Contat, lieutenant ; Delmotte, Silvestre, Gougeau, Beauvaine, Foussenqui, sergens ; Juppin, Brochange, Grauv, caporaux ; Alderweilt, voltigeur.

61ᵉ *de ligne.*

MM. Peltret, capitaine-adjudant-major ; Hamel, Deloménie, Bouillet, capitaines ; Labroue, lieutenant-adjudant-major ; Charpentier, lieutenant ; Beaudry, Delcroix, Beranger, sous-lieutenans ; Denelle , tambour-major ; Levêque, sergent ; Lambert, sergent-major ; Bretinière , sergent ; Perrin, Fauchoix, caporaux ; Maurion, Fauguerel, grenadiers ; Peret, fusilier.

63ᵉ *de ligne.*

MM. Poirot, Cauvin, Holte, Sanset, Bonnal, Thibault, capitaines ; Klinbogel, Tuesch, Grevit, lieutenans ; Lattil, chirurgien-major ; Caillet, Planton, Gibert, sergens-majors ; Pellegrin, Choiselat, Francier, sergens ; Roche , Martin , fusiliers.

64ᵉ *de ligne.*

MM. Lejeune, Gerard, Godard, Pellegrin, Voirol, Osullivan , Misset, capitaines ; Chevalliot, Godard , adjudans-majors ; Minerot, Charpentier, sergens-majors ; Falcony, Bay , sergens ; Herauld, caporal ; Brangé, Coussin, grenadiers ; Caron, voltigeur ; Cornet, fusilier.

69ᵉ *de ligne.*

MM. Albert, Fournier , Giraud , Meignand, Lantier, Dartigues, capitaines ; Fauvertaix, adjudant-major ; Moulins, Pâris, lieutenans ; Girald , sergent-major ; Lagier, Robert, sergens ; Métayer, caporal ; Foucard, grenadier ; Blot, voltigeur ; Desrieux, grenadier.

75ᵉ *de ligne.*

MM. Plantier, Maréchal, Piperaux, Malare, Nolland, capitaines ; Louis Biller, Bernard Biller, lieutenans ; Puigsech, Barbaux, sous-lieutenans ; Chochant, Beigné, Luce, sergens ; Marchand, sergent-major ; Martineau, Lacarpe, Flamand, sergens ; Verchy, caporal ; Leclerc, tambour.

76ᵉ *de ligne.*

MM. Badin, Cassan, Bellanger, Lagrenade, capitaines ; Donadieu, Giquel, Barbas, lieutenans ;

Cucu, Michel, sous-lieutenans ; Dupieux, sergent ;
Bourcier, sergent-major ; Imbert, Barbier, Germain, sergens ; Brunot, Lachambre, caporaux ;
Pointier, grenadier ; Murine, fusilier.

85.* de ligne.

MM. Fournier, chef de bataillon ; Spinosi, Bertrand, Pecherie, Loulandon, Souvigny, Pacaud,
Leguay, capitaines ; Courtiel, sous-lieutenant ; Rigolet, Gilmoto, sergens ; Martinet, adjudant ; Lemesle, sergent ; Pichon, fourrier ; Devaud, sergentmajor ; Berthelot, caporal ; Sarazin, Cadet, grenadiers.

88e de ligne.

MM. Vurtz, Salomon, Debriges, Larèche, Voinet,
Tirel, capitaines ; Neveu, Lefaivre, Lombard, lieutenans ; Klein, Merle, Février, sergens-majors ; Blachère, Tissot, sergens ; Fayol, caporal ; Gagelin, Laplace, fusiliers ; Ruffin, sapeur.

94e de ligne.

MM. Guignard, Chauvet, Rœderer, Scherding,
Beynet, Mangin, Holmeyer, capitaines ; Brisac,
Thiriot, lieutenans ; Masson, chirurgien aide-major ;
Guillaume, adjudant-sous-officier ; Razout, Henry,
sergens-majors ; Daum, Boisselot, sergens ; Carré,
sergent-major ; Chenau, caporal ; Didier, fusilier.

95e de ligne.

MM. Sauvage, adjudant-major ; Godefroy, Pichelon, D. Henry, Jeanin, R. Henry, Morabit, capitaines ; Paye, Esmingeaux, lieutenans ; Paulet,
chirurgien-major ; Simon, sergent ; Martinet, Anthon, sergens-majors ; Dubreuil, Chalot, Jacoteau,
Levieux, sergens ; Jacquart, fourrier.

96e de ligne.

MM. Dubois, Imbert, Robilliers, Leroux, Theu-

zel , Mercier , Garnier , capitaines; Rennousons ,
Iraque, adjudans-majors; Belair, aide-chirurgien-
major; Reuche, adjudant-sous-officier; Lévêque,
sergent-major; Carpentier, sergent; Jacquemard,
caporal; Jont, Bouvier, grenadiers; Violet, fusilier;
Casteras, voltigeur.

100ᵉ de ligne.

MM. Lenoir, capitaine-adjudant-major; Lasalle,
Lesieur, Tournigaud, Deker, Olague, Duplan, capitaines; Comtée, lieutenant; Buglet, lieutenant-
adjudant-major; Raffaneau, Pourtoy, Begou, Ri-
boche, sergens-majors; Trottin, Dufond, sergens ;
Brizard, sergent-major; Prime, Guerlin, caporaux.

103ᵉ de ligne.

MM. Laforest, Millon, Muller, Castaing, Berthe-
lemy, Proust, Pepin, Lurat, capitaines; Carel, lieutenans; Thiery , Louvart, Ulrich , adjudans-sous-officiers; Lacreuse , Papelain , sergens-majors ; Loise-
leur, Beaupré, sergens; Larose, caporal; Alexandre,
grenadier.

105ᵉ de ligne.

MM. Molle, Riquoir, Dewez, capitaines ; Bulot ,
adjudant-major; Isidore Habert, Manguiot, Bra-
ban, lieutenans; Brard, sous-lieutenant; Cuvelier ,
chirurgien-major; Honoré Habert, adjudant-sous-
officier; Bourdelois, sergent-major; Godard, Cor-
nuet, Ludinard, Lepain, sergens; Ducrot, caporal;
Lechevin, Parnet, grenadiers.

108ᵉ de ligne.

MM. Bonaventure, Millot, Benissier, Bré, capitaines ; Marsault, Louzeau, Charenton, Barbot,
lieutenans; Dury, chirurgien-major; Paillard, adjudant-major; Lafineur, Quenet, sergens-majors;
Clolery, sergent; Praux, Lajouchère, grenadiers;

Rosfin, fusilier; Cornet, Prudhomme, voltigeurs.

111e *de ligne.*

MM. Ardoin, Mensa, Massarolli, Giusiana, Denis, capitaines; Eymar, Viauziny, lieutenans; Bertin, sous-lieutenant; Ubertini, chirurgien-major; Moses, tambour-major; Ricard, adjudant-sous-officier; Campaña, sergent; Curbis, sergent-major; Longet, tambour; Canal, sapeur; Conrasso, Novena, grenadiers; Canavesio, fusilier.

6e *d'infanterie légère.*

MM. Lamauve, chirurgien-major; Pradal, Limonier, Renvoyé, Labory, Verniette, Corbin, capitaines; Cabot, Desmarets, lieutenans; Moreau, tambour-major; Desfrennes, sergent-major; Carpentier, Catala, Tronchère, Lamouche, Champion, sergens; Goriot, caporal; Cotantin, voltigeur.

7e *d'infanterie légère.*

MM. Hamon, Halloy, Guerrin, capitaines; Merceron, lieutenant; Mondet, adjudant-major; Milac, Garnier, Vautrain, capitaines; Courtillon, lieutenant; Rabuté, sergent-major; Bondon, Coutaloux, caporaux; Vignol, tambour; Fayel, sergent; Saint-Alban, sergent-major; Boulerie, sergent, Rouxe, adjudant-sous-officier; Carriaux, carabinier.

9e *d'infanterie légère.*

MM. Beaudot, Billon, adjudans-majors; Carton, Dougée, Balson, Godet, capitaines; Paraut, Giraud, Neuville, lieutenans; Marneuf, tambour-major; Hesse, Bigerelle, sergens; Grandjean, Cophignon, sergens-majors; Lasalle, carabinier; Guérin, chasseur; Baraut, voltigeur; Boucher, chasseur.

10e *d'infanterie légère.*

MM. Laborde, Ruerre, Taquet, Deguer, Bazenet,

capitaines ; **Favre**, Dupré, Dubernet, Prost, lieutenans ; Millet, Benteyac, Paguier, sergens ; Delivet,
Andrieux, caporaux ; Roi, Laborde, Hermant, Phi-
lippon, chasseurs.

13ᵉ d'infanterie légère.

MM. Craincourt, adjudant-major ; Pigon, chirurgien-major ; Thiebaut, Dupenlouz, Varlet, Hille,
capitaines ; Perrier, Bory, lieutenans ; Peschot, sous-
lieutenant ; Garnier, Deloffre, sergens-majors ; Gaus-
set, sergent ; Beniton, sergent-major ; Bervard,
fourrier ; Roussel, Maréchal, caporaux ; Roche,
sapeur ; Froger, sergent-major.

15ᵉ d'infanterie légère.

MM. Baron, Delombre, Ducarouge, Dupont,
Devillé, Reignac, capitaines ; Pastureau, Pachon,
Antoine, lieutenans ; Nicolas, tambour-major ;
Pringet, sergent-major ; Mourand, Dhour, sergens ;
Charpentier, adjudant-sous-officier ; Percaut, Victor
Gay, Blainville, Guillemain, carabiniers ; Kéck,
Galichet, Maccard, Vincent, Henri Vits, Cuny ;
capitaines ; Nahon, Pressat, Veffon, lieutenans ;
Leclavi, Vendeur, Ayot, Pignolet, sergens ; Beau-
marchand, caporal ; Montellier, carabinier ; Ma-
riotti, voltigeur ; Jean Brom, chasseur ; Richon,
chirurgien-major.

17ᵉ d'infanterie légère.

MM. Sturaldy, adjudant-major ; Jacob, chirur-
gien-major ; Dulac, Guyomard, Sarraire, Souillot,
Richard, Bureau, capitaines ; Benoît, lieutenant ;
Pellegrin, Ylladegny, adjudans ; Étienne, Lecheva-
lier, sergens-majors ; Furet, Giliard, sergens ; Mary,
Machoire, carabiniers ; Taubas, voltigeur.

21ᵉ d'infanterie légère.

MM. Schcrit, Delaporte, Legros, Clamont, La

posse, Merceret, Henry, capitaines; Lazarre, Dessartaux, lieutenans; Savelly, tambour-major; Pontoy, sergent; Tobie, sergent-major; Giraud, Stéphany, adjudans-sous-officiers; Maréchal, Dor, caporaux; Périgord, carabinier; Quencate, voltigeur.

24ᵉ d'infanterie légère.

MM. Grimaud, chirurgien-major; Cardinal, capitaine; Liegeard, Arnaud, Pons, Dupuy, Mangin, lieutenans; Pourailly, Lamortelle, sous-lieutenans; Moreau, sergent-major; Gallois, Berdouillard, Remond, Decurtil, Carquet, sergens; Grenon, caporal; Clamental, carabinier; Laborie, caporal.

25ᵉ d'infanterie légère.

MM. Barreau, Macenary, Vieillard, Thubé, capitaines; Lepetit, Richard, Bresselin, Jaume, lieutenans; Girard, sous-lieutenant; Clinquard, tambour-major; Auger, Bergiger, sergens-majors; Maréchal, Gourdin, Chauvanoy, sergens; Four, carabinier; Monpour, Pioux, chasseurs.

26ᵉ d'infanterie légère.

MM. Ferré, Pinard, Monet, Dumas, capitaines; Amat, chirurgien-major; Denelle, Bois, Pan, lieutenans; Pouget, sous-lieutenant; Jobard, Jacquelin, sergens; Choquet, sergent-major; Bréard, sergent; Bottemann, caporal-tambour; Bancé, Letuer, caporaux; Guillonut, chasseur; Pérignon, carabinier.

27ᵉ d'infanterie légère.

MM. Durand, Colette, Maurin, Garcin, Paultrier, Coget, Royer, Abraham, capitaines; Arnoux, lieutenant; Tourné, chirurgien-aide-major; Martin, Lambinet, sergens-majors; Hardy, Lasalle, Dubus, Lacanalle, Faral, sergens; Marchand, caporal.

28e d'infanterie légère.

MM. Perrey, capitaine-adjudant-major; Coyl-cault, Peilabert, Amblard, caporaux; Lepu, Planet, Laroque, lieutenans; Courtois, Lefebvre, sous-lieutenans; Querquet, caporal; Olivier, sergent; Rivière, Greinttet, caporaux; Jordano, carabinier; Vracq, Ladevèse, voltigeurs; Guérin, Garnier, chasseurs.

Artillerie.

MM.

Verpeau, capitaine de la 8e compagnie d'ouvriers;

Alpy, capitaine en second de la 20e compagnie du 8e régiment d'artillerie à pied;

Pinondelle, capitaine en second de la 3e compagnie du 3e régiment d'artillerie à cheval;

Brasdor, capitaine en second de la 7e compagnie du 3e d'artillerie à pied;

Larue, capitaine de la 1re compagnie du 1er bataillon de pontonniers;

Gay, capitaine de la 2e compagnie du 8e d'artillerie à pied;

Romand, adjudant-sous-officier du 3e d'artillerie à cheval;

Aubry, sergent-major de la 6e compagnie du 8e d'artillerie à pied;

Mongniard, maréchal-des-logis-chef de la 2e compagnie du 3e d'artillerie à cheval;

Malizieux, sergent de la 1re compagnie du 8e d'artillerie à pied;

Legros, maréchal-des-logis-chef de la 3e compagnie du 2e bataillon principal du train;

Mercier, appointé de la 2e compagnie du 2e bataillon principal du train;

Bizard, capitaine de la 5e compagnie du 7e d'artillerie à pied;

Hecman , capitaine de la 8ᵉ compagnie du 1ᵉʳ bataillon de pontonniers ;

Beauvisage, capitaine de la 1ʳᵉ compagnie du 5ᵉ d'artillerie à cheval ;

Gardien , capitaine de la 3ᵉ compagnie du 7ᵉ d'artillerie à pied ;

Osella , premier lieutenant de la 15ᵉ compagnie du 7ᵉ d'artillerie à pied ;

Bontems, capitaine d'artillerie ;

Février, conducteur principal ;

Charpentier, sergent de la 1ʳᵉ compagnie du 7ᵉ d'artillerie à pied ;

Claret , sergent de la 2ᵉ compagnie du 7ᵉ d'artillerie à pied ;

Marchand , canonnier de la 3ᵉ compagnie du 7ᵉ d'artillerie à pied ;

Henry, canonnier de la 15ₑ compagnie du 7ᵉ d'artillerie à pied ;

Herchy, maréchal-des-logis du 3ᵉ bataillon *bis* du train ;

Mathieu , capitaine au 1ᵉʳ régiment d'artillerie à cheval ;

Gillet, capitaine au 1ᵉʳ bataillon de pontonniers ;

Genay , lieutenant au 5ᵉ régiment d'artillerie à pied ;

Oudin , *idem* , *idem*.

Drulin , lieutenant au 3ᵉ bataillon principal du train ;

Buisset, lieutenant au 1ᵉʳ bataillon *bis* du train ;

Grosjean , adjudant-sous-officier au 5ᵉ d'artillerie à pied ;

Grassert, sergent-major , *idem*.

Maurt, sergent, *idem*.

Guillien , *idem* , *idem*.

Perrin , maréchal-des-logis au 5ᵉ d'artillerie à cheval ;

Baligout, brigadier, *idem.*

Coger, capitaine de la 13e compagnie du 1er d'artillerie à pied ;

Simonin, capitaine en second au 2e d'artillerie à cheval ;

Saulnier, capitaine en second au 6e d'artillerie à pied ;

Dubois, capitaine en second au 5e d'artillerie à pied ;

Bussière, adjudant-major au 5e bataillon *bis* du train ;

Mongin, lieutenant au 3e bataillon principal du train ;

Neron, sergent-major de la 15e compagnie du 5e d'artillerie à pied ;

Anozet, maréchal-des-logis-chef du 3e bataillon principal du train ;

Belletoise, maréchal-des-logis de la 2e compagnie du 6e d'artillerie à cheval ;

Loiselet, sergent de la 15e compagnie du 5e d'artillerie à pied ;

Guillem, sergent de la 4e compagnie du 1er bataillon de pontonniers ;

Baudin, brigadier de la 4e compagnie du 6e d'artillerie à cheval ;

Lespagnol, capitaine au 1er régiment d'artillerie à pied ;

Cumps, *idem*, *idem.*

Thieulle, *idem* au 6e d'artillerie à pied ;

Comin, lieutenant au 1er d'artillerie à pied ;

Coffinet, *idem* au 2e d'artillerie à cheval ;

Levasseur, lieutenant aide-de-camp du général Seroux ;

Daspet, maréchal-des-logis-chef au 2e d'artillerie à cheval ;

Magloire, *idem*, *idem.*

Clavel, *idem*, *idem*.

Magny, artificier, *idem*.

Macquet, sergent au 1er régiment d'artillerie à pied ;

Mayer, caporal, *idem*.

1er régiment d'hussards.

MM. Lefebvre, capitaine ; Briolle, adjudant-major ; Salvatte, Courderier, sous-lieutenans ; Henrion, maréchal-des-logis-chef ; Antony, Godefroy, maréchaux-des-logis ; Garnier, hussard.

2e d'hussards.

MM. Raqué, Michelari, capitaines ; Poitiers, adjudant-major ; Cussy, lieutenant ; Radouin, maréchal-des-logis ; Nachstein, Avril ; brigadiers ; Heydel, hussard.

3e d'hussards.

MM. Cappiorsons, chirurgien-major ; Darbour, Beaufrère, capitaines ; Conseil, lieutenant ; Stelzlé, Lintiry, adjudans-sous-officiers ; Grival, maréchal-des-logis-chef ; Haas, brigadier.

4e d'hussards.

MM. Lemperrière, chef d'escadron ; Imbert, Preux, adjudans-majors ; Lepape, sous-lieutenant ; Lecat, chirurgien-major ; Schaumberger, Heninger, maréchaux-des-logis ; Yrs, brigadier.

5e d'hussards.

MM. Penier, Drouard, Chardon, capitaines ; Chaput, lieutenant ; Dam, Leguis, maréchaux-des-logis ; Defrise, Tabar, hussards.

7e d'hussards.

MM. Briqueh, Reinhartz, Fraudin, capitaines ; Gieslin, sous-lieutenant ; Reisse, Roch, maréchaux-des-logis ; Jugst, Simoneau, hussards.

8ᵉ *d'hussards.*

MM. Charoy, chirurgien; Petit, Lévêque, capitaines; Bergeret, sous-lieutenant; Messager, maréchal-des-logis; Larotte, brigadier; Regnier, Fray, hussards.

10ᵉ *d'hussards.*

MM. Lecorbellier, Soullerac, lieutenans; Tatté, Conilliant, sous-lieutenans; Guindey, maréchal-des-logis-chef; Lorgis, Thierry, maréchaux-des-logis; Thionville, hussard.

1ᵉʳ *régiment de chasseurs.*

MM. Cabot, capitaine; Riguet, Simoneau, Gaillac, lieutenans; Severac, Prodon, maréchaux-des-logis; Tétar, brigadier; Pauvre, chasseur.

2ᵉ *de chasseurs.*

MM. Sabinet, Noury, capitaines; Merle, lieutenant; Garchery, sous-lieutenant; Cordier, adjudant-sous-officier; Laborie, maréchal-des-logis-chef; Boyer, brigadier; François, chasseur.

5ᵉ *de chasseurs.*

MM. Veron, Devienne, capitaines; François, lieutenant; Faúllain, sous-lieutenant; Lajousse, chirurgien-major; Charrière, Galland, maréchaux-des-logis; Maclot dit *Thomas*, chasseur.

7ᵉ *de chasseurs.*

MM. Dubourg, Malcorps, lieutenans; Brichtel, Crotel, sous-lieutenans; Proma, Zoepfel, maréchaux-des-logis; Vernirères, Chenaye, adjudans-sous-officiers.

10ᵉ *de chasseurs.*

MM. Midavoine, Beniqué, Barbier, lieutenans; Goujard, sous-lieutenant; Vareille, Bastia, maréchaux-des-logis; Maillet, Verchère, chasseurs.

11ᵉ *de chasseurs.*

MM. Pouard, capitaine ; Lejeune, lieutenant ; Margot, Dupuis, sous-lieutenans ; Didiot, maréchal-des-logis-chef ; Trognée, maréchal-des-logis ; Lesage, Depaux, brigadiers.

12ᵉ *de chasseurs.*

MM. Delivremont, chef d'escadron ; Dejean, capitaine ; Piné, Duregard, sous-lieutenans ; Dhenin, adjudant-sous-officier ; Georges, maréchal-des-logis ; Simmaire, brigadier ; Valois, chasseur.

13ᵉ *de chasseurs.*

MM. Payen, capitaine ; Toussaint, Moginot, Durand, sous-lieutenans ; Lauderet, Leroy, maréchaux-des-logis-chefs ; Duchesne, Badrant, maréchaux-des-logis.

16ᵉ *de chasseurs.*

MM. Durand, chirurgien-major ; Bosler, capitaine ; Gessard, lieutenant ; Royère, sous-lieutenant ; Michel, maréchal-des-logis-chef ; Lacour, maréchal-des-logis ; Maillard, brigadier ; Decaux, chasseur.

20ᵉ *de chasseurs.*

MM. Geindre, Paquy, lieutenans ; Thomy, Dupont, sous-lieutenans ; Pierre, maréchal-des-logis ; Lacour, adjudant-sous-officier ; Launai, Philippe, maréchaux-des-logis.

21ᵉ *de chasseurs.*

MM. Lasalle, capitaine ; Decoetlosquet, adjudant-major ; Beaugrand, lieutenant ; Locquin, sous-lieutenant ; Robinet, adjudant-sous-officier ; Tamponnet, maréchal-des-logis ; Ramière, Souterat, chasseurs.

22ᵉ *de chasseurs.*

MM. Spitzer, capitaine ; Vinot, Galabert, lieutenans ; Maureville, sous–lieutenant ; Blamont, Coudray, Floriot, Brun, maréchaux-des-logis.

1ᵉʳ *régiment de dragons.*

MM. Philiponat, capitaine ; Guns, lieutenant ; Givalard, Toulain, sous-lieutenans ; Mallet, maréchal-des-logis-chef; Larcher, Aubertin, maréchaux-des-logis ; Semingre, dragon.

2ᵉ *de dragons.*

MM. Peridiez, chef d'escadron ; Rampon, Jamin, lieutenans ; Dambarère, sous-lieutenant ; Heurtau, maréchal-des-logis-chef ; Lugniel, maréchal-des-logis ; Fauvaux, Nicolas, dragons.

3ᵉ *de dragons.*

MM. Barbut, Duret, Thivol, capitaines ; Rullier, lieutenant ; Neveu, adjudant-sous-officier ; Caffin, Dumont, Carrière, maréchaux-des-logis.

4ᵉ *de dragons.*

MM. Caille, Oyon, capitaines ; Michel, Bourdoin, sous–lieutenans ; Bolot, Bracht, maréchaux-des-logis ; Piot, brigadier ; Goutillot, dragon.

5ᵉ *de dragons.*

MM. Rocour, capitaine ; Dutordoir, lieutenant ; Bourbier, Letondeur, sous-lieutenans ; Menard, adjudant-sous-officier ; Guillomin, Verquin, maréchaux-des-logis-chefs ; Milhaud, maréchal- des-logis.

6ᵉ *de dragons.*

MM. Derivaux, Loup, capitaines ; Caule, lieutenant ; Delmas, sous-lieutenant ; Decouen, maréchal-des-logis-chef ; Dubourg, maréchal-des-logis ; Noireau, brigadier ; Duplan, dragon.

8ᵉ *de dragons.*

MM. Devaux, Tinel, capitaines; Beufve, capitaine-adjudant-major; Custine, capitaine; Collard, maréchal-des-logis-chef; Brazet, maréchal-des-logis; Letellier, brigadier; Gaillot, dragon.

9ᵉ *de dragons.*

MM. Henry, Maradan, capitaines; Philibert, lieutenant; Lombart, sous-lieutenant; Histre, maréchal-des-logis-chef; Vuarin, maréchal-des-logis; Ruezhols, trompette; Lemolte, dragon.

10ᵉ *de dragons.*

MM. Pillay, chef d'escadron; Voisin, capitaine; Gard, adjudant-major; Langlet, lieutenant; Souplet, Asselain, maréchaux-des-logis; Berthaut, brigadier; Laudoit, dit *Verneuil*, dragon.

11ᵉ *de dragons.*

MM. Populus, Bridau, capitaines; Bommerbach, Lagrave, lieutenans; Micolas, adjudant-sous-officier; Michaud, Bacouton, maréchaux-des-logis-chefs; Godiart, dragon.

12ᵉ *de dragons.*

MM. Allain, Gresselain, lieutenans; Michel, sous-lieutenant; Saint-Marc, adjudant-major; Schmitt, Ribet, adjudans-sous-officiers; Saulnier, maréchal-des-logis; Roland, dragon.

14ᵉ *de dragons.*

MM. Touche, Salmon, capitaines; Bigarne, adjudant-major; Debelle, capitaine; Robert, Renart, maréchaux-des-logis; Yvon, brigadier; Gresce, dragon.

16ᵉ *de dragons.*

MM. Savourat, capitaine; Galand, lieutenant; Clément de Ris, adjudant-major; Saint-Privé, sous-lieutenant ; Guyon, maréchal-des-logis-chef ; Elich, maréchal-des-logis ; Facon, brigadier ; Cornet, trompette.

17ᵉ *de dragons.*

MM. Léopold, Albert, Hertz, capitaines ; Jacquay, lieutenant ; Barrois, adjudant-sous-officier ; François, maréchal-des-logis ; Bornet, brigadier ; Somsoit, dragon.

18ᵉ *de dragons.*

MM. Guyard, Dauge, capitaines ; Marignole, lieutenant ; Bozon, sous-lieutenant ; Lebattu, Durand, maréchaux-des-logis ; Dubuisson, fourier ; Blot, dragon.

19ᵉ *de dragons.*

MM. Mathieu, Fillon, Robineau, capitaines ; Jonvat, sous-lieutenant ; Dassignan, adjudant-sous-officier ; Dalbis, maréchal-des-logis-chef ; Paris, maréchal-des-logis ; Chatenai, dragon.

20ᵉ *de dragons.*

MM. Reynaud, Lecompte, capitaines ; Risbourg, Leret, sous-lieutenans ; Crispril, adjudant-sous-officier ; Berger, Lasalle, brigadiers ; Bouc, dragon.

21ᵉ *de dragons.*

MM. Guerin, Chaillot, sous-lieutenans ; Serra, lieutenant ; Revillon, chirurgien-major ; Pousson, maréchal-des-logis-chef ; Brunet, Bory, maréchaux-des-logis ; Raviola, dragon.

26ᵉ *de dragons.*

MM. Galtier, Colenne, capitaines ; Denquin, lieutenant ; Mesclop, sous-lieutenant ; Colomb, adjudant-sous-officier ; Lheureux, Breton, maréchaux-des-logis ; Dupont, brigadier.

27ᵉ *de dragons.*

MM. Damback, Régent, Bloum, capitaines; Pinot, adjudant-major-lieutenant; Deletre, maréchal-des-logis-chef; Petitbas, maréchal-des-logis; Bonne, brigadier; Aubertot, dragon.

1ᵉʳ *de carabiniers.*

MM. Artus, Scarampy, capitaines; Lorin, chirurgien-major; Gaal, sous-lieutenant; Bourgogne, trompette-major; Varlier, Valter, maréchaux-des-logis; Faloise, maréchal-des-logis-chef.

2ᵉ *de carabiniers.*

MM. Delamarre, Legendre, Midi, lieutenans; Talabère, chirurgien-major; Finck, adjudant-sous-officier; Toublant, Baudelet, maréchaux-des-logis-chefs; Lamothe, maréchal-des-logis.

1ᵉʳ *de cuirassiers.*

MM. Fribis, Denefert, Marni, capitaines; Faure, lieutenant; Maret, Pierredon, Gérard, sous-lieutenans; Gorse, chirurgien-major; Vacossin, Euler, Harel, maréchaux-des-logis; Lesicur, brigadier; Christophe, maréchal-des-logis-chef; Luxer, adjudant; Déton, brigadier; Nicolas, cuirassier.

2ᵉ *de cuirassiers.*

MM. Garrel, capitaine-adjudant-major; Auger, Gaillet, lieutenans; Biardé, sous-lieutenant; Thouvenin, maréchal-des-logis-chef; Chariot, maréchal expert; Loete, brigadier; Panneau, cuirassier.

3ᵉ *de cuirassiers.*

MM. Daudenarde, chef d'escadron; Avoine, capitaine; Morel, lieutenant; Montaulieu, sous-lieutenant; Primaux, Perrot, maréchaux-des-logis-chefs; Lagunière, Lucantin, maréchaux-des-logis.

5ᵉ de cuirassiers.

MM. Saint-Albin, chef d'escadron ; Hérissant, Adam, Tribout, Ferrin, capitaines ; Buyot, Lampinet, lieutenans ; Festier, sous-lieutenant ; Grillot, adjudant-sous-officier ; Toutain, maréchal-des-logis-chef ; Lamothe, Gérard, Saint-George, Canolet, maréchaux-des-logis ; Plusse, Camus, brigadiers.

9ᵉ de cuirassiers.

MM. Nicole, Roulier, Joannes, Fremaux, capitaines ; Lefrançais, adjudant-sous officier ; Plique, Viron, Gourade, maréchaux-des-logis-chefs.

10ᵉ de cuirassiers.

MM. Doumet, capitaine ; Sclinger, adjudant-major ; Bethum, Debonne, Lechat, lieutenans ; Rochat, Bague, Delaitre, sous-lieutenans ; Chabrillant, adjudant-sous-officier ; Fournier, maréchal-des-logis-chef ; Prioux, Renaud, Vateau, maréchaux-des-logis ; Breton, brigadier ; Agnes, Choupier, cuirassiers.

11ᵉ de cuirassiers.

MM. Gilson, adjudant-major ; Bavoillot, Beaujean, capitaines ; Barthès, Pieffort, Louis, Loillier, capitaines ; Lelong, chirurgien-major ; Lebrasseur, maréchal-des-logis-chef ; Guithon, Moignet, maréchaux-des-logis ; Mouray, Doulson, brigadiers ; Michel, Pechard, Mony, cuirassiers.

12ᵉ de cuirassiers.

MM. Sellier, Zoumann, Laure, capitaines ; Mestre, lieutenant ; Meneret, maréchal-des-logis-chef ; Kaltembach, Durand, maréchaux-des-logis ; Galandot, brigadier.

Artillerie.

MM. Rafron, capitaine au 6ᵉ régiment d'artillerie

à cheval ; Duliepore, lieutenant au 2ᵉ *idem;* Duvooz, maréchal-des-logis au 2ᵉ *idem ;* Romain, maréchal-des-logis au 3ᵉ *idem;* Poitrel, maréchal-des-logis au 3ᵉ *idem;* Caron, canonnier au 3ᵉ *idem ;* Bondet, canonnier au 2ᵉ *idem;* Scley, trompette *idem.*

Par décret rendu au camp impérial de Finckenstein, le 16 avril 1807,

S. M. a nommé membres de la légion d'honneur, les militaires ci-après désignés :

Artillerie de la Garde impériale.

MM. Bouron, fourrier ; Blanc, canonnier ; Frossard, Arnoult, premiers canonniers ; Jullien, trompette ; Steffe, Boucaud, maréchaux-des-logis ; Charignon, premier canonnier ; Guerbois, brigadier ; Creter, artificier ; Vasseur, premier canonnier ; Giard, maréchal-des-logis ; Muller, canonnier ; Champigny, premier canonnier ; Leroy, sergent-major des ouvriers ; Logerot, brigadier du train.

Artillerie de la garde impériale.

MM. Desprets, deuxième soldat du train ; Garnier, Antie, Caillette, premiers soldats du train.

Gendarmerie d'élite.

MM. Pros, maréchal-des-logis-chef ; Carpette, maréchal-des-logis ; Beguignot, Baillet, Avelin, Petitjean, Potemont, brigadiers ; Lefèvre, Couronne, Mignot, gendarmes ; Montmorency, commandant les gendarmes d'ordonnance ; Charbonnier, lieutenant en premier de la 1ʳᵉ compagnie ; Pitat, second premier lieutenant *idem ;* Norvins de Montbreton, second premier lieutenant de la 2ᵉ compagnie ; Despinchal, second premier lieutenant *idem ;* Charet, maréchal-des-logis *idem ;* Stappets, gendarme de la 1ʳᵉ compagnie.

SOIXANTE-QUINZIÈME BULLETIN.

Finkenstein, le 18 mai 1807.

Voici de nouveaux détails sur la journée du 13. Le maréchal Lefebvre fait une mention particulière du général Schramm, auquel il attribue en grande partie le succès du combat de Weischelmunde.

Le 15, depuis deux heures du matin, le général Schramm était en bataille, couvert par deux redoutes construites vis-à-vis le fort de Weischelmunde. Il avait les Polonais à sa gauche, les Saxons au centre, le 2ᵉ régiment d'infanterie légère à sa droite, et le régiment de Paris en réserve. Le lieutenant-général russe Kamenski déboucha du fort à la pointe du jour ; et, après deux heures de combat, l'arrivée du 12ᵉ d'infanterie légère, que le maréchal Lefebvre expédia de la rive gauche, et un bataillon saxon, décidèrent l'affaire. De la brigade Oudinot, un seul bataillon put donner. Notre perte a été peu considérable. Un colonel polonais, M. Paris, a été tué. La perte de l'ennemi est plus forte qu'on ne pensait. On a enterré plus de 900 cadavres russes. On ne peut pas évaluer la perte de l'ennemi à moins de 2500 hommes. Aussi ne bouge-t-il plus, et paraît-il très-circonspect derrière l'enceinte de ses fortifications. Le nombre de bateaux chargés de blessés qui ont mis à la voile, est de 14.

Pages 47, 71 et 75, sont les décrets des récompenses que S. M. a accordées à ceux qui se sont distingués, et dont le maréchal Lefebvre a fait une mention spéciale.

Dans la journée du 14, une division de 5000 hommes Prussiens et Russes, mais en majorité Prussiens, partie de Kœnigsberg, débarqua à Pillau, longea la langue de terre dite le Nehrung, et arriva à Kahlberg devant nos premiers postes de grand'garde de cavalerie légère, qui se replièrent jusqu'à Furtenswerder.

L'ennemi s'avança jusqu'à l'extrémité du Frisch-Haff. On s'attendait à le voir pénétrer par-là sur Dantzick. Un pont jeté sur la Vistule à Furtenswerder facilitait le passage de l'infanterie, cantonnée dans l'île du Nogat pour filer sur les derrières de l'ennemi. Mais les Prussiens furent mieux avisés, et n'osèrent pas s'aventurer. L'Empereur donna ordre au général Beaumont, aide-de-camp du grand-duc de Berg, de les attaquer. Le 16, à deux heures du matin, ce général déboucha avec le général de brigade Albert, à la tête de deux bataillons de grenadiers de la réserve, le 3e et le 11e régimens de chasseurs et une brigade de dragons. Il rencontra l'ennemi entre Passenwerder et Stege, à la petite pointe du jour, l'attaqua, le culbuta, et le poursuivit l'épée dans les reins pendant onze lieues, lui prit 1100 hommes, lui en tua un grand nombre, et lui enleva quatre pièces de canon. Le général Albert s'est parfaitement comporté. Les majors Chemineau et Salmon se sont distingués. Le 3e et le 11e de chasseurs ont donné avec la plus grande intrépidité. Nous avons eu un capitaine du 3e régiment de chasseurs et 5 ou 6 hommes tués, et 8 ou 10 blessés. Deux bricks ennemis qui naviguaient sur le Haff sont venus nous harceler. Un obus, qui a éclaté sur le pont de l'un d'eux, les a fait virer de bord.

Ainsi, depuis le 12, sur les différens points, l'ennemi a fait des pertes notables.

L'Empereur a fait manœuvrer dans la journée du 17, les fusiliers de la garde, qui sont campés, près du château de Finckenstein, dans d'aussi belles baraques qu'à Boulogne.

Dans la journée du 18 au 19, toute la garde va également camper au même endroit.

En Silésie, le prince Jérôme est campé avec son corps d'observation à Franckenstein, protégeant le siége de Neiss.

Le 12, ce prince apprit qu'une colonne de 3000 hommes était sortie de Glatz pour surprendre Breslau. Il fit partir le général Lefèvre avec le 1er régiment de ligne bavarois, excellent régiment, 100 chevaux et un détachement de 300 Saxons. Le général Lefèvre atteignit la queue de l'ennemi le 14, à 4 heures du matin, au village de Cauth; il l'attaqua aussitôt, enleva le village à la baïonnette, et fit 150 prisonniers. Cent chevau-légers du roi de Bavière taillèrent en pièces la cavalerie ennemie, forte de 500 hommes, et la dispersèrent. Cependant l'ennemi se plaça en bataille et fit résistance. Les 300 Saxons lâchèrent pied; conduite extraordinaire, qui doit être le résultat de quelque malveillance; car les troupes saxonnes, depuis qu'elles sont réunies aux troupes françaises, se sont toujours bravement comportées. Cette défection inattendue, mit le 1er régiment de ligne bavarois dans une situation critique. Il perdit 150 hommes, qui furent faits prisonniers, et dut battre en retraite, qu'il fit cependant en ordre. L'ennemi reprit le village de Cauth.

A onze heures du matin, le général Dumuy, qui était sorti de Breslau à la tête d'un millier de Français, dragons, chasseurs et hussards à pied, qui avaient été envoyés en Silésie pour être montés, et dont une partie l'était déjà, attaqua l'ennemi en queue. Cent cinquante hussards à pied enlevèrent le village de Cauth à la baïonnette, firent cent prisonniers et reprirent tous les Bavarois qui avaient été faits prisonniers.

L'ennemi, pour rentrer avec plus de facilité dans

Glatz, s'était séparé en deux colonnes. Le général Lefèvre, qui était parti de Schweidnitz le 15, tomba sur une de ces colonnes, lui tua cent hommes, et lui fit 400 prisonniers, parmi lesquels 30 officiers. Un régiment de lanciers polonais, arrivé la veille à Franckenstein, et dont le prince Jérôme avait envoyé un détachement au général Lefèvre, s'est distingué.

La seconde colonne de l'ennemi avait cherché à gagner Glatz par Silberberg; le lieutenant-colonel Ducoudrais, aide-de-camp du prince, la rencontra et la mit en déroute. Ainsi cette colonne de 3 à 4000 hommes qui était sortie de Glatz, ne put y rentrer. Elle a été toute entière prise, tuée ou éparpillée.

De notre camp impérial de Finckenstein,
le 18 mai 1807.

NAPOLÉON, EMPEREUR DES FRANÇAIS, ROI D'ITALIE,

Avons nommé et nommons officier de la Légion d'honneur :

M. Darcantel, chef de bataillon du 2e régiment d'infanterie légère.

Légionnaires :

MM.

Chauzanie, capitaine au 2e régiment d'infanterie légère.

Lebas, lieutenant des voltigeurs du même régiment.

Devaux, lieutenant au même régiment.

Fabre, sous-lieutenant, *idem.*

Schrit, capitaine, *idem.*

Vinet, sergent-major, *idem.*

Lessieur, carabinier, *idem.*

Berlier, adjudant-major au 12e d'infanterie légère.

Armand, capitaine au même régiment.

Villeton, *idem.*

Joliton, sous-lieutenant, *idem.*

Grelet, sergent-major, *idem.*

Colombier, carabinier, *idem.*

Bergeon, voltigeur, *idem.*

Roux, chasseur, *idem.*

Krassyn, adjudant-major du 2e d'infanterie polonais.

Glaser, capitaine au même régiment.

Janiskiewicz, sergent, *idem.*

Zoleiky, soldat, *idem.*

Vidal, chef de bataillon au régiment de la garde de Paris.

Leborgne, capitaine au même régiment.

Trébois, lieutenant, *idem.*

Levasseur, sous-lieutenant, *idem.*

Raab, lieutenant au bataillon des grenadiers de Sussemilsch, saxon.

Rothe, grenadier au même régiment.

Carère, capitaine adjoint à l'état-major du 10 corps.

Daubenheim, lieutenant de cuirassiers saxons.

Souplet, lieutenant d'artillerie.

Zenowicz, chef de bataillon polonais.

Vérigny, capitaine du 6e régiment d'hussards.

Demagnac, chef d'escadron.

Signé, NAPOLÉON.

Par l'Empereur,

Le ministre secrétaire d'Etat, signé, H. B. MARET.

SOIXANTE-SEIZIÈME BULLETIN.

Finckenstein, le 20 mai 1807.

Une belle corvette anglaise doublée en cuivre, de 24 canons, montée par 120 Anglais, et chargée de poudre et de boulets, s'est présentée pour entrer dans la ville de Dantzick. Arrivée à la hauteur de nos ouvrages, elle a été assaillie par une vive fusillade des deux rives, et obligée d'amener. Un piquet du régiment de Paris a sauté le premier à bord. Un aide-de-camp du général Kalkreuth, qui revenait du quartier-général russe, plusieurs officiers anglais, ont été pris à bord. Cette corvette s'appelle *le Sans-Peur*. Indépendamment de 120 Anglais, il y avait 60 Russes sur ce bâtiment.

La perte de l'ennemi au combat de Weichselmunde du 15, a été plus forte qu'on ne l'avait d'abord pensé, une colonne russe qui avait longé la mer, ayant été passée au fil de la baïonnette. Compte fait, on a enterré 1,300 cadavres russes.

Le 6, une division de 7,000 Russes, commandée par le général Turkow, s'est portée de Brok sur le Bug, sur Pulstusk, pour s'opposer à de nouveaux travaux qui avaient été ordonnés pour rendre plus respectable la tête de pont. Ces ouvrages étaient défendus par 6 bataillons bavarois, commandés par le prince royal de Bavière. L'ennemi a tenté quatre attaques. Dans toutes, il a été culbuté par les Bavarois et mitraillé par les différens ouvrages. Le maréchal Masséna évalue la perte de l'ennemi à 300 morts et au double de blessés. Ce qui rend l'affaire plus belle, c'est que les Bavarois étaient moins de 4,000 hommes.

Le prince royal se loue particulièrement du baron de Wrede, officier-général au service de Bavière, d'un mérite distingué. La perte des Bavarois a été de 15 hommes tués et de 150 blessés.

Il y a autant de déraison dans l'attaque faite contre les ouvrages du général Lemarrois dans la journée du 13, et dans l'attaque du 16 sur Pulstusk, qu'il y en avait, il y a six semaines, dans la construction de ce grand nombre de radeaux auxquels l'ennemi faisait travailler sur le Bug. Le résultat a été que ces radeaux, qui avaient coûté six semaines de travail, ont été brûlés en deux heures quand on l'a voulu, et que ces attaques successives contre des ouvrages bien retranchés et soutenus de bonnes batteries, leur ont valu des pertes considérables sans espoir de profit.

Il paraîtrait que ces opérations ont pour but d'attirer l'attention de l'armée française sur sa droite ; mais les positions de l'armée française sont raisonnées sur toutes les bases et dans toutes les hypothèses, défensives comme offensives.

Pendant ce temps, l'intéressant siége de Dantzick continue à marcher. L'ennemi éprouvera un notable dommage en perdant cette place importante et les 20,000 hommes qui y sont renfermés. Une mine a joué sur le blockhausen et l'a fait sauter. On a débouché sur le chemin couvert par quatre amorces, et on exécute la descente du fossé.

L'Empereur a passé aujourd'hui l'inspection du 5e régiment provisoire. Les huit premiers ont subi leur incorporation. On se loue beaucoup dans ces régimens des nouveaux conscrits génois, qui montrent de la bonne volonté et de l'ardeur.

∧∧∧∧∧∧∧∧

SOIXANTE-DIX-SEPTIÈME BULLETIN.

Finckenstein, le 29 mai 1807.

Dantzick a capitulé. Cette belle place est en notre pouvoir. 800 pièces d'artillerie, des magasins de toute espèce, plus de 500,000 quintaux de grains, des caves considérables, de grands approvisionnemens de draps et d'épiceries, des ressources de toute espèce pour l'armée, et enfin une place forte du premier ordre appuyant notre gauche, comme Thorn appuie notre centre et Prag notre droite ; ce sont les avantages obtenus pendant l'hiver, et qui ont signalé les loisirs de la Grande-Armée : c'est le premier, le plus beau fruit de la victoire d'Eylau. La rigueur de la saison, la neige qui a souvent couvert nos tranchées, la gelée qui y ajoute de nouvelles difficultés, n'ont pas été des obstacles pour nos travaux. Le maréchal Lefebvre a tout bravé. Il a animé d'un même esprit les Saxons, les Polonais, les Badois, et les a fait marcher à son but. Les difficultés que l'artillerie a eu à vaincre étaient considérables. 100 bouches à feu, 5 à 600 milliers de poudre, une immense quantité de boulets, ont été tirés de Stettin et des places de la Silésie. Il a fallu vaincre bien des difficultés de transport, mais la Vistule a offert un moyen facile et prompt. Les marins de la garde ont fait passer les bateaux sous le fort de Graudentz avec leur habileté et leur résolution ordinaires. Le général Chasseloup, le général Kirgener, le colonel Lacoste, et en général tous les officiers du génie, ont servi de la manière la plus distinguée. Les sapeurs ont montré une rare intrépidité. Tout le corps d'artillerie, commandé par le général Lariboissière, a soutenu sa réputation. Le 2ᵉ régiment d'infanterie légère, le 12ᵉ et les troupes de Paris, le général Schramm et le général Puthod, se sont fait remarquer. Un journal détaillé de ce siége sera rédigé avec soin. Il consacrera un grand nombre de faits de bravoure dignes d'être offerts comme exemples, et faits pour exciter l'enthousiasme et l'admiration.

Le 17, la mine fit sauter un blockhausen de la place d'armes du chemin couvert. Le 19, la descente et le passage du fossé furent exécutés à sept heures du soir. Le 21, le maréchal Lefebvre ayant tout préparé pour l'assaut, on y montait, lorsque le colonel Lacoste, qui avait été envoyé le matin dans la place pour affaires de service, fit connaître que le général Kalkreuth demandait à capituler aux mêmes conditions qu'il avait autrefois accordées à la garnison de Mayence. On y consentit. Le Hakelsberg aurait été enlevé d'assaut sans une grande perte ; mais le corps de place était encore entier. Un large fossé rempli d'eau courante offrait assez de difficultés pour que les assiégés prolongeassent leur défense pendant une quinzaine de jours. Dans cette situation, il a paru convenable de leur accorder une capitulation honorable.

Le 27, la garnison a défilé, le général Kalkreuth à sa tête. Cette forte garnison, qui d'abord était de 16,000 hommes, est réduite à 9,000, et sur ce nombre 4000 ont déserté. Il y a même des officiers parmi les déserteurs. « Nous ne voulons pas, disent-ils, » aller en Sibérie. » Plusieurs milliers de chevaux d'artillerie nous ont été remis, mais ils sont en fort mauvais état. On dresse en ce moment les inventaires des magasins. Le général Rapp est nommé gouverneur de Dantzick.

Le lieutenant-général russe Kamenski, après avoir été battu le 15, s'était acculé sous les fortifications de Weischelmunde ; il y est demeuré sans oser rien entreprendre, et il a été spectateur de la reddition de la place. Lorsqu'il a vu que l'on établissait des batteries à boulets rouges pour brûler ses vaisseaux, il est monté à bord et s'est retiré. Il est retourné à Pillau.

Le fort de Weischelmunde tenait encore. Le maréchal Lefebvre l'a fait sommer le 26 ; et pendant que l'on réglait la capitulation, la garnison est sortie du fort et s'est rendue. Le commandant abandonné s'est sauvé par mer. Ainsi, nous sommes maîtres de la ville et du port de Dantzick. Ces événemens sont d'un heureux présage pour la campagne. L'empereur de Russie et le roi de Prusse étaient à Heiligenbeel. Ils ont pu conjecturer de la reddition de la place par la cessation du feu. Le canon s'entendait jusque-là.

L'Empereur, pour témoigner sa satisfaction à l'armée assiégeante, a accordé une gratification à chaque soldat.

Le siége de Graudentz commence sous le commandement du général Victor. Le général Lazowski commande le génie, et le général Danthouard l'artillerie. Graudentz est fort par sa grande quantité de mines.

La cavalerie de l'armée est belle. Les divisions de cavalerie légère, deux divisions de cuirassiers et une de dragons, ont été passées en revue à Elbing, le 26, par le grand-duc de Berg. Le même jour, sa majesté s'est rendue à Bischoffverder et à Straslburg, où elle a passé en revue la division de cuirassiers d'Hautpoult et la division de dragons du général Grouchy. Elle a été satisfaite de leur tenue et du bon état des chevaux.

L'ambassadeur de la Porte, Seid-Mohammed-Emen-Vahid, a été présenté le 28, à deux heures après-midi, par M. le prince de Bénévent, à l'Empereur, auquel il a remis ses lettres de créance. Il est resté une heure dans le cabinet de sa majesté. Il est logé au château, et occupe l'appartement du grand-duc de Berg, absent pour la revue. On assure que l'Empereur lui a dit que lui et l'empereur Sélim étaient désormais inséparables comme la main droite et la main gauche. Toutes les bonnes nouvelles des succès d'Ismaïl et de Valachie venaient d'arriver. Les Russes ont été obligés de lever le siége d'Ismaïl et d'évacuer la Valachie,

~~~~~~~~~~

SOIXANTE-DIX-HUITIÈME BULLETIN.

Heilsberg, le 12 juin 1807.

Des négociations de paix avaient eu lieu pendant tout l'hiver. On avait proposé à la France un congrès général, auquel toutes les puissances belligérantes auraient été admises, la Turquie seule exceptée. L'Empereur avait été justement révolté d'une telle proposition. Après quelques mois de pourparlers, il fut convenu que toutes les puissances belligérantes, sans exception, enverraient des plénipotentiaires au congrès qui se tiendrait à Copenhague. L'Empereur avait fait connaître que la Turquie étant admise à faire cause commune dans les négociations avec la France, il n'y avait pas d'inconvénient à ce que l'Angleterre fît cause commune avec la Russie. Les ennemis demandèrent alors sur quelles bases le congrès aurait à négocier. Ils n'en proposaient aucunes, et voulaient cependant que l'Empereur en proposât. L'Empereur ne fit point de difficulté de déclarer que, selon lui, la base des négociations devait être égalité et réciprocité entre les deux masses belligérantes, et que les deux masses belligérantes entreraient en commun dans un système de compensation.

La modération, la clarté, la promptitude de cette réponse, ne laissèrent aucun doute aux ennemis de la paix sur les dispositions pacifiques de l'Empereur. Ils en craignaient les effets ; et au moment même où l'on répondait qu'il n'y avait plus d'obstacles à l'ouverture du congrès, l'armée russe sortit de ses cantonnemens, et vint attaquer l'armée française. Le sang a donc été de nouveau répandu ; mais du moins la France en est innocente. Il n'est aucune ouverture
~~~~~~~~~~

pacifique que l'Empereur n'ait écoutée ; il n'est aucune proposition à laquelle il ait différé de répondre ; il n'est aucun piége tendu par les fauteurs de la guerre, que sa volonté n'ait écarté. Ils ont inconsidérément fait courir l'armée russe aux armes, quand ils ont vu leurs démarches déjouées, et ces coupables entreprises, que désavouait la justice, ont été confondues. De nouveaux échecs ont été attirés sur les armes de la Russie ; de nouveaux trophées ont couronné celles de la France. Rien ne prouve davantage que la passion et des intérêts étrangers à ceux de la Russie et de la Prusse dirigent le cabinet de ces deux puissances, et conduisent leurs braves armées à de nouveaux malheurs, en les forçant à de nouveaux combats : quelle est la circonstance où l'armée russe reprend les hostilités? c'est quinze jours après que Dantzick s'est rendu ; c'est lorsqu'il ne s'agit plus de faire lever le siége de ce boulevart, dont l'importance aurait justifié toutes les tentatives, et pour la conservation duquel aucun militaire n'aurait été blâmé d'avoir tenté le sort de 3 batailles. Ces considérations sont étrangères aux passions qui ont préparé les événemens qui viennent de se passer. Empêcher les négociations de s'ouvrir ; éloigner deux princes prêts à se rapprocher et à s'entendre, tel est le but qu'on s'est proposé. Quel sera le résultat d'une telle démarche? où est la probabilité du succès? Toutes ces questions sont indifférentes à ceux qui soufflent la guerre. Que leur importent les malheurs des armées russes et prussiennes ? s'ils peuvent prolonger encore les calamités qui pèsent sur l'Europe, leur but est rempli.

Si l'Empereur n'avait eu en vue d'autre intérêt que celui de sa gloire, s'il n'avait fait d'autres calculs que ceux qui étaient relatifs à l'avantage de ses opérations militaires, il aurait ouvert la campagne immédiatement après la prise de Dantzick ; et cependant, quoiqu'il n'existât ni trève, ni armistice, il ne s'est occupé que de l'espérance de voir arriver à bien les négociations commencées.

Combat de Spanden.

Le 5 juin, l'armée russe se mit en mouvement. Ses divisions de droite attaquèrent la tête de pont de Spanden, que le général Frère défendait avec le 27ᵉ régiment d'infanterie légère. 12 régimens russes et prussiens firent de vains efforts ; sept fois ils les renouvelèrent, et sept fois ils furent repoussés. Cependant le prince de Ponte-Corvo avait réuni son corps d'armée ; mais avant qu'il pût déboucher, une seule charge du 17ᵉ de dragons, faite immédiatement après le septième assaut donné à la tête de pont, avait forcé l'ennemi à abandonner le champ de bataille, et à battre en retraite. Ainsi, pendant tout un jour, 2 divisions ont attaqué sans succès un régiment qui, à la vérité, était retranché.

Le prince de Ponte-Corvo, visitant en personne les retranchemens dans l'intervalle des attaques, pour s'assurer de l'état des batteries, a reçu une blessure légère, qui le tiendra pendant une quinzaine de jours éloigné de son commandement. Notre perte, dans cette affaire, a été peu considérable : l'ennemi a perdu 1200 hommes, et a eu beaucoup de blessés.

Combat de Lomitten.

Deux divisions russes du centre attaquaient au même moment la tête de pont de Lomitten. La brigade du général Ferrey, du corps du maréchal Soult, défendait cette position. Le 46ᵉ, le 57ᵉ et le 24ᵉ d'infanterie légère repoussèrent l'ennemi pendant toute la journée. Les abattis et les ouvrages restèrent couverts de Russes. Leur général fut tué.

La perte de l'ennemi fut de 1100 hommes tués, 100 prisonniers et un grand nombre de blessés. Nous avons eu 200 hommes tués ou blessés.

Pendant ce temps le général en chef russe, avec le grand-duc Constantin, la garde impériale russe et trois divisions, attaqua à la fois les positions du maréchal Ney sur Altkirken, Amt, Guttstadt et Volfsdorff; il fut partout repoussé ; mais lorsque le maréchal Ney s'aperçut que les forces qui lui étaient opposées étaient de plus de 40,000 hommes, il suivit ses instructions, et porta son corps à Ackendorff.

Combat de Deppen.

Le lendemain 6, l'ennemi attaqua le 6e corps dans sa position de Deppen sur la Passarge. Il y fut culbuté. Les manœuvres du maréchal Ney, l'intrépidité qu'il a montrée et qu'il a communiquée à toutes ses troupes, les talens déployés dans cette circonstance par le général de division Marchand et par les autres officiers-généraux, sont dignes des plus grands éloges. L'ennemi, de son propre aveu, a eu dans cette journée 2,000 hommes tués et plus de 3,000 blessés, notre perte a été de 160 hommes tués, 200 blessés et 250 faits prisonniers. Ceux-ci ont été pour la plupart enlevés par les cosaques, qui, le matin de l'attaque, s'étaient portés sur les derrières de l'armée. Le général Roger ayant été blessé, est tombé de cheval et a été fait prisonnier dans une charge. Le général de brigade Dutaillis a eu le bras emporté par un boulet.

L'Empereur arriva le 8 à Deppen au camp du maréchal Ney. Il donna sur-le-champ les ordres nécessaires. Le 4e corps se porta sur Volfsdorff, où, ayant rencontré une division russe de Kamenski qui rejoignait le corps d'armée, il l'attaqua, lui mit hors de combat 4 ou 5oo hommes, lui fit 15o prisonniers, et vint prendre position le soir à Altkirken.

Journée du 9.

Le 9, l'Empereur se porta sur Guttstadt avec les corps des maréchaux Ney, Davoust et Lannes, avec sa garde et la cavalerie de réserve; une partie de l'arrière-garde ennemie, formant 10,000 hommes de cavalerie et 15,000 hommes d'infanterie, prit position à Glottau, et voulut disputer le passage. Le grand-duc de Berg, après des manœuvres fort habiles, la débusqua successivement de toutes ses positions. Les brigades de cavalerie légère des généraux Pajol, Bruyères et Durosnel, et la division de grosse cavalerie du général Nansouty, triomphèrent de tous les efforts de l'ennemi. Le soir à 8 heures nous entrâmes de vive force à Guttstadt : un millier de prisonniers, la prise de toutes les positions en avant de Guttstadt, et la déroute de l'infanterie ennemie, furent les suites de cette journée. Les régimens de cavalerie de la garde russe ont surtout été très-maltraités.

Le 10, l'armée se dirigea sur Heilsberg. Elle enleva les divers camps de l'ennemi. Un quart de lieue au-delà de ces camps, l'arrière-garde se montra en position. Elle avait 15 à 18,000 hommes de cavalerie, et plusieurs lignes d'infanterie. Les cuirassiers de la division d'Espagne, la division de dragons Latour-Maubourg, et les brigades de cavalerie légère, entreprirent différentes charges, et gagnèrent du terrain. A deux heures, le corps du maréchal Soult se trouva formé. Deux divisions marchèrent sur la droite, tandis que la division Legrand marchait sur la gauche pour s'emparer de la pointe d'un bois dont l'occupation était nécessaire, afin d'appuyer la gauche de la cavalerie. Toute l'armée russe se trouvait alors à Heilsberg ; elle alimenta ses colonnes d'infanterie et de cavalerie, et fit de nombreux efforts pour se maintenir dans ses positions en avant de cette ville. Plusieurs divisions russes furent mises en déroute, et à 9 heures du soir on se trouva sous les retranchemens ennemis. Les fusiliers de la garde, commandés par le général Savary, furent mis en mouvement pour soutenir la division Saint-Hilaire, et firent des prodiges. La division Verdier, du corps d'infanterie de réserve du maréchal Lannes, s'engagea, la nuit étant déjà tombée, et déborda l'ennemi, afin de lui couper le chemin de Lansberg ; elle réussit parfaitement. L'ardeur des troupes était telle, que plusieurs compagnies d'infanterie légère furent insulter les ouvrages retranchés des Russes. Quelques braves trouvèrent la mort dans les fossés des redoutes et au pied des palissades.

L'Empereur passa la journée du 11 sur le champ de bataille. Il y plaça les corps d'armée et les divisions pour donner une bataille qui fût décisive, et telle qu'elle pût mettre fin à la guerre. Toute l'armée russe était réunie. Elle avait à Heilsberg tous ses magasins ; elle occupait une superbe position que la nature avait rendue très-forte, et que l'ennemi avait encore fortifiée par un travail de quatre mois.

A 4 heures après-midi, l'Empereur ordonna au maréchal Davoust de faire un changement de front par son extrémité de droite, la gauche en avant ; ce mouvement le porta sur la basse Alle, et intercepta complètement le chemin d'Eylau. Chaque corps d'armée avait ses postes assignés ; ils étaient tous réunis, hormis le 1er corps, qui continuait à manœuvrer sur la basse Passarge. Ainsi les Russes qui avaient les premiers recommencé les hostilités, se trouvaient comme bloqués dans leur camp retranché ; on venait leur présenter la bataille dans la position qu'ils avaient eux-mêmes choisie. On crut long-temps qu'ils attaqueraient dans la journée du 11. Au moment où l'armée française faisait ses dispositions, ils se laissaient voir rangés en colonnes au milieu de leurs retranchemens, farcis de canons.

Mais soit que ces retranchemens ne leur parussent pas assez formidables à l'aspect des préparatifs qu'ils voyaient faire devant eux, soit que cette impétuosité qu'avait montrée l'armée française dans la journée du 10, leur en imposât, ils commencèrent, à 10 heures du soir, à passer sur la rive droite de l'Alle, abandonnant tous les pays de la gauche, et laissant à la disposition du vainqueur leurs blessés, leurs magasins et ces retranchemens, fruit d'un travail si long et si pénible.

Le 12 à la pointe du jour, tous les corps d'armée s'ébranlèrent, et prirent différentes directions.

Les maisons d'Heilsberg et celles des villages voisins sont remplies de blessés russes.

Le résultat de ces différentes journées, depuis le 5 jusqu'au 12, a été de priver l'armée russe d'environ 30,000 combattans. Elle a laissé dans nos mains 3 ou 4,000 hommes, 7 ou 8 drapeaux, et 9 pièces de canon. Au dire des paysans et des prisonniers, plusieurs des généraux russes les plus marquans ont été tués ou blessés.

Notre perte se monte à 6 ou 700 hommes; 2,000 ou 2200 blessés, 2 ou 300 prisonniers. Le général de division Espagne a été blessé. Le général Roussel, chef de l'état-major de la garde, qui se trouvait au milieu des fusiliers, a eu la tête emportée par un boulet de canon. C'était un officier très-distingué.

Le grand-duc de Berg a eu deux chevaux tués sous lui. M. Ségur un de ses aides-de-camp, a eu un bras emporté. M. Lameth, aide-de-camp du maréchal Soult, a été blessé. M. Lagrange, colonel du 7ᵉ régiment de chasseurs à cheval, a été atteint par une balle. Dans les rapports détaillés que rédigera l'état-major, on fera connaître les traits de bravoure par lesquels se sont signalés un grand nombre d'officiers et de soldats, et les noms de ceux qui ont été blessés dans la mémorable journée du 10 juin.

On a trouvé dans les magasins d'Heilsberg plusieurs milliers de quintaux de farine et beaucoup de denrées de diverses sortes. L'impuissance de l'armée russe, démontrée par la prise de Dantzick, vient de l'être encore par l'évacuation du camp de Heilsberg ; elle l'est par sa retraite ; elle le sera d'une manière plus éclatante encore, si les Russes attendent l'armée française : mais dans de si grandes armées, qui exigent vingt-quatre heures pour mettre tous les corps en position, on ne peut avoir que des affaires partielles, lorsque l'une d'elles n'est pas disposée à finir bravement la querelle dans une affaire générale.

Il paraît que l'empereur Alexandre avait quitté son armée quelques jours avant la reprise des hostilités : plusieurs personnes prétendent que le parti anglais l'a éloigné pour qu'il ne fût pas témoin des malheurs qu'entraîne la guerre, et des désastres de son armée, prévus par ceux mêmes qui l'ont excité à rentrer en campagne. On a craint qu'un si déplorable spectacle ne lui rappelât les véritables intérêts de son pays, ne le fît revenir aux conseils des hommes sages et désintéressés, et ne le ramenât enfin, par les sentimens les plus propres à toucher un souverain, à repousser la funeste influence que la corruption anglaise exerce autour de lui.

SOIXANTE-DIX-NEUVIÈME BULLETIN.

Wehlau, le 18 juin 1807.

Les combats de Spanden, de Lomitten, les journées de Guttstadt et de Heilsberg, n'étaient que le prélude de plus grands événemens.

Le 12, à 4 heures du matin, l'armée française entra à Heilsberg. Le général Latour-Maubourg, avec sa division de dragons, et les brigades de cavalerie légère des généraux Durosnel et Wattier, poursuivirent l'ennemi sur la rive droite de l'Alle, dans la direction de Bartenstein, pendant que les corps d'armée se mettaient en marche dans différentes directions pour déborder l'ennemi et lui couper sa retraite sur Kœnigsberg, en arrivant avant lui sur ses magasins. La fortune a souri à ce projet.

Le 12, à 5 heures après midi, l'Empereur porta son quartier général à Eylau. Ce n'étaient plus ces champs couverts de neige ; c'était le plus beau pays de la nature, entrecoupé de beaux bois, de beaux lacs, et peuplé de jolis villages.

Le grand-duc de Berg se porta, le 13, sur Kœnigsberg avec sa cavalerie : le maréchal Davoust marcha derrière pour le soutenir ; le maréchal Soult se porta sur Creutzbourg ; le maréchal Lannes sur Domnau ; les maréchaux Ney et Mortier sur Lampasch.

Cependant le général Latour-Maubourg écrivait qu'il avait poursuivi l'arrière-garde ennemie ; que les Russes abandonnaient beaucoup de blessés ; qu'ils avaient évacué Bartenstein, et continuaient leur retraite sur Schippenbeil, par la rive droite de l'Alle. L'Empereur se mit sur-le-champ en marche sur Friedland. Il ordonna au grand-duc de Berg, aux maréchaux Soult et Davoust de manœuvrer sur Kœnigsberg ; et avec les corps des maréchaux Ney , Lannes , Mortier , avec la garde impériale et le premier corps commandé par le général Victor , il marcha en personne sur Friedland.

Le 13 , le 9ᵉ de hussards entra à Friedland ; mais il en fut chassé par 3000 hommes de cavalerie.

Le 14 l'ennemi déboucha sur le pont de Friedland. A trois heures du matin , des coups de canon se firent entendre. « C'est un jour de bonheur, dit » l'Empereur ; c'est l'anniversaire de Marengo. »

Les maréchaux Lannes et Mortier furent les premiers engagés ; ils étaient soutenus par la division de dragons du général Grouchy , et par les cuirassiers du général Nansouty. Différens mouvemens, différentes actions eurent lieu. L'ennemi fut contenu , et ne put pas dépasser le village de Posthenem. Croyant qu'il n'avait devant lui qu'un corps de 15,000 hommes, l'ennemi continua son mouvement pour filer sur Kœnigsberg. Dans cette occasion , les dragons et les cuirassiers français et saxons firent les plus belles charges , et prirent quatre pièces de canon à l'ennemi.

A 5 heures du soir, les différens corps d'armée étaient à leur place. A la droite, le maréchal Ney ; au centre, le maréchal Lannes ; à la gauche, le maréchal Mortier ; à la réserve, le corps du général Victor et la garde.

La cavalerie sous les ordres du général Grouchy soutenait la gauche. La division de dragons du général Latour–Maubourg était en réserve derrière la droite ; la division du général Lahoussaye et les cuirassiers saxons étaient en réserve derrière le centre.

Cependant l'ennemi avait déployé toute son armée. Il déployait sa gauche à la ville de Friedland , et sa droite se prolongeait à une lieue et demie.

L'Empereur, après avoir reconnu la position, décida d'enlever sur-le-champ la ville de Friedland, en faisant brusquement un changement de front, la droite en avant, et fit commencer l'attaque par l'extrémité de sa droite.

A 5 heures et demie, le maréchal Ney se mit en mouvement; quelques salves d'une batterie de vingt pièces de canon, furent le signal. Au même moment la division du maréchal Marchand avança, l'arme au bras, sur l'ennemi, prenant sa direction sur le clocher de la ville. La division du général Bisson le soutenait sur la gauche. Du moment où l'ennemi s'aperçut que le maréchal Ney avait quitté le bois, où sa droite était d'abord en position, il le fit déborder par des régimens de cavalerie, précédés d'une nuée de cosaques. La division de dragons du général Latour-Maubourg se forma sur-le-champ au galop sur la droite, et repoussa la charge ennemie. Cependant le général Victor fit placer une batterie de trente pièces de canon en avant de son centre; le général Sennarmont qui la commandait, se porta à plus de quatre cents pas en avant, et fit éprouver une horrible perte à l'ennemi. Les différentes démonstrations que les Russes voulurent faire pour opérer une diversion, furent inutiles. Le maréchal Ney, avec un sang-froid et avec cette intrépidité qui lui est particulière, était en avant de ses échelons, dirigeait lui-même les plus petits détails, et donnait l'exemple à un corps d'armée qui toujours s'est fait distinguer, même parmi les corps de la Grande-Armée. Plusieurs colonnes d'infanterie ennemie qui attaquaient la droite du maréchal Ney, furent chargées à la baïonnette et précipitées dans l'Alle, plusieurs milliers d'hommes y trouvèrent la mort; quelques-uns échappèrent à la nage. La gauche du maréchal Ney arriva sur ces entrefaites au ravin qui entoure la ville de Friedland. L'ennemi, qui y avait embusqué la garde impériale russe à pied et à cheval, déboucha avec intrépidité, et fit une charge sur la gauche du maréchal Ney, qui fut un moment ébranlée; mais la division Dupont, qui formait la droite de la réserve, marcha sur la garde impériale, la culbuta, et en fit un horrible carnage.

L'ennemi tira de ses réserves et de son centre d'autres corps pour défendre Friedland. Vains efforts! Friedland fut forcé et ses rues jonchées de morts.

Le centre, que commandait le maréchal Lannes, se trouva dans ce moment engagé. L'effort que l'ennemi avait fait sur l'extrémité de la droite de l'armée française ayant échoué, il voulut essayer un semblable effort sur le centre. Il y fut reçu comme on devait l'attendre des braves divisions Oudinot et Verdier, et du maréchal qui les commandait.

Les charges d'infanterie et de cavalerie ne purent pas retarder la marche de nos colonnes. Tous les efforts de la bravoure des Russes furent inutiles. Ils ne purent rien entamer, et vinrent trouver la mort sur nos baïonnettes.

Le maréchal Mortier, qui, pendant toute la journée, fit preuve de sang-froid et d'intrépidité, en maintenant la gauche, marcha alors en avant, et fut soutenu par les fusiliers de la garde, que commandait le général Savary. Cavalerie, infanterie, artillerie, tout le monde s'est distingué.

La garde impériale à pied et à cheval, et deux divisions de la réserve du 1er corps, n'ont pas été engagées. La victoire n'a pas hésité un seul instant. Le champ de bataille est un des plus horribles qu'on puisse voir. Ce n'est pas exagérer que de porter le nombre des morts du côté des Russes de 15 à 18,000 hommes. Du côté des Français, la perte ne se monte pas à 5oo morts, ni à plus de 3ooo blessés. Nous avons pris 8o pièces de canon et une grande quantité de caissons. Plusieurs drapeaux sont restés en notre pouvoir. Les Russes ont eu vingt-cinq généraux tués, pris ou blessés. Leur cavalerie a fait des pertes immenses.

Les carabiniers et les cuirassiers, commandés par le général Nansouty, et les différentes divisions de dragons, se sont fait remarquer. Le général Grouchy, qui commandait la cavalerie de l'aile gauche, a rendu des services importans.

Le général Drouet, chef de l'état-major du corps d'armée du maréchal Lannes; le général Cohorn; le colonel Regnaud, du 15ᵉ de ligne; le colonel Lajonquière, du 6oᵉ de ligne; le colonel Lamotte, du 4ᵉ de dragons, et le général de brigade Brun, ont été blessés. Le général de division Latour-Maubourg l'a été à la main. Le colonel d'artillerie Destourneaux, et le chef d'escadron Hutin, premier aide-de-camp du général Oudinot, ont été tués. Les aides-de-camp de l'Empereur, Mouton et Lacoste, ont été légèrement blessés.

La nuit n'a point empêché de poursuivre l'ennemi; on l'a suivi jusqu'à onze heures du soir. Le reste de la nuit les colonnes qui avaient été coupées ont essayé de passer l'Alle à plusieurs gués. Partout, le lendemain, à plusieurs lieues, nous avons trouvé des caissons, des canons et des voitures perdues dans la rivière.

La bataille de Friedland est digne d'être mise à côté de celles de Marengo, d'Austerlitz et d'Iena. L'ennemi était nombreux, avait une belle et forte cavalerie, et s'est battu avec courage.

Le lendemain 15, pendant que l'ennemi essayait de se rallier, et faisait sa retraite sur la rive droite de l'Alle, l'armée française continuait sur la rive

gauche ses manœuvres pour le couper de Kœnigsberg.

Les têtes des colonnes sont arrivées ensemble à
Wehlau, ville située au confluent de l'Alle et de la
Pregel.

L'Empereur avait son quartier-général au village
de Paterswalde.

Le 16, à la pointe du jour, l'ennemi ayant coupé
tous les ponts, mit à profit cet obstacle pour continuer son mouvement rétrograde sur la Russie.

A 8 heures du matin, l'Empereur fit jeter un pont
sur la Prégel, et l'armée s'y mit en position.

Presque tous les magasins que l'ennemi avait sur
l'Alle ont été par lui jetés à l'eau ou brûlés : par ce
qui nous reste on peut connaître les pertes immenses
qu'il a faites. Partout dans les villages les Russes
avaient des magasins, et partout en passant ils les
ont incendiés. Nous avons cependant trouvé à Wehlau plus de 6,000 quintaux de blé.

A la nouvelle de la victoire de Friedland, Kœnigsberg a été abandonné. Le maréchal Soult est entré
dans cette place, où nous avons trouvé des richesses
immenses, plusieurs centaines de milliers de quintaux
de blé, plus de 20,000 blessés Russes et Prussiens,
tout ce que l'Angleterre a envoyé de munitions de
guerre à la Russie ; entre autres 160,000 fusils encore
embarqués. Ainsi la Providence a puni ceux qui au
lieu de négocier de bonne foi pour arriver à l'œuvre
salutaire de la paix, s'en sont fait un jeu, prenant
pour faiblesse et pour impuissance la tranquillité du
vainqueur.

L'armée occupe ici le plus beau pays possible. Les
bords de la Prégel sont riches. Dans peu les magasins
et les caves de Dantzick et de Kœnigsberg vont
nous apporter de nouveaux moyens d'abondance et
de santé.

Les noms des braves qui se sont distingués, les détails de ce que chaque corps a fait, passent les bornes d'un simple bulletin, et l'état-major s'occupe de réunir tous les faits.

Le prince de Neufchâtel a, dans la bataille de Friedland, donné des preuves particulières de son zèle et de ses talens. Plusieurs fois il s'est trouvé au fort de la mêlée, et y a fait des dispositions utiles.

L'ennemi avait recommencé les hostilités le 5. On peut évaluer la perte qu'il a éprouvée en 10 jours, et par suite de ses opérations, à 60,000 hommes pris, blessés, tués ou hors de combat. Il a perdu une partie de son artillerie, presque toutes ses munitions, et tous ses magasins sur une ligne de plus de 40 lieues. Les armées françaises ont rarement obtenu de si grands succès avec moins de perte.

QUATRE-VINGTIÈME BULLETIN.

Tilsitt, le 19 juin.

Pendant le temps que les armes françaises se signalaient sur le champ de bataille de Friedland, le grand-duc de Berg, arrivé devant Kœnigsberg, prenait en flanc le corps d'armée du général Lestocq.

Le 13, le maréchal Soult trouva à Creutzbourg l'arrière-garde prussienne. La division de dragons Milhaud exécuta une belle charge, culbuta la cavalerie prussienne, et enleva plusieurs pièces de canon.

Le 14, l'ennemi fut obligé de s'enfermer dans la place de Kœnigsberg. Vers le milieu de la journée, deux colonnes ennemies coupées se présentèrent pour entrer dans la place. 6 pièces de canon et 3 ou 4,000 hommes qui composaient cette troupe furent pris. Tous les faubourgs de Kœnigsberg furent enlevés. On y fit un bon nombre de prisonniers.

En résumé, les résultats de toutes ces affaires sont 4 à 5,000 hommes et 15 pièces de canon.

Le 15 et le 16, le corps d'armée du maréchal Soult fut contenu devant les retranchemens de Kœnigsberg; mais la marche du gros de l'armée sur Wehlau obligea l'ennemi à évacuer Kœnigsberg, et cette place tomba en notre pouvoir.

Ce qu'on a trouvé à Kœnigsberg en subsistances est immense. 200 gros bâtimens, venant de Russie, sont encore tout chargés dans le port. Il y a beaucoup plus de vins et d'eau-de-vie qu'on n'était dans le cas de l'espérer.

Une brigade de la division Saint-Hilaire s'est portée devant Pillau pour en former le siége, et le général Rapp a fait partir de Dantzick une colonne chargée d'aller, par le Neirung, établir devant Pillau une batterie qui ferme le Haff. Des bâtimens montés par des marins de la garde nous rendent maîtres de cette petite mer.

Le 17, l'Empereur porta son quartier-général à la métairie de Drucken, près Klein-Schirau; le 18, il le porta à Sgaisgirren; le 19, à deux heures après-midi, il entra dans Tilsitt.

Le grand-duc de Berg, à la tête de la plus grande partie de la cavalerie légère, des divisions de dragons et de cuirassiers, a mené battant l'ennemi ces trois jours derniers, et lui a fait beaucoup de mal. Le 5ᵉ régiment de hussards s'est distingué. Les cosaques ont été culbutés plusieurs fois et ont beaucoup souffert dans ces différentes charges. Nous avons eu peu de tués et de blessés. Au nombre de ces derniers se trouve le chef d'escadron Piéton, aide-de-camp du grand-duc de Berg.

Après le passage de la Prégel, vis-à-vis Wehlau, un tambour fut chargé par un cosaque et se jeta ventre à terre. Le cosaque prend sa lance pour en percer le tambour; mais celui-ci conserve toute sa présence d'esprit, tire à lui la lance, désarme le cosaque et le poursuit.

Un fait particulier qui a excité le rire des soldats, a eu lieu pour la première fois vers Tilsitt; on a vu une nuée de kalmoucks se battant à coups de flèches. Nous en sommes fâchés pour ceux qui donnent l'avantage aux armes anciennes sur les modernes; mais rien n'est plus risible que le jeu de ces armes contre nos fusils.

Le maréchal Davoust, à la tête du 3e corps, a débouché par Labiau, est tombé sur l'arrière-garde ennemie, et lui a fait 2500 prisonniers.

De son côté, le maréchal Ney est arrivé le 17 à Insterbourg, y a pris un millier de blessés, et a enlevé à l'ennemi des magasins assez considérables.

Les bois, les villages sont pleins de Russes isolés, ou blessés ou malades. Les pertes de l'armée russe sont énormes; elle n'a ramené avec elle qu'une soixantaine de pièces de canon. La rapidité des marches empêche de connaître encore toutes les pièces qu'on a prises à la bataille de Friedland; on croit que le nombre passera 120.

A la hauteur de Tilsitt, les billets ci-joints nos I et II, ont été remis au grand-duc de Berg, et par suite le prince russe lieutenant-général Labanoff a passé le Niémen et a conféré une heure avec le prince de Neufchâtel.

L'ennemi a brûlé en grande hâte le pont de Tilsitt sur le Niémen, et paraît continuer sa retraite sur la Russie. Nous sommes sur les confins de cet empire. Le Niémen vis-à-vis Tilsitt est un peu plus large que la Seine. L'on voit de la rive gauche une nuée de cosaques qui forment l'arrière-garde ennemie sur la rive droite.

Déjà l'on ne commet plus aucunes hostilités.

Ce qui restait au roi de Prusse est conquis. Cet infortuné prince n'a plus en son pouvoir que le pays situé entre le Niémen et Memel. La plus grande partie de son armée ou plutôt de la division de ses troupes, déserte, ne voulant pas aller en Russie.

L'empereur de Russie est resté trois semaines à Tilsitt avec le roi de Prusse. A la nouvelle de la bataille de Friedland, l'un et l'autre sont partis en toute hâte.

N° I.

Le général en chef Beningsen, à S. Exc. le prince Bagration.

Mon prince,

Après les flots de sang qui ont coulé ces jours derniers dans des combats aussi meurtriers que souvent répétés, je désirerais soulager les maux de cette guerre destructive, en proposant un armistice, avant que d'entrer dans une lutte, dans une guerre nouvelle, peut-être encore plus terrible que la première. Je vous prie, mon prince, de faire connaître aux chefs de l'armée française cette intention de ma part, dont les suites pourraient peut-être avoir des effets d'autant plus salutaires, qu'il est déjà question d'un congrès général, et pourraient prévenir une effusion inutile de sang humain. Vous voudrez bien ensuite me faire parvenir les résultats de votre démarche, et me croire avec la considération la plus distinguée,

Mon prince,

De Votre Excellence,

Le très-humble et très-obéissant serviteur,

Signé, B. BENINGSEN.

N° II.

Monsieur le général,

M. le général commandant en chef vient de m'adresser une lettre relativement aux ordres que S. Exc. a reçus de S. M. l'empereur, en me chargeant de vous faire part de son contenu. Je ne crois pas pouvoir mieux répondre à ses intentions, qu'en vous la faisant tenir en original. Je vous prie en même temps de me faire parvenir votre réponse, et d'agréer l'assurance de la considération distinguée avec laquelle j'ai l'honneur d'être,

Monsieur le général,

Votre très-humble et très-obéissant serviteur,

Signé, BAGRATION.

Le 6/18 juin.

QUATRE-VINGT-UNIÈME BULLETIN.

Tilsitt, le 11 juin 1807.

A la journée d'Heilsberg, le grand-duc de Berg passa sur la ligne de la 3e division de cuirassiers, au moment où le 6e régiment de cuirassiers venait de faire une charge. Le colonel d'Avenay, commandant ce régiment, son sabre dégouttant de sang, lui dit : « Prince, faites la revue de mon régiment, vous verrez qu'il n'est aucun soldat dont le sabre ne soit comme le mien. »

Les colonels Colbert, du 7e de hussards ; Lery, du 5e, se sont fait également remarquer par la plus brillante intrépidité. Le colonel Borde-Soult, du 22e de chasseurs, a été blessé. M. Gueheneuc, aide-de-camp du maréchal Lannes, a été blessé d'une balle au bras.

Les généraux aides-de-camp de l'Empereur, Reille et Bertrand, ont rendu des services importans. Les officiers d'ordonnance de l'Empereur, Bongars, Montesquiou, Labiffe, ont mérité des éloges pour leur conduite.

Les aides-de-camp du prince de Neufchâtel, Louis de Périgord, capitaine, et Piré, chef d'escadron, se sont fait remarquer.

Le colonel Curial, commandant les fusiliers de la garde, a été nommé général de brigade.

Le général de division Dupas, commandant une division sous les ordres du maréchal Mortier, a rendu d'importans services à la bataille de Friedland.

Les fils des sénateurs Pérignon, Clément de Ris, et Garran de Coulon, sont morts avec honneur sur le champ de bataille.

Le maréchal Ney s'étant porté à Gumbinnen, a arrêté quelques parcs d'artillerie ennemie, beaucoup de convois de blessés, et fait un grand nombre de prisonniers.

QUATRE-VINGT-DEUXIÈME BULLETIN.

Tilsitt, le 22 juin 1807.

En conséquence de la proposition qui a été faite par le commandant de l'armée russe, un armistice a été conclu dans les termes suivans :

ARMISTICE.

S. M. l'Empereur des Français, etc., etc., et S. M. l'empereur de Russie, voulant mettre un terme à la guerre qui divise les deux nations, et conclure, en attendant, un armistice, ont nommé et muni de leurs pleins pouvoirs, savoir : d'une part, le prince de Neufchâtel, major-général de la Grande-Armée ; et de l'autre, le lieutenant-général prince Labanoff de Rostow, chevalier des ordres de Sainte-Anne, grand-croix, etc., lesquels sont convenus des dispositions suivantes :

Art. Ier. Il y aura armistice entre l'armée française et l'armée russe, afin de pouvoir, dans cet intervalle, négocier, conclure et signer une paix qui mette fin à une effusion de sang si contraire à l'humanité.

II. Celle des deux parties contractantes qui voudra rompre l'armistice, ce que Dieu ne veuille, sera tenue de prévenir au quartier-général de l'autre armée; et ce ne sera qu'après un mois de la date des notifications que les hostilités pourront recommencer.

III. L'armée française et l'armée prussienne concluront un armistice séparé; et à cet effet des officiers seront nommés de part et d'autre. Pendant les quatre ou cinq jours nécessaires à la conclusion dudit armistice, l'armée française ne commettra aucune hostilité contre l'armée prussienne.

IV. Les limites de l'armée française et de l'armée russe, pendant le temps de l'armistice, seront depuis le Currisch-Haff, le Thalweg du Niémen; et en remontant la rive gauche de ce fleuve jusqu'à l'embouchure de Lorasna à Schaim, et montant cette rivière jusqu'à l'embouchure du Bobra, suivant ce ruisseau par Bogari, Lipsk, Stabin, Dolistowo, Goniondz et Wizna jusqu'à l'embouchure du Bobra dans la Narew; et de-là remontant la rive gauche de la Narew par Tykoczyn, Suras-Narew, jusqu'à la frontière de la Prusse et de la Russie : la limite dans le Frisch-Neirung sera à Nidden.

V. S. M. l'Empereur des Français et S. M. l'empereur de Russie nommeront, dans le plus court délai, des plénipotentiaires munis des pouvoirs nécessaires pour négocier, conclure et signer la paix définitive entre ces deux grandes et puissantes nations.

VI. Des commissaires seront nommés de part et d'autre, à l'effet de procéder sur-le-champ à l'échange, grade par grade, et homme par homme, des prisonniers de guerre.

VII. L'échange des ratifications du présent armistice sera fait au quartier-général de l'armée russe dans quarante-huit heures, et plutôt, si faire se peut.

Fait à Tilsitt, le 21 juin 1807.

Signés, le prince de Neufchâtel, maréchal,

Alexandre BERTHIER;

Le prince LABANOFF DE ROSTOW.

L'armée française occupe tout le Thalweg du Niémen; de sorte qu'il ne reste plus au roi de Prusse que la petite ville et le territoire de Memel.

Proclamation de S. M. l'Empereur et Roi, à la Grande-Armée.

Soldats,

Le 5 juin nous avons été attaqués dans nos cantonnemens par l'armée russe. L'ennemi s'est mépris sur les causes de notre inactivité. Il s'est aperçu trop tard que notre repos était celui du lion : il se repent de l'avoir troublé.

Dans les journées de Guttstadt, de Heilsberg, dans celle à jamais mémorable de Friedland, dans dix jours de campagne enfin, nous avons pris 120 pièces de canon, 7 drapeaux; tué, blessé ou fait prisonniers 60,000 Russes; enlevé à l'armée ennemie tous ses magasins, ses hôpitaux, ses ambulances; la place de Kœnigsberg, les 300 bâtimens qui étaient dans ce port, chargés de toute espèce de munitions; 160,000 fusils que l'Angleterre envoyait pour armer nos ennemis.

Des bords de la Vistule, nous sommes arrivés sur ceux du Niémen avec la rapidité de l'aigle. Vous célébrâtes à Austerlitz l'anniversaire du couronnement; vous avez cette année dignement célébré celui de la bataille de Marengo, qui mit fin à la guerre de la seconde coalition.

Français! vous avez été dignes de vous et de moi. Vous rentrerez en France couverts de tous vos lauriers, et après avoir obtenu une paix glorieuse qui porte avec elle la garantie de sa durée. Il est temps que notre patrie vive en repos, à l'abri de la maligne influence de l'Angleterre. Mes bienfaits vous prouveront ma reconnaissance et toute l'étendue de l'amour que je vous porte.

Au camp impérial de Tilsitt, le 22 juin 1807.

QUATRE-VINGT-TROISIÈME BULLETIN.

Tilsitt, le 23 juin 1807.

La place de Neiss a capitulé. La garnison, forte de 6000 hommes d'infanterie et de 300 hommes de cavalerie, a défilé le 16 juin devant le prince Jérôme. On a trouvé dans la place 300 milliers de poudre et 300 bouches à feu.

QUATRE-VINGT-QUATRIÈME BULLETIN.

Tilsitt, le 24 juin.

Le grand-maréchal du palais Duroc s'est rendu le 23 au quartier-général des Russes, au-delà du Niémen, pour échanger les ratifications de l'armistice, qui a été ratifié par l'empereur Alexandre.

Le 24, le prince Labanoff ayant fait demander une audience à l'Empereur, y a été admis le même jour à deux heures après midi. Il est resté long-temps dans le cabinet de S. M.

Le général Kalkreuth est attendu au quartier-général, pour signer l'armistice du roi de Prusse.

Le 11 juin, à quatre heures du matin, les Russes attaquèrent en force Druczewo. Le général Claparède soutint le feu de l'ennemi. Le maréchal Masséna se porta sur la ligne, repoussa l'ennemi et déconcerta ses projets. Le 17e régiment d'infanterie légère a soutenu sa réputation. Le général Montbrun s'est fait remarquer. Un détachement du 28e d'infanterie légère et un piquet du 25e de dragons ont mis en fuite les cosaques. Tout ce que l'ennemi a entrepris contre nos postes dans les journées du 11 et du 12, a tourné à sa confusion.

On a vu par l'armistice que la gauche de l'armée française est appuyée sur le Currisch-Haff, à l'embouchure du Niémen ; de-là notre ligne se prolonge sur Grodno. La droite, commandée par le maréchal Masséna, s'étend sur les confins de la Russie, entre les sources de la Narew et du Bug.

Le quartier-général va se concentrer à Kœnigsberg, où l'on fait toujours de nouvelles découvertes en vivres, munitions et autres effets appartenans à l'ennemi.

Une position aussi formidable est le résultat des succès les plus brillans ; et tandis que toute l'armée ennemie est en fuite et presque anéantie, plus de la moitié de l'armée française n'a pas tiré un coup de fusil.

QUATRE-VINGT-CINQUIÈME BULLETIN.

Tilsitt, le 24 juin 1807.

Demain les deux Empereurs de France et de Russie doivent avoir une entrevue. On a à cet effet élevé au milieu du Niémen un pavillon, où les deux monarques se rendront de chaque rive.

Peu de spectacles seront aussi intéressans. Les deux côtés du fleuve seront bordés par les deux armées, pendant que les chefs conféreront sur les moyens de rétablir l'ordre et de donner le repos à la génération présente.

Le grand-maréchal du palais Duroc est allé, hier, à trois heures après midi, complimenter l'empereur Alexandre.

Le maréchal comte de Kalkreuth a été présenté aujourd'hui à l'Empereur; il est resté une heure dans le cabinet de S. M.

L'Empereur a passé ce matin la revue du corps du maréchal Lannes. Il a fait différentes promotions, a récompensé les braves, et a témoigné sa satisfaction aux cuirassiers saxons.

QUATRE-VINGT-SIXIÈME BULLETIN.

Tilsitt, le 25 juin 1807.

Le 25 juin, à une heure après-midi, l'Empereur, accompagné du grand-duc de Berg, du prince de Neufchâtel, du maréchal Bessières, du grand-maréchal du palais Duroc et du grand-écuyer Caulaincourt, s'est embarqué sur les bords du Niémen dans un bateau préparé à cet effet; il s'est rendu au milieu de la rivière, où le général Lariboissière, commandant l'artillerie de la garde, avait fait placer un large radeau, et élever un pavillon. A côté était un autre radeau et un pavillon pour la suite de leurs majestés. Au même moment, l'empereur Alexandre est parti de la rive droite, sur un bateau; avec le grand-duc Constantin, le général Benigsen, le général Ouvaroff, le prince Labanoff et son premier aide-de-camp le comte de Liéven.

Les deux bateaux sont arrivés en même temps; les deux Empereurs se sont embrassés en mettant le pied sur le radeau; ils sont entrés ensemble dans la salle qui avait été préparée, et y sont restés deux heures. La conférence finie, les personnes de la suite des deux Empereurs ont été introduites. L'empereur Alexandre a dit des choses agréables aux militaires qui accompagnaient l'Empereur, qui, de son côté, s'est entretenu long-temps avec le grand-duc Constantin et le général Benigsen.

La conférence finie, les deux Empereurs sont montés chacun dans leur barque. On conjecture que la conférence a eu le résultat le plus satisfaisant. Immédiatement après, le prince Labanoff s'est rendu au quartier-général français. On est convenu que la moitié de la ville de Tilsitt serait neutralisée. On y a marqué le logement de l'empereur de Russie et de sa cour. La garde impériale russe passera le fleuve et sera cantonnée dans la partie de la ville qui lui est destinée.

Le grand nombre de personnes de l'une et l'autre armée, accourues sur l'une et l'autre rive pour être témoins de cette scène, rendaient ce spectacle d'autant plus intéressant, que les spectateurs étaient des braves des extrémités du monde.

Tilsitt, le 26 juin 1807.

Aujourd'hui, à midi et demi, S. M. s'est rendue

au pavillon du Niémen. L'empereur Alexandre et le roi de Prusse y sont arrivés au même moment. Ces trois souverains sont restés ensemble dans le salon du pavillon pendant une demi-heure.

A 5 heures et demie, l'empereur Alexandre est passé sur la rive gauche. L'Empereur Napoléon l'a reçu à la descente du bateau. Ils sont montés à cheval l'un et l'autre; ils ont parcouru la grande rue de la ville, où se trouvait rangée la garde impériale française à pied et à cheval, et sont descendus au palais de l'empereur Napoléon. L'empereur Alexandre y a dîné avec l'Empereur, le grand-duc Constantin et le grand-duc de Berg.

Tilsitt, le 27 juin 1807.

Le général de division Teulié, commandant la division italienne au siége de Colberg, qui avait été blessé à la cuisse d'un boulet, le 12, à l'attaque du fort Wolwsberg, vient de mourir de ses blessures. C'était un officier également distingué par sa bravoure et ses talens militaires.

La ville de Kosel a capitulé.

Le 24 juin, à 2 heures du matin, S. A. I. le prince Jérôme a fait attaquer et enlever le camp retranché que les Prussiens occupaient sous Glatz, à portée de mitraille de cette place.

Le général Vandamme, à la tête de la division wurtembergeoise, ayant avec lui un régiment provisoire de chasseurs français à cheval, a commencé l'attaque sur la rive gauche de la Neiss, tandis que le général Lefèvre, avec les Bavarois, attaquait sur la rive droite. En une demi-heure, toutes les redoutes ont été enlevées à la baïonnette. L'ennemi a fait sa retraite en désordre, abandonnant dans le camp 1,200 tués et blessés, 500 prisonniers et 12 pièces de canon. Les Bavarois et les Wurtembergeois

se sont très-bien conduits. Les généraux Vandamme
et Lefèvre ont dirigé les attaques avec une grande
habileté.

Tilsitt, le 28 juin 1807.

Hier, à 3 heures après midi, l'Empereur s'est
rendu chez l'empereur Alexandre. Ces deux princes
sont alors montés à cheval, et sont allés voir manœuvrer la garde impériale. L'empereur Alexandre
a montré qu'il connaît très-bien toutes nos manœuvres, et qu'il entend parfaitement tous les détails de
la tactique militaire.

A huit heures, les deux souverains sont revenus au
palais de l'Empereur Napoléon, où ils ont dîné,
comme la veille, avec le grand-duc Constantin et le
grand-duc de Berg.

Après le dîner, l'Empereur Napoléon a présenté
LL. Exc. le ministre des relations extérieures et le
ministre secrétaire d'État à l'empereur Alexandre,
qui lui a aussi présenté S. Exc. M. de Budberg, ministre des affaires étrangères, et le prince Kourakin.

Les deux souverains sont ensuite rentrés dans le
cabinet de l'Empereur Napoléon, où ils sont restés
seuls jusqu'à onze heures du soir.

Aujourd'hui 28, à midi, le roi de Prusse a passé
le Niémen, et est venu occuper à Tilsitt le palais qui
lui avait été préparé. Il a été reçu à la descente de
son bateau par le maréchal Bessières. Immédiatement après, le grand-duc de Berg est allé lui rendre
visite.

A une heure, l'empereur Alexandre est venu faire
une visite à l'Empereur Napoléon, qui est allé au-
devant de lui jusqu'à la porte de son palais.

A deux heures, S. M. le roi de Prusse est venu
chez l'Empereur Napoléon, qui est allé le recevoir
jusqu'au pied de l'escalier de son appartement.

A quatre heures, l'Empereur Napoléon est allé voir l'empereur Alexandre. Ils sont montés à cheval à cinq heures, et se sont rendus sur le terrain où devait manœuvrer le corps du maréchal Davoust.

Tilsitt, le 1er juillet 1807.

Le 29 et le 30 juin, les choses se sont passées entre les trois souverains comme les jours précédens. Le 29, à six heures du soir, ils sont allés voir manœuvrer l'artillerie de la garde. Le lendemain, à la même heure, ils ont vu manœuvrer les grenadiers à cheval. La plus grande amitié paraît régner entre ces princes.

A l'un des dîners, qui ont toujours lieu chez l'Empereur Napoléon, S. M. a porté la santé de l'impératrice de Russie et de l'impératrice-mère. Le lendemain, l'empereur Alexandre a porté la santé de l'impératrice des Français.

La première fois que le roi de Prusse a dîné chez l'Empereur Napoléon, S. M. a porté la santé de la reine de Prusse.

Le 29, le prince Alexandre Kourakin, ambassadeur et ministre plénipotentiaire de l'empereur Alexandre, a été présenté à l'Empereur Napoléon.

Le 30, la garde impériale a donné un dîner de corps à la garde impériale russe. Les choses se sont passées avec beaucoup d'ordre. Cette réunion a produit beaucoup de gaieté dans la ville.

La place de Glatz a capitulé. Le fort de Silberberg est la seule place de la Silésie qui tienne encore.

Tilsitt, le 5 juillet 1807.

Depuis le 1er de ce mois, les choses se sont passées entre les trois souverains de la même manière que les jours précédens. Ils ont vu manœuvrer, le

1er juillet, la cavalerie de la garde impériale ; le 2,
l'artillerie , et le 3, les dragons du même corps. Le
4, ils sont allés visiter le camp du 3e corps, que commande M. le maréchal Davoust. Le même jour, le
roi de Prusse a présenté le prince Henri, son frère,
à l'Empereur Napoléon. S. M. la reine de Prusse
est arrivée à Baublen , à deux lieues de Tilsitt.

Tilsitt, le 7 juillet 1807.

La reine de Prusse est arrivée ici hier à midi. A
midi et demi , l'Empereur Napoléon est allé lui
rendre visite.

Les trois souverains ont fait chaque jour , à six
heures du soir , leurs promenades accoutumées. Ils
ont ensuite dîné chez l'Empereur Napoléon, avec la
reine de Prusse, le grand-duc Constantin, le prince
Henri de Prusse, le grand-duc de Berg, et le prince
royal de Bavière.

On a distribué à l'ordre de la Grande-Armée, la
notice suivante :

Au quartier-général impérial, à Tilsitt,
le 9 juillet 1807.

Notice pour l'armée.

La paix a été conclue entre l'Empereur des Français et l'empereur de Russie, hier 8 juillet, à Tilsitt,
et signée par le prince de Bénévent, ministre des relations extérieures de France ; et par les princes Kourakin et Labanoff de Rostow, pour l'empereur de
Russie ; chacun de ces plénipotentiaires étant muni
de pleins-pouvoirs de leurs souverains respectifs. Les
ratifications ont été échangées aujourd'hui 9 juillet,
ces deux souverains se trouvant encore à Tilsitt.

Le major-général, prince de Neufchâtel,
Maréchal ALEXANDRE BERTHIER.

Tilsitt, le 9 juillet 1807.

L'échange des ratifications du traité de paix entre la France et la Russie, a eu lieu aujourd'hui à neuf heures du matin. A onze heures, l'Empereur Napoléon, portant le grand-cordon de l'ordre de Saint-André, s'est rendu chez l'empereur Alexandre, qui l'a reçu à la tête de sa garde, et ayant la grande décoration de la Légion d'honneur. L'Empereur a demandé à voir le soldat de la garde russe qui s'était le plus distingué; il lui a été présenté. S. M., en témoignage de son estime pour la garde impériale russe, a donné à ce brave l'aigle d'or de la Légion d'honneur.

Les Empereurs sont restés ensemble pendant trois heures, et sont ensuite montés à cheval. Ils se sont rendus au bord du Niémen, où l'empereur Alexandre s'est embarqué. L'Empereur Napoléon est demeuré sur le rivage jusqu'à ce que l'empereur Alexandre fût arrivé à l'autre bord. Les marques d'affection que ces princes se sont données en se séparant, ont excité la plus vive émotion parmi les nombreux spectateurs qui s'étaient rassemblés pour voir les plus grands souverains du monde offrir, dans les témoignages de leur union et de leur amitié, un solide garant du repos de la terre.

L'Empereur Napoléon a fait remettre le grand-cordon de la Légion d'honneur au grand-duc Constantin, au prince Kourakin, au prince Labanoff et à M. Budberg.

L'empereur Alexandre a donné le grand ordre de Saint-André au prince Jérôme Napoléon, roi de Westphalie, au grand-duc de Berg et de Clèves, au prince de Neufchâtel et au prince de Bénévent.

A trois heures de l'après-midi, le roi de Prusse est venu voir l'Empereur Napoléon. Ces deux souverains se sont entretenus pendant une demi-heure. Immédiatement après, l'Empereur Napoléon a rendu au roi de Prusse sa visite. Il est ensuite parti pour Kœnigsberg.

Ainsi, les trois souverains ont séjourné pendant vingt jours à Tilsitt. Cette petite ville était le point de réunion des deux armées. Ces soldats qui naguère étaient ennemis, se donnaient des témoignages réciproques d'amitié qui n'ont pas été troublés par le plus léger désordre.

Hier, l'empereur Alexandre avait fait passer le Niémen à une dixaine de basckirs, qui ont donné à l'Empereur Napoléon un concert à la manière de leur pays.

L'Empereur, en témoignage de son estime pour le général Platow, hetman des cosaques, lui a fait présent de son portrait.

Les Russes ont remarqué que le 27 juin (style russe, 9 juillet du calendrier grégorien), jour de la ratification du traité de paix, est l'anniversaire de la bataille de Pultawa, qui fut si glorieuse et qui assura tant d'avantages à l'empire de Russie. Ils en tirent un augure favorable pour la durée de la paix et de l'amitié qui viennent de s'établir entre ces deux grands empires.

QUATRE-VINGT-SEPTIÈME BULLETIN.

Kœnigsberg, le 12 juillet 1807.

Les Empereurs de France et de Russie, après avoir séjourné pendant vingt jours à Tilsitt, où les deux maisons impériales, situées dans la même rue, étaient à peu de distance l'une de l'autre, se sont séparés le 9, à trois heures après-midi, en se donnant les plus grandes marques d'amitié. Le journal de ce qui s'est passé pendant la durée de leur séjour sera d'un véritable intérêt pour les deux peuples.

Après avoir reçu, à trois heures et demie, la visite d'adieu du roi de Prusse, qui est retourné à Memel, l'Empereur Napoléon est parti pour Kœnigsberg, où il est arrivé le 10 à quatre heures du matin.

Il a fait hier la visite du port dans un canot qui était servi par les marins de la garde. S. M. passe aujourd'hui la revue du corps du maréchal Soult, et part demain à deux heures du matin pour Dresde.

Le nombre des Russes tués à la bataille de Friedland s'élève à 17,500; celui des prisonniers est de 40,000; 18,000 sont passés à Kœnigsberg, 7000 sont restés malades dans les hôpitaux; le reste a été dirigé sur Thorn et Varsovie. Les ordres ont été donnés pour qu'ils fussent renvoyés en Russie sans délai; 7000 sont déjà revenus à Kœnigsberg, et vont être rendus. Ceux qui sont en France, seront formés en régimens provisoires. L'Empereur a ordonné de les habiller et de les armer.

Les ratifications du traité de paix entre la France et la Russie avaient été échangées à Tilsitt le 9; celles du traité de paix entre la France et la Prusse l'ont été ici aujourd'hui.

Les plénipotentiaires chargés de ces négociations étaient, pour la France, M. le prince de Bénévent; pour la Russie, le prince Kourakin et le prince Labanoff; pour la Prusse, le feld-maréchal comte de Kalkreuth et le comte de Goltz.

Après de tels événemens, on ne peut s'empêcher de sourire quand on entend parler de la grande expédition anglaise et de la nouvelle frénésie qui s'est emparée du roi de Suède. On doit remarquer d'ailleurs que l'armée d'observation de l'Elbe et de l'Oder était de 70,000 hommes, indépendamment de la Grande-Armée, et non compris les divisions espagnoles qui sont en ce moment sur l'Oder. Ainsi, il aurait fallu que l'Angleterre mît en expédition toute son armée, ses milices, ses volontaires, ses fencibles pour opérer une diversion sérieuse. Quand on considère que, dans de telles circonstances, elle a envoyé 6000 hommes se faire massacrer par les Arabes, et 7000 hommes dans les Indes espagnoles, on ne peut qu'avoir pitié de l'excessive avidité qui tourmente ce cabinet.

La paix de Tilsitt met fin aux opérations de la Grande-Armée, mais toutes les côtes, tous les ports de la Prusse n'en resteront pas moins fermés aux Anglais. Il est probable que le blocus continental ne sera pas un vain mot.

La Porte a été comprise dans le traité. La révolution qui vient de s'opérer à Constantinople est une révolution anti-chrétienne qui n'a rien de commun avec la politique de l'Europe. L'adjudant commandant Guilleminot est parti pour la Bessarabie, où il va informer le grand-visir de la paix, de la liberté qu'a la Porte d'y prendre part, et des conditions qui la concernent.

Kœnigsberg, le 13 juillet 1807.

L'Empereur a passé hier la revue du 4ᵉ corps d'armée. Arrivé au 26ᵉ régiment d'infanterie légère, on lui présenta le capitaine de grenadiers Roussel. Ce brave soldat, fait prisonnier à l'affaire de Hoff, avait été remis aux Prussiens. Il se trouva dans un appartement où un insolent officier se livrait à toutes sortes d'invectives contre l'Empereur. Roussel supporta d'abord patiemment ces injures; mais enfin, il se lève fièrement, en disant : « Il n'y a que des lâches qui » puissent tenir de pareils propos contre l'empereur » Napoléon devant un de ses soldats. Si je suis con- » traint d'entendre de pareilles infamies, je suis à » votre discrétion; donnez-moi la mort. » Plusieurs autres officiers prussiens qui étaient présens, ayant autant de jactance que peu de mérite et d'honneur, voulurent se porter contre ce brave militaire à des voies de fait. Roussel, seul contre sept ou huit personnes, aurait passé un mauvais quart-d'heure, si un officier russe, survenant à l'instant, ne se fût jeté devant lui le sabre à la main : C'est notre prisonnier, dit-il, et non le vôtre. Il a raison, et vous outragez lâchement le premier capitaine de l'Europe. Avant de frapper ce brave homme, il vous faudra passer sur mon corps.

En général, autant les prisonniers français se louent des Russes, autant ils se plaignent des Prussiens, surtout du général Ruchel, officier aussi méchant et fanfaron, qu'il est inepte et ignorant sur le champ de bataille. Des corps prussiens qui se trouvaient à la journée d'Iéna, le sien est celui qui s'est le moins bravement comporté.

En entrant à Kœnigsberg, on a trouvé aux galères un caporal français qui y avait été jeté, parce qu'entendant les sectateurs de Ruchel parler mal de l'Empereur, il s'était emporté, et avait déclaré ne pas vouloir le souffrir en sa présence.

Le général Victor, qui fut fait prisonnier dans une chaise de poste par un guet-à-pens, a eu aussi à se plaindre du traitement qu'il a reçu du général Ruchel, qui était gouverneur de Kœnigsberg. C'est cependant le même Ruchel qui, blessé grièvement à la bataille d'Iéna, fut accablé de bons traitemens par les Français ; c'est lui qu'on laissa libre, et à qui, au lieu d'envoyer des gardes comme on devait le faire, on envoya des chirurgiens. Heureusement que le nombre des hommes auxquels il faut se repentir d'avoir fait du bien n'est pas grand. Quoi qu'en disent les misanthropes, les ingrats et les pervers forment une exception dans l'espèce humaine.

CAMPAGNE D'AUTRICHE.

PREMIER BULLETIN.

Au quartier-général de Ratisbonne,
le 24 avril 1809.

L'ARMÉE autrichienne a passé l'Inn le 9 avril. Par là les hostilités ont commencé , et l'Autriche a déclaré une guerre implacable à la France , à ses alliés et à la Confédération du Rhin.

Voici quelle était la position des corps français et alliés :

Le corps du duc d'Auerstaedt , à Ratisbonne.

Le corps du duc de Rivoli , à Ulm.

Le corps du général Oudinot , à Augsbourg.

Le quartier-général , à Strasbourg.

Les trois divisions bavaroises , sous les ordres du duc de Dantzick , placées , la 1re , commandée par le prince royal , à Munich ; la 2e , commandée par le général Deroi , à Landshut ; et la 3e , commandée par le général de Wrede , à Straubing.

La division wurtembergeoise , à Heidenheim.

Les troupes saxonnes , campées sous les murs de Dresde.

Le corps du duché de Varsovie , commandé par le prince Poniatowsky , sous Varsovie.

Le 10, les troupes autrichiennes investirent Passau où s'enferma un bataillon bavarois ; elles investirent en même temps Kufftein, où s'enferma également un bataillon bavarois. Ce mouvement eut lieu sans tirer un coup de fusil.

Les Autrichiens publièrent dans le Tyrol la proclamation ci-jointe.

La cour de Bavière quitta Munich pour se rendre à Dillingen.

La division bavaroise qui était à Landshut se porta à Altorff, sur la rive gauche de l'Iser.

La division commandée par le général de Wrede se porta sur Neustadt.

Le duc de Rivoli partit d'Ulm et se porta sur Augsbourg.

Du 10 au 16, l'armée ennemie s'avança de l'Inn sur l'Iser. Des partis de cavalerie se rencontrèrent, et il y eut plusieurs charges, dans lesquelles les Bavarois eurent l'avantage. Le 16 à Pfaffenhoffen, les 2ᵉ et 3ᵉ régimens de chevau-légers bavarois culbutèrent les hussards de Stipschitz et les dragons de Rosenberg.

Au même moment l'ennemi se présenta en forces pour déboucher par Landshut. Le pont était rompu, et la division bavaroise commandée par le général Deroy, opposait une vive résistance à ce mouvement ; mais menacée par des colonnes qui avaient passé l'Iser à Moorburg et à Freysing, cette division se retira en bon ordre sur celle du général de Wrede, et l'armée bavaroise se centralisa sur Neustadt.

Départ de l'Empereur, de Paris, le 13.

L'Empereur apprit par le télégraphe, dans la soirée du 12, le passage de l'Inn par l'armée autrichienne, et partit de Paris un instant après. Il arriva le 16 à trois heures du matin, à Louisbourg, et dans la soirée du même jour à Dillingen, où il vit le roi de Bavière, passa une demi-heure avec ce prince, et lui promit de le ramener en quinze jours dans sa capitale et de venger l'affront fait à sa maison, en

e faisant plus grand que ne furent jamais aucuns de
ses ancêtres. Le 17 à deux heures du matin, S. M. arriva à Donawerth, ou était établi le quartier-général et donna sur-le-champ les ordres nécessaires.

Le 18, le quartier-général fut transporté à
Ingolstadt.

Combat de Pfaffenhoffen, le 19

Le 19, le général Oudinot, parti d'Augsbourg,
arriva à la pointe du jour à Pfaffenhoffen, y rencontra 3 ou 4000 Autrichiens qu'il attaqua et dis-
persa, et fit 300 prisonniers.

Le duc de Rivoli avec son corps d'armée, arriva le
lendemain à Pfaffenhoffen.

Le même jour, le duc d'Auerstaedt quitta Ratisbonne pour se porter sur Neustadt et se rapprocher
d'Ingolstadt. Il parut évident alors que le projet de
l'Empereur était de manœuvrer sur l'ennemi qui
avait débouché de Landshut, et de l'attaquer dans
le moment même où, croyant avoir l'initiative, il
marchait sur Ratisbonne.

Bataille de Tann, le 19.

Le 19, à la pointe du jour, le duc d'Auerstaedt
se mit en marche sur deux colonnes. Les divisions
Morand et Gudin formaient sa droite ; les divisions
Saint-Hilaire et Friant formaient sa gauche. La division Saint-Hilaire arrivée au village de Peissing, y
rencontra l'ennemi plus fort en nombre, mais bien
inférieur en bravoure : et là s'ouvrit la campagne
par un combat glorieux pour nos armes. Le général
Saint-Hilaire, soutenu par le général Friant, culbuta
tout ce qui était devant lui, enleva les positions de
l'ennemi ; lui tua une grande quantité de monde
et lui fit 6 à 700 prisonniers. Le 72ᵉ se distingua dans

cette journée ; et le 57e soutint son ancienne réputation. Il y a seize ans, ce régiment avait été surnommé en Italie *le terrible*, et il a bien justifié ce surnom dans cette affaire où seul il a abordé et successivement défait six régimens autrichiens.

Sur la gauche, à deux heures après-midi, le général Morand rencontra également une division autrichienne qu'il attaqua en tête, tandis que le duc de Dantzick avec un corps bavarois, parti d'Abensberg, vint le prendre en queue. Cette division fut bientôt débusquée de toutes ses positions, et laissa quelques centaines de morts et de prisonniers. Le régiment entier des dragons de Levenher fut détruit par les chevau-légers bavarois, et son colonel fut tué.

A la chute du jour, le corps du duc de Dantzick fit sa jonction avec celui du duc d'Auerstaedt.

Dans toutes ces affaires, les généraux Saint-Hilaire et Friant se sont particulièrement distingués.

Ces malheureuses troupes autrichiennes qu'on avait amenées de Vienne au bruit des chansons et des fifres, en leur faisant croire qu'il n'y avait plus d'armée française en Allemagne, et qu'elles n'auraient affaire qu'aux Bavarois et aux Wurtembergeois, montrèrent tout le ressentiment qu'elles concevaient contre leurs chefs, de l'erreur où ils les avaient entretenues, et leur terreur ne fut que plus grande à la vue de ces vieilles bandes qu'elles étaient accoutumées à considérer comme leurs maîtres.

Dans tous ces combats, notre perte fut peu considérable en comparaison de celle de l'ennemi, qui surtout perdit beaucoup d'officiers et de généraux, obligés de se mettre en avant pour donner de l'élan à leurs troupes. Le prince de Lichtenstein, le général de Lusignan et plusieurs autres furent blessés. La perte des Autrichiens en colonels et officiers de moindre grade est extrêmement considérable.

Bataille d'Abensberg, le 20.

L'Empereur résolut de battre et de détruire le corps de l'archiduc Louis et celui du général Hiller, forts ensemble de 60,000 hommes. Le 20, S. M. se porta à Abensberg. Il donna ordre au duc d'Auerstaedt de tenir en respect les corps de Hohenzollern, de Rosenberg et de Lichtenstein, pendant qu'avec les deux divisions Morand et Gudin, les Bavarois et les Wurtembergeois, il attaquait de front l'armée de l'archiduc Louis et du général Hiller, et qu'il faisait couper les communications de l'ennemi par le duc de Rivoli, en le faisant passer à Freying et delà sur les derrières de l'armée autrichienne. Les divisions Morand et Gudin formèrent la gauche et manœuvrèrent sous les ordres du duc de Montebello. L'Empereur se décida à combattre ce jour là, à la tête des Bavarois et des Wurtembergeois. Il fit réunir en cercle les officiers de ces deux armées et leur parla long-temps. Le prince royal de Bavière traduisait en allemand ce qu'il disait en français. L'Empereur leur fit sentir la marque de confiance qu'il leur donnait. Il dit aux officiers bavarois que les Autrichiens avaient toujours été leurs ennemis; que c'était à leur indépendance qu'ils en voulaient; que depuis plus de deux cents ans les drapeaux bavarois étaient déployés contre la maison d'Autriche; mais que cette fois ils les rendraient si puissans, qu'ils suffiraient seuls désormais pour lui résister.

Il parla aux Wurtembergeois des victoires qu'ils avaient remportées sur la maison d'Autriche, lorsqu'ils servaient dans l'armée prussienne, et des derniers avantages qu'ils avaient obtenus dans la campagne de Silésie. Il leur dit à tous que le moment de

vaincre était venu pour porter la guerre sur le territoire autrichien. Ces discours qui furent répétés aux
compagnies par les capitaines, et les différentes dispositions que fit l'Empereur, produisirent l'effet
qu'on pouvait en attendre.

L'Empereur donna alors le signal du combat, et
mesura les manœuvres sur le caractère particulier
de ces troupes. Le général de Wrede, officier bavarois d'un grand mérite, placé au-devant du pont
de Siegenburg, attaqua une division autrichienne
qui lui était opposée. Le général Vandamme qui
commandait les Wurtembergeois, la déborda sur
son flanc droit. Le duc de Dantzick avec la division
du prince royal et celle du général Deroy, marcha
sur le village de Reuhausen pour arriver sur la grande
route d'Abensberg à Landshut. Le duc de Montebello
avec ses deux divisions françaises força l'extrême
gauche, culbuta tout ce qui était devant lui, et se
porta sur Rohr et Rothemburg. Sur tous les points la
canonnade était engagée avec succès. L'ennemi, dé-
concerté par ces dispositions, ne combattit qu'une
heure et battit en retraite. Huit drapeaux, douze
pièces de canon, 18,000 prisonniers furent le résultat
de cette affaire, qui ne nous a coûté que peu de
monde.

Combat et prise de Landshut, le 21.

La bataille d'Abensberg ayant découvert le flanc
de l'armée autrichienne et tous les magasins de l'ennemi, le 21, l'Empereur, dès la pointe du jour,
marcha sur Landshut. Le duc d'Istrie culbuta la cavalerie ennemie, dans la plaine en avant de cette
ville.

Le général de division Mouton fit marcher au pas
de charge sur le pont les grenadiers du 17e, formant la tête de la colonne. Ce pont, qui est en bois,

était embrâsé, mais ne fut point un obstacle pour notre infanterie, qui le franchit et pénétra dans la ville. L'ennemi, chassé de sa position, fut alors attaqué par le duc de Rivoli, qui débouchait par la rive droite. Landshut tomba en notre pouvoir, et avec Landshut, nous prîmes 30 pièces de canon, 9000 prisonniers, 600 caissons du parc attelés et remplis de munitions, 3000 voitures portant les bagages, 3 superbes équipages de pont, enfin les hôpitaux et les magasins que l'armée autrichienne commençait à former. Des courriers, des aides-de-camp du général en chef le prince Charles, des convois de malades venant à Landshut, et très-étonnés d'y trouver l'ennemi, eurent le même sort.

Bataille d'Eckmühl, le 22.

Tandis que la bataille d'Abensberg et le combat de Landshut avaient des résultats si importans, le prince Charles se réunissait avec le corps de Bohême, commandé par le général Kollowrath, et obtenait à Ratisbonne un faible succès. Mille homme du 65e, qui avaient été laissés pour garder le pont de Ratisbonne, ne reçurent point l'ordre de se retirer. Cernés par l'armée autrichienne, ces braves ayant épuisé leurs cartouches, furent obligés de se rendre. Cet événement fut sensible à l'Empereur. Il jura que, dans les vingt-quatre heures, le sang autrichien coulerait dans Ratisbonne, pour venger cet affront fait à ses armes.

Dans le même temps, les ducs d'Auerstaedt et de Dantzick tenaient en échec les corps de Rosenberg, de Hohenzollern et de Lichtenstein. Il n'y avait pas de temps à perdre. Le 22 au matin, l'Empereur se mit en marche de Landshut avec les deux divisions du duc de Montebello, le corps du duc de Rivoli, les divisions de cuirassiers Nansouty et Saint-Sulpice, et la division wurtembergeoise. A deux heures après midi, il arriva vis-à-vis Eckmühl, où les quatre corps de l'armée autrichienne, formant 110,000 hommes, étaient en position sous le commandement de l'archiduc Charles. Le duc de Montebello déborda l'ennemi par la gauche avec la division Gudin. Au premier signal, les ducs d'Auerstaedt et de Dantzick et la division de cavalerie légère du général Montbrun débouchèrent. On vit alors un des plus beaux spectacles qu'ait offerts la guerre. Cent dix mille ennemis attaqués sur tous les points, tournés par leur gauche, et successivement dépostés de toutes leurs positions. Le détail des événemens militaires serait trop long : il suffit de dire, que mis en pleine déroute, l'ennemi a perdu la plus grande partie de ses canons et un grand nombre de prisonniers ; que le 10e d'infanterie légère de la division Saint-Hilaire se couvrit de gloire en débouchant sur l'ennemi, et que les Autrichiens, débusqués du bois qui couvre Ratisbonne, furent jetés dans la plaine et coupés par la cavalerie. Le sénateur général de division Demont eut un cheval tué sous lui. La cavalerie autrichienne, forte et nombreuse, se présenta pour protéger la retraite de son infanterie ; la division Saint-Sulpice sur la droite, la division Nansouty sur la gauche, l'abordèrent ; la ligne de hussards et de cuirassiers ennemis fut mise en déroute. Plus de 300 cuirassiers autrichiens furent faits prisonniers. La nuit commençait. Nos cuirassiers continuèrent leur marche sur Ratisbonne. La division Nansouty rencontra une colonne ennemie qui se sauvait, la chargea et la fit prisonnière ; elle était composée de 3 bataillons hongrois de 1,500 hommes.

La division Saint-Sulpice chargea un autre carré dans lequel faillit être pris le prince Charles, qui ne dut son salut qu'à la vitesse de son cheval. Cette colonne fut également enfoncée et prise. L'obscurité obligea enfin à s'arrêter. Dans cette bataille d'Eck-mühl, il n'y eut que la moitié à peu près des troupes françaises engagée. Poussée l'épée dans les reins, l'armée ennemie continua de défiler toute la nuit par morceaux et dans la plus épouvantable déroute. Tous ses blessés, la plus grande partie de son artille-rie, 15 drapeaux et 20,000 prisonniers sont tombés en notre pouvoir. Les cuirassiers se sont, comme à l'ordinaire, couverts de gloire.

Combat et prise de Ratisbonne, le 23.

Le 23, à la pointe du jour, on s'avança sur Ratis-bonne, l'avant-garde formée par la division Gudin, et par les cuirassiers des divisions Nansouty et Saint-Sulpice; on ne tarda pas à apercevoir la cavalerie ennemie qui prétendait couvrir la ville. Trois charges successives s'engagèrent, toutes furent à notre avan-tage. Sabrés et mis en pièces, 8,000 hommes de cavalerie ennemie repassèrent précipitamment le Danube. Sur ces entrefaites, nos tirailleurs tâtèrent la ville. Par une inconcevable disposition, le général autrichien y avait placé 6 régimens sacrifiés sans raison. La ville est enveloppée d'une mauvaise en-ceinte, d'un mauvais fossé et d'une mauvaise con-trescarpe. L'artillerie arriva; on mit en batterie des pièces de 12. On reconnut une issue par laquelle, au moyen d'une échelle on pouvait descendre dans le fossé, et remonter ensuite par une brèche faite à la muraille.

Le duc de Montebello fit passer par cette ouver-ture un bataillon qui gagna une poterne et l'ouvrit: on s'introduisit alors dans la ville. Tout ce qui fit résistance fut sabré: le nombre des prisonniers passa 8000. Par suite de ses mauvaises dispositions, l'en-nemi n'eut pas le temps de couper le pont, et les

Français passèrent pêle-mêle avec lui sur la rive gauche. Cette malheureuse ville qu'il a eu la barbarie de défendre, a beaucoup souffert; le feu y a été une partie de la nuit; mais par les soins du général Morand et de sa division, on parvint à le dominer et à l'éteindre,

Ainsi à la bataille d'Abensberg, l'Empereur battit séparément les deux corps de l'archiduc Louis et du général Hiller. Au combat de Landshut, il s'empara du centre des communications de l'ennemi et du dépôt général de ses magasins et de son artillerie. Enfin à la bataille d'Eckmühl, les quatre corps d'Hohenzollern, de Rosenberg, de Kollowrath et de Lichtenstein furent défaits et mis en déroute. Le corps du général Bellegarde arrivé le lendemain de cette bataille, ne put qu'être témoin de la prise de Ratisbonne et se sauva en Bohême.

Cette première notice des opérations militaires qui ont ouvert la campagne d'une manière si brillante, sera suivie d'une relation plus détaillée de tous les faits d'armes qui ont illustré les armées française et alliées.

Dans tous ces combats notre perte peut se monter à 1200 tués et 4000 blessés. Le général de division Cervoni, chef d'état-major du duc de Montebello, fut frappé d'un boulet de canon, et tomba mort sur le champ de bataille d'Eckmühl. C'était un officier de mérite, et qui s'était distingué dans nos premières campagnes. Au combat de Peyssing, le général Hervo, chef de l'état-major du duc d'Auerstaedt, a été également tué. Le duc d'Auerstaedt regrette vivement cet officier dont il estimait la bravoure, l'intelligence et l'activité. Le général de brigade Clément, commandant une brigade de cuirassiers de la division Saint-Sulpice, a eu un bras emporté; c'est un officier de courage et d'un mérite distingué. Le général

Schramm a été blessé. Le colonel du 14ᵉ de chasseurs a été tué dans une charge. En général notre perte en officiers est peu considérable. Les 1000 hommes du 65ᵉ qui ont été faits prisonniers, ont été la plupart repris. Il est impossible de montrer plus de bravoure et de bonne volonté qu'en ont montré les troupes.

A la bataille d'Eckmühl, le corps du duc de Rivoli, n'ayant pu encore rejoindre, ce maréchal est resté constamment auprès de l'Empereur; il a porté des ordres et fait exécuter différentes manœuvres.

A l'assaut de Ratisbonne, le duc de Montebello, qui avait désigné le lieu du passage, a fait porter les échelles par ses aides-de-camp.

Le prince de Neufchâtel, afin d'encourager les troupes et de donner en même temps une preuve de confiance aux alliés, a marché plusieurs fois à l'avant-garde avec les régimens bavarois.

Le duc d'Auerstaedt a donné dans ces différentes affaires de nouvelles preuves de l'intrépidité qui le caractérise.

Le duc de Rovigo, avec autant de dévouement que d'intrépidité, a traversé plusieurs fois les légions ennemies, pour aller faire connaître aux différentes colonnes les intentions de l'Empereur.

Des 220,000 hommes qui composaient l'armée autrichienne, tous ont été engagés, hormis les 20,000 hommes que commande le général Bellegarde et qui n'ont pas donné. De l'armée française, au contraire, près de la moitié n'a pas tiré un coup de fusil. L'ennemi étonné par des mouvemens rapides et hors de ses calculs, s'est trouvé en un moment déchu de sa folle espérance, et transporté du délire de la présomption dans un abattement approchant du désespoir.

Proclamation du général Jellachich aux habitans du Tyrol.

Tyroliens,

Si vous êtes encore ce que vous avez été il n'y a pas long-temps ; si vous vous rappelez le bonheur, la prospérité, la liberté véritable dont vous avez joui sous le sceptre bienfaisant de l'Autriche ; si la voix du général que vous avez reconnu comme un des vôtres, lorsqu'en 1799 il vous a sauvés d'un danger imminent par la victoire de Feldkirch, qui, dans l'année suivante, a rendu inattaquable votre frontière depuis Arleberg jusqu'à la vallée de Karabendel, si tout cela n'est pas effacé de votre mémoire, écoutez ce que je viens vous dire, écoutez et soyez-en pénétrés.

Votre seigneur légitime (je devrais dire votre père) vous recherche ; placez-vous sous son égide ! son cœur saigne de vous voir sous une domination étrangère ; vous, ses fidèles, redevenez les enfans de l'Autriche, ne méconnaissez pas ce titre précieux.

Des armées autrichiennes plus nombreuses que jamais, plus animées et plus patriotiques vont entrer dans votre pays ; considérez-les comme vos frères, comme les enfans du même père ; réunissez-vous à elles, suivant l'exemple de tous les peuples qui rendent hommage au trône autrichien. Enfin comportez-vous en tout comme vous l'avez fait tout récemment à l'admiration de toute l'Europe.

Tyroliens, Dieu est avec nous. Nous ne cherchons pas de nouvelles conquêtes ; mais nous voulons ramener, dans le sein de notre père impérial et gracieux, des frères qui ont été détachés de lui. Rien ne nous résiste, rien ne peut nous vaincre dès que nous nous unissons pour notre bonheur et pour la conservation de notre existence. Croyez-moi, Tyroliens, Dieu est avec nous.

> *Signé* FRANÇOIS, baron DE JELLACHICH ; DE BUZIN, *chevalier de l'Ordre de Marie-Thérèse et feld-maréchal lieutenant impérial et royal.*

DEUXIÈME BULLETIN.

Au quartier-général de Mulhdorf,
le 27 avril 1809.

Le 22, lendemain du combat de Landshut, l'Empereur partit de cette ville pour Ratisbonne, et livra la bataille d'Eckmühl. En même temps, il envoya le maréchal duc d'Istrie avec la division bavaroise aux ordres du général de Wrede, et la division Molitor, pour se porter sur l'Inn, et poursuivre les deux corps d'armée autrichiens battus à la bataille d'Abensberg et au combat de Landshut.

Le maréchal duc d'Istrie arrivé successivement à Wilsbiburg et à Neumarck, y trouva un équipage de pont attelé, plus de 400 voitures, des caissons et des équipages, et fit dans sa marche 15 à 1800 prisonniers.

Les corps autrichiens trouvèrent au-delà de Neumarck un corps de réserve qui arrivait sur l'Inn ; ils s'y rallièrent, et le 25 livrèrent à Neumarck un combat où les Bavarois, malgré leur extrême infériorité, conservèrent leurs positions.

Le 24, l'Empereur avait dirigé le corps du maréchal duc de Rivoli, de Ratisbonne sur Straubing, et de-là sur Passau, où il arriva le 25. Le duc de Rivoli fit passer l'Inn au bataillon du Pô, qui fit 300 prisonniers, débloqua la citadelle et occupa Scharding.

Le 25, le maréchal duc de Montebello avait eu ordre de marcher avec son corps de Ratisbonne sur Mulhdorf. Le 27, il passa l'Inn et se porta sur la Salza.

Aujourd'hui 27, l'Empereur a son quartier-général à Mulhdorf.

La division autrichienne, commandée par le général Jellachich qui occupait Munich, est poursuivie par le corps du duc de Dantzick.

Le roi de Bavière s'est montré de sa personne à Munich. Il est retourné ensuite à Augsbourg où il restera encore quelques jours, attendant pour rétablir fixement sa résidence à Munich, que la Bavière soit entièrement purgée des partis ennemis.

Cependant du côté de Ratisbonne, le duc d'Auerstaedt s'est mis à la poursuite du prince Charles qui, coupé de ses communications avec l'Inn et Vienne, n'a eu d'autre ressource que de se retirer dans les montagnes de Bohême par Waldmunchen et Cham.

Quant à l'empereur d'Autriche, il paraît qu'il était devant Passau, s'étant chargé d'assiéger cette place avec trois bataillons de la landwehr.

Toute la Bavière, le Palatinat sont délivrés de la présence des armées ennemies.

A Ratisbonne, l'Empereur a passé la revue de plusieurs corps, et s'est fait présenter les plus braves soldats auxquels il a donné des distinctions et des pensions, et les plus braves officiers auxquels il a donné des baronies et des terres. Il a spécialement témoigné sa satisfaction aux divisions Saint-Hilaire et Friant.

Jusqu'à cette heure, l'Empereur a fait la guerre presque sans équipages et sans garde : et l'on a remarqué qu'en l'absence de sa garde, il avait toujours eu autour de lui des troupes alliées bavaroises et wurtembergeoises, voulant par-là leur donner une preuve particulière de confiance. Hier sont arrivés à Landshut une partie des chasseurs et grenadiers à cheval de la garde, le régiment de fusiliers et un bataillon de chasseurs à pied.

D'ici à huit jours toute la garde sera arrivée.

On a fait courir le bruit que l'Empereur avait eu la jambe cassée. Le fait est qu'une balle morte a effleuré le talon de la botte de S M., mais n'a pas même altéré la peau. Jamais S. M., au milieu des plus grandes fatigues, ne s'est mieux portée.

On remarque comme un fait singulier qu'un des premiers officiers autrichiens faits prisonniers dans cette guerre, se trouve être l'aide-de-camp du prince Charles envoyé à M. Otto pour lui remettre la fameuse lettre portant que l'armée française eût à s'éloigner.

Les habitans de Ratisbonne s'étant très-bien comportés et ayant montré l'esprit patriotique et confédéré que nous étions en droit d'attendre d'eux, S. M. a ordonné que les dégats qui avaient été faits, seraient réparés à ses frais, et particulièrement la restauration des maisons incendiées, dont la dépense s'élèvera à plusieurs millions.

Tous les souverains et tous les pays de la Confédération montrent l'esprit le plus patriotique. Lorsque le ministre d'Autriche à Dresde remit la déclaration de sa cour au roi de Saxe, ce prince ne put retenir son indignation. « Vous voulez la guerre, dit le roi, » et contre qui? Vous attaquez, et vous invectivez » celui qui, il y a trois ans, maître de votre sort, » vous a restitué vos États. Les propositions que » l'on me fait m'affligent ; mes engagemens sont con- » nus de toute l'Europe ; aucun prince de la Confé- » dération ne s'en détachera. »

Le grand-duc de Wurtzbourg, frère de l'empereur d'Autriche, a montré les mêmes sentimens, et a déclaré que si les Autrichiens avançaient sur ses États, il se retirerait, s'il le fallait, au-delà du Rhin : tant l'esprit de vertige et les injures de la cour de Vienne sont généralement appréciés ! Les régimens des petits princes, toutes les troupes alliées demandent à l'envi à marcher à l'ennemi.

Une chose notable et que la postérité remarquera comme une nouvelle preuve de l'insigne mauvaise foi de la maison d'Autriche, c'est que le même jour qu'elle faisait écrire au roi de Bavière la lettre ci-jointe, elle faisait publier dans le Tyrol la proclamation signée du général Jellachich : le même jour on proposait au roi d'être neutre et on insurgeait ses sujets. Comment concilier cette contradiction, ou plutôt comment justifier cette infamie ?

Lettre adressée le 9 avril par l'archiduc Charles à S. M. le roi de Bavière, et insérée dans le premier bulletin de l'armée autrichienne.

Sire,

J'ai l'honneur de prévenir V. M., que, d'après la déclaration que S. M. l'empereur d'Autriche a fait remettre à l'Empereur Napoléon, j'ai reçu l'ordre d'entrer en Bavière avec les troupes sous mon commandement, et de traiter comme ennemis ceux qui opposeraient de la résistance.

Je souhaite ardemment, Sire, que vous écoutiez le désir de votre peuple, qui ne voit en nous que ses libérateurs. On a donné les ordres les plus sévères, afin que, jusqu'à ce que V. M. ait fait connaître ses intentions à cet égard, il ne soit exercé d'hostilités que contre l'ennemi de toute indépendance politique en Europe. Il me serait très-douloureux de tourner mes armes contre les troupes de V. M., et de rejeter sur vos sujets les maux d'une guerre entreprise pour la liberté générale, et dont le premier principe exclut ainsi tout projet de conquête : mais que si la force des circonstances entraînait V. M. à une condescendance qui serait incompatible avec votre dignité et le bonheur de votre peuple, je vous prie cependant d'être convaincu que mes soldats maintiendront dans toutes les circonstances la sûreté de V. M. R., et je vous invite, Sire, à vous confier à l'honneur de mon souverain et à la protection de ses armes.

Proclamation.

Donawerth, le 17 avril 1809.

Soldats,

Le territoire de la Confédération a été violé. Le général autrichien veut que nous fuyions à l'aspect de ses armes, et que nous lui abandonnions nos alliés. J'arrive avec la rapidité de l'éclair.

Soldats, j'étais entouré de vous lorsque le souverain d'Autriche vint à mon bivouac de Moravie ; vous l'avez entendu implorer ma clémence et me jurer une amitié éternelle. Vainqueurs dans trois guerres, l'Autriche a dû tout à notre générosité ; trois fois elle a été parjure !!! Nos succès passés nous sont un sûr garant de la victoire qui nous attend.

Marchons donc, et qu'à notre aspect l'ennemi reconnaisse son vainqueur.

Signé, NAPOLÉON.

Ordre du jour.

Soldats !

Vous avez justifié mon attente ; vous avez suppléé au nombre, par votre bravoure ; vous avez glorieusement marqué la différence qui existe entre les soldats de César, et les cohues armées de Xerxès.

En peu de jours nous avons triomphé dans les trois batailles de Tann, d'Abensberg et d'Eckmühl, et dans les combats de Peissing, Landshut et de Ratisbonne. 100 pièces de canon, 40 drapeaux, 50,000 prisonniers, trois équipages attelés, 3,000 voitures attelées portant les bagages, toutes les caisses des régimens, voilà le résultat de la rapidité de vos marches et de votre courage.

L'ennemi enivré par un cabinet parjure, paraissait ne plus conserver aucun souvenir de vous ; son réveil a été prompt ; vous lui avez apparu plus terribles que jamais. Naguères il a traversé l'Inn et envahi le territoire de nos alliés ; naguères il se promettait de porter la guerre au sein de notre patrie. Aujourd'hui, défait, épouvanté, il fuit en désordre, déjà mon avant-garde a passé l'Inn ; avant un mois nous serons à Vienne.

De notre quartier-général impérial de Ratisbonne, le 24 avril 1809.

Signé, NAPOLÉON.

De par l'Empereur,

Le prince de Neufchâtel, major-général,

ALEXANDRE.

TROISIÈME BULLETIN.

Au quartier-général de Burghausen, le 30 avril 1809.

L'Empereur est arrivé le 27, à six heures du soir, à Muhldorf. S. M. a envoyé la division du général de Wrede à Lauffen, sur l'Alza, pour tâcher d'atteindre le corps que l'ennemi avait dans le Tyrol, et qui battait en retraite à marches forcées. Le général de Wrede arriva le 28 à Lauffen, rencontra l'arrière-garde ennemie, prit ses bagages, et lui fit bonne

r nombre de prisonniers ; mais l'ennemi eut le temps
) de passer la rivière et brûla le pont.

Le 27, le duc de Dantzick arriva à Wanesburg, et
[le 28 à Altenmarck.

Le 29, le général de Wrede, avec sa division,
) continua sa marche sur Salzbourg : à trois lieues de
) cette ville, sur la route de Lauffen, il trouva des
avant-postes de l'armée ennemie. Les Bavarois les
poursuivirent l'épée dans les reins, et entrèrent pêle-
mêle avec eux dans Salzbourg. Le général de Wrede
assure que la division du général Jellachich est entièrement dispersée. Ainsi, ce général a porté la
peine de l'infâme proclamation par laquelle il a mis
le poignard aux mains des Tyroliens.

Les Bavarois ont fait 500 prisonniers. On a trouvé
à Salzbourg des magasins assez considérables.

Le 28, à la pointe du jour, le duc d'Istrie arriva
à Burghausen, et posta une avant-garde sur la rive
droite de l'Inn. Le même jour, le duc de Montebello
arriva à Burghausen. Le comte Bertrand disposa
tout pour raccommoder le pont que l'ennemi avait
brûlé. La crue de la rivière, occasionnée par la fonte
des neiges, mit quelque retard au rétablissement du
pont. Toute la journée du 29 fut employée à ce
travail. Dans la journée du 30, le pont a été rétabli
et toute l'armée a passé.

Le 28, un détachement de 50 chasseurs, sous le
commandement du chef d'escadron Margaron, est
arrivé à Dittmaning, où il a rencontré un bataillon
de la fameuse landwerh, qui, à son approche, se
jeta dans un bois. Le chef d'escadron Margaron l'envoya sommer ; après s'être long-temps consultés,
1000 hommes de ces redoutables milices, postés dans
un bois fourré et inaccessible à la cavalerie, se
sont rendus à 50 chasseurs. L'Empereur voulut les
voir ; ils faisaient pitié ; ils étaient commandés par

de vieux officiers d'artillerie, mal armés et plus mal équipés encore.

Le génie arrogant et farouche de l'Autrichien s'était entièrement découvert dans le moment de fausse prospérité, dont leur entrée à Munich les avait éblouis. Ils feignirent de caresser les Bavarois; mais les griffes du tigre reparurent bientôt. Le bailli de Muhldorf a été arrêté par eux et fusillé. Un bourgeois de Muhldorf, nommé Stark, qui avait mérité une distinction du roi de Bavière, pour les services qu'il avait rendus à ses troupes dans la dernière guerre, a été arrêté et conduit à Vienne pour y être jugé. A Burghausen, la femme du bailli, comte d'Armansperg, est venue supplier l'Empereur de lui faire rendre son mari que les Autrichiens ont emmené à Lintz, et de-là à Vienne, sans qu'on en ait entendu parler depuis. La raison de ce mauvais traitement est qu'en 1805, il lui fut fait des réquisitions auxquelles il n'obtempéra point. Voilà le crime dont les Autrichiens lui ont gardé un si long ressentiment, et dont ils ont tiré cette injuste vengeance.

Les Bavarois feront sans doute un récit de toutes les vexations et des violences que les Autrichiens ont exercées envers eux, pour en transmettre la mémoire à leurs enfans, quoiqu'il soit probable que c'est pour la dernière fois que les Autrichiens ont insulté aux alliés de la France. Des intrigues ont été ourdies par eux, en Tyrol et en Westphalie, pour exciter les sujets à la révolte contre leurs princes.

Levant des armées nombreuses divisées en corps comme l'armée française, marchant au pas accéléré pour singer l'armée française, faisant des bulletins, des proclamations, des ordres du jour, et singeant encore en cela l'armée française, ils ne représentent pas mal l'âne qui, couvert de la peau du lion, cherche à l'imiter; mais le bout de l'oreille se laisse apercevoir, et le naturel l'emporte toujours.

L'empereur d'Autriche a quitté Vienne, et a signé en partant une proclamation, rédigée par Gentz, dans le style et l'esprit des plus sots libelles. Il s'est porté à Scharding, position qu'il a choisie, précisément pour n'être nulle part, ni dans sa capitale pour gouverner ses États, ni au camp où il n'eût été qu'un inutile embarras. Il est difficile de voir un prince plus débile et plus faux. Lorsqu'il a appris les suites de la bataille d'Eckmühl, il a quitté les bords de l'Inn et est rentré dans le sein de ses États.

La ville de Scharding, que le duc de Rivoli a occupée, a beaucoup souffert. Les Autrichiens en se retirant ont mis le feu à leurs magasins et ont brûlé la moitié de la ville qui leur appartenait. Sans doute qu'ils avaient le pressentiment, et qu'ils ont adopté l'adage, que ce qui leur appartenait ne leur appartiendra plus.

QUATRIÈME BULLETIN.

Au quartier-général de Braunau,
le 1er mai 1809.

Au passage du pont de Landshut, le général de brigade Lacour a montré du courage et du sang-froid. Le comte Lauriston a placé l'artillerie avec intelligence, et a contribué au succès de cette brillante affaire.

L'évêque et les principales autorités de Salzbourg sont venus à Burghausen implorer la clémence de l'Empereur pour leur pays. S. M. leur a donné l'assurance qu'ils ne retourneraient plus sous la domination de la maison d'Autriche. Ils ont promis de prendre des mesures pour faire rentrer les quatre bataillons de milices que le cercle avait fournis, et dont une partie a déjà été prise et dispersée.

Le quartier-général part pour se rendre, aujourd'hui 1ᵉʳ mai, à Ried.

On a trouvé à Braunau des magasins de 200,000 rations de biscuit et de 6,000 sacs d'avoine. On espère en trouver de plus considérables encore à Ried. Le cercle de Ried a fourni trois bataillons de milices ; mais la plus grande partie est déjà rentrée.

L'empereur d'Autriche a été pendant trois jours à Braunau. C'est à Scharding qu'il a appris la défaite de son armée. Les habitans lui imputent d'être le principal auteur de la guerre. Les fameux volontaires de Vienne, battus à Landshut, ont repassé ici, jetant leurs armes et portant à toutes jambes l'alarme à Vienne.

Le 21 avril, on a publié dans cette capitale un décret du souverain, qui déclare que les ports sont rouverts aux Anglais, les relations avec cet ancien allié rétablies, et les hostilités commencées avec l'ennemi commun.

Le général Oudinot a pris entre Altham et Ried un bataillon de mille hommes. Ce bataillon était sans cavalerie et sans artillerie. A l'approche de nos troupes, il se mit en devoir de commencer la fusillade ; mais, cerné de tous côtés par la cavalerie, il posa les armes.

S. M. a passé en revue à Burghausen plusieurs brigades de cavalerie légère, entr'autres celle de Hesse-Darmstadt, à laquelle elle a témoigné sa satisfaction. Le général Marulaz, sous les ordres duquel est cette troupe, en fait une mention particulière. S. M. lui a accordé plusieurs décorations de la Légion d'honneur.

Le général de Wrede a intercepté un courrier sur lequel on a trouvé les lettres et pièces ci-jointes, qui font voir l'alarme qui agite la monarchie.

A Madame Noble d'Ubellagger, à Braunau.

Wels, le 25 avril.

Ma très-chère mère,

Les nouvelles désastreuses que nous recevons par les courriers qui passent ici et quelques autres personnes qui sont revenues hier de l'armée, nous ont tellement abattus, nous et toute notre jeunesse, que nous courons çà et là comme des écervelés. Le désordre que le premier combat a mis dans nos armées vous est connu. Un second que Bonaparte lui-même nous livra à la tête de 40,000 hommes de troupes d'élite, et dans lequel le centre de notre armée fut enfoncé, a été sur le point de détruire toute notre armée de Bavière. C'en était fait de nous si Charles, au lieu de se retirer sur le Danube, avait passé l'Inn comme les Français s'y attendaient. Près de Ratisbonne, il se réunit avec Bellegarde, et arrêta l'aile gauche de l'armée française; mais aujourd'hui tout est de nouveau dans l'abattement, le lieutenant Kreiss Haupmann est parti à quatre heures du matin pour Esserding. Il ne paraît pas que cela aille bien du tout.

On assure que Charles a dit qu'il fallait qu'il attaquât deux fois cette armée, quoique jusqu'ici ses efforts aient été malheureux. Les Français ont trois fois plus de cavalerie que nous. Le désordre a été si grand pendant la retraite, que nos gens ont brûlé plus de 1000 charriots et jeté dans l'eau des voitures chargées de poudre et de boulets, afin de n'être point retardés dans leur marche. On dit même que l'empereur allait partir de Scharding; mais dans le moment il reçut des nouvelles moins défavorables de son frère Charles. On veut savoir qu'après le passage du Danube, l'archiduc a écrit à l'empereur qu'il n'a plus qu'un coup désespéré à faire ; mais que s'il échoue tout est perdu, et qu'il faut se préparer à tout.

Si vous ne croyez pas vos effets en sûreté où vous êtes, faites-les moi passer ; mes amitiés.

J. BRAUNSTIEGEL.

En relisant ma lettre, je trouve bien de la confusion ; pardonnez-moi ce désordre de style qui tient à celui de nos têtes.

A M. Jacob Philippe, à Salzbourg.

Cher Philippe,

Donne-moi bientôt quelques nouvelles : comment les choses vont-elles dans vos contrées? hier tout était en alarmes ; on s'attendait à voir arriver les Français chez nous. On les croyait déjà à Paybach ; on les avait même vus à Efferding, et on croyait les voir ici hier au soir ou ce matin de bonne heure. Aujourd'hui on sait que c'était un faux bruit ; mais ce qui est bien certain, c'est que l'archiduc Charles s'est retiré sur la Bohême. On regarde ici comme certain que Chasteler sortira du Tyrol avec son corps et bon nombre de Tyroliens, pour tomber sur les derrières de l'armée française ; faites-moi savoir quelque chose de positif à ce sujet.

Hier, S. E. Joseph Palatin de Hongrie, est arrivé à Enns avec la nouvelle que l'insurrection hongroise est en marche, et que la première colonne est arrivée à Saint-Polten.

Du 28 avril.

LÉOPOLD SCHWAN.

Mille choses aimables à ta mère.

*Instructions secrètes de l'empereur François II,
au comte de Aichholt, président de la régence
de Salzbourg.*

Attendu que l'incertitude des événemens de la
guerre demande que l'on prépare les mesures de
précaution nécessaires qu'exigeraient les circonstances, il a plu à S. M. l'empereur de faire connaître
ses intentions, motivées sur l'arrêté de son conseil du
26 du présent mois, dans le cas d'une irruption de
troupes étrangères dans ses États héréditaires.

Dans le cas où l'ennemi s'avancerait vers la capitale, la ville de Pest sera le centre de toutes les affaires de la monarchie, et l'on dirigera sur ce point
les caisses des provinces menacées et toutes les propriétés du trésor public.

S. M. nomme pour cette époque un conseil dont
il fera connaître les membres en temps opportun, et
qui, résidant à Vienne, communiquera avec la
Basse-Autriche, et en tant qu'il n'y trouvera pas
d'obstacles, avec les autres provinces qui pourraient
être occupées par l'ennemi, et dont toutes les personnes que cela concerne recevront les instructions
nécessaires, suivant que les circonstances l'exigeront.

S. M. fait connaître la détermination à M. le
conseiller de cour, en lui recommandant en même
temps le plus profond secret sur cette communication, jusqu'au moment où l'ennemi occupera son
district.

Signé, ALG. DE UGARTE.

Vienne, le 28 avril 1809.

CINQUIÈME BULLETIN.

Au camp impérial d'Enns,
le 4 mai 1809.

Le 1ᵉʳ mai, le général Oudinot, après avoir fait
1100 prisonniers, a poussé au-delà de Ried, où il en
a encore fait 400, de sorte que dans cette journée il a pris 1500 hommes sans tirer un coup de
fusil.

La ville de Braunau était une place forte d'assez
d'importance, puisqu'elle rendait maître d'un pont
sur la rivière qui forme la frontière de l'Autriche.
Par un esprit de vertige digne de ce débile cabinet,
il a détruit une forteresse située dans une position
frontière où elle pouvait lui être d'une grande utilité, pour en construire une à Comorn, au milieu
de la Hongrie. La postérité aura peine à croire à cet
excès d'inconséquence et de folie.

L'Empereur est arrivé à Ried, le 2 mai, à une
heure du matin, et à Lambach le même jour, à une
heure après-midi.

On a trouvé à Ried une manutention de huit fours
organisée, et des magasins contenant 20,000 quintaux de farine.

Le pont de Lambach sur la Traun avait été coupé
par l'ennemi ; il a été rétabli dans la journée.

Le même jour, le duc d'Istrie, commandant la
cavalerie, et le duc de Montebello, avec le corps du
général Oudinot, sont entrés à Vels. On a trouvé
dans cette ville une manutention, 12 ou 15,000
quintaux de farine, et des magasins de vins et
d'eau-de-vie.

Le duc de Dantzick, arrivé le 30 avril à Salzbourg, a fait marcher sur-le-champ une brigade sur

Kufstein et une autre sur Rastadt, dans la direction des chemins d'Italie. Son avant-garde poursuivant le général Jellachich, l'a forcé dans la position de Colling.

Le 1er mai, le quartier-général du maréchal duc de Rivoli était à Sharding. L'adjudant-commandant Trinqualye, commandant l'avant-garde de la division Saint-Cyr, a rencontré à Riedau, sur la route de Neumarck, l'avant-garde de l'ennemi; les chevau-légers wurtembergeois, les dragons badois et trois compagnies de voltigeurs du 4e régiment de ligne français, aussitôt qu'ils aperçurent l'ennemi, l'attaquèrent et le poursuivirent jusqu'à Neumarck. Ils lui ont tué 50 hommes et fait 500 prisonniers.

Les dragons badois ont bravement chargé un demi-bataillon du régiment de Jordis et lui ont fait mettre bas les armes; le lieutenant-colonel d'Emmerade, qui les commandait, a eu son cheval percé de coups de baïonnettes. Le major Sainte-Croix a pris de sa propre main un drapeau à l'ennemi. Notre perte est de 3 hommes tués et de 50 blessés.

Le duc de Rivoli continua sa marche le 2, et arriva le 3 à Lintz. L'archiduc Louis et le général Hiller, avec les débris de leurs corps renforcés d'une réserve de grenadiers et de tout ce qu'avait pu leur fournir le pays, étaient en avant de la Traun avec 35,000 hommes; mais menacés d'être tournés par le duc de Montebello, ils se portèrent sur Ébersberg pour y passer la rivière.

Le 3, le duc d'Istrie et le général Oudinot se dirigèrent sur Ebersberg, et firent leur jonction avec le duc de Rivoli. Ils rencontrèrent en avant d'Ebersberg l'arrière-garde des Autrichiens. Les intrépides bataillons des tirailleurs du Pô et des tirailleurs corses poursuivirent l'ennemi qui passait le pont, culbutèrent dans la rivière les canons, les charriots,

8 et 900 hommes, et prirent dans la ville 3 à 4,000 hommes que l'ennemi y avait laissés pour sa défense. Le général Claparede, dont ces bataillons faisaient l'avant-garde, les suivait; il déboucha à Ebersberg, et trouva 30,000 Autrichiens occupant une superbe position. Le maréchal duc d'Istrie passait le pont avec sa cavalerie, pour soutenir la division, et le duc de Rivoli ordonnait d'appuyer son avant-garde par le corps d'armée. Ces restes des corps du prince Louis et du général Hiller étaient perdus sans res-source. Dans cet extrême danger, l'ennemi mit le feu à la ville qui est construite en bois. Le feu s'étendit en un instant partout; le pont fut bientôt encombré, et l'incendie gagna même jusqu'aux premières tra-vées qu'on fut obligé de couper pour le conserver. Cavalerie, infanterie, rien ne put déboucher, et la division Claparede seule, et n'ayant que quatre pièces de canon, lutta pendant trois heures contre 30,000 ennemis. Cette action d'Ebersberg est un des plus beaux faits d'armes dont l'histoire puisse conserver le souvenir.

L'ennemi voyant que la division Claparede était sans communication, avança trois fois sur elle, et fut toujours arrêté et reçu par les baïonnettes. Enfin, après un travail de trois heures, on parvint à détourner les flammes et à ouvrir un passage. Le général de division Legrand, avec le 26ᵉ d'infanterie légère et le 18ᵉ de ligne, se porta sur le château que l'ennemi avait fait occuper par 800 hommes. Les sapeurs enfoncèrent les portes, et l'incendie ayant gagné le château, tout ce qu'il renfermait y périt. Le général Legrand marcha ensuite au secours de la division Claparede. Le général Durosnel, qui venait par la rive droite avec un millier de chevaux, se joignit à lui, et l'ennemi fut obligé de se mettre en retraite en toute hâte. Au premier bruit de ces événemens,

L'Empereur avait marché lui-même, par la rive
droite, avec les divisions Nansouty et Molitor.

L'ennemi, qui se retirait avec la plus grande rapidité, arriva la nuit à Enns, brûla le pont, et continua sa fuite sur la route de Vienne. Sa perte consiste en 12,000 hommes, dont 7,500 prisonniers,
14 pièces de canon et 2 drapeaux.

La division Claparède, qui fait partie des grenadiers d'Oudinot, s'est couverte de gloire ; elle a eu
800 hommes tués et 600 blessés. L'impétuosité des
bataillons des tirailleurs du Pô et des tirailleurs
corses, a fixé l'attention de toute l'armée. Le pont,
la ville et la position d'Ebersberg seront des monu-
mens durables de leur courage. Le voyageur s'arrê-
tera et dira : C'est ici, c'est de ces superbes positions,
de ce pont d'une si longue étendue, de ce château
si fort par sa situation, qu'une armée de 35,000 Autrichiens a été chassée par 7,000 Français.

Le général de brigade Cohorn, officier d'une singulière intrépidité, a eu un cheval tué sous lui.

Les colonels en second Cardenau et Lendy ont été
tués.

Une compagnie du bataillon corse poursuivant
l'ennemi dans les bois, a fait à elle seule sept cents
prisonniers.

Pendant l'affaire d'Ebersberg, le duc de Montebello
arrivait à Steyer, où il a fait rétablir le pont que
l'ennemi avait coupé.

L'Empereur couche aujourd'hui à Enns dans le
château du prince d'Awersperg; la journée de demain
sera employée à rétablir le pont.

Les députés des États de la haute Autriche ont été
présentés à S. M. à son bivouac d'Ebersberg.

Les citoyens de toutes les classes et de toutes les
provinces reconnaissent que l'empereur François II
est l'agresseur : ils s'attendent à de grands change-

mens, et conviennent que la maison d'Autriche a mérité tous ses malheurs. Ils accusent même ouvertement de leurs maux, le caractère faible, opiniâtre et perfide de leur souverain ; ils manifestent tous la plus profonde reconnaissance pour la générosité dont l'Empereur Napoléon usa pendant la dernière guerre envers la capitale et les pays qu'il avait conquis ; ils s'indignent avec toute l'Europe, du ressentiment et de la haine que l'empereur François II n'a cessé de nourrir contre une nation qui avait été si grande et si magnanime envers lui. Ainsi dans l'opinion même des sujets de notre ennemi, la victoire est du côté du bon droit.

Voici un échantillon des publications dont on berce le peuple de Vienne.

Publications.

Nº Iᵉʳ.

Depuis huit jours on n'a fait connaître qu'imparfaitement au public les nouvelles des opérations militaires d'Allemagne et d'Italie. Les mouvemens se succèdent avec tant de rapidité, et l'agitation est telle, qu'il est impossible de donner une relation complète de ces événemens compliqués; car il faudrait pour la rédiger, un degré de tranquillité que, dans ces momens critiques, l'on ne peut ni espérer ni exiger. Le désir que l'on a de connaître l'ensemble de ces grands événemens, ainsi que les efforts mémorables de notre armée et les actions particulières des défenseurs de la patrie, est à la fois naturel et juste, et dans quelque temps il sera complètement satisfait.

Les habitans de cet empire ont, dans ces derniers temps, donné un grand exemple d'attachement au souverain, de zèle pour la gloire et la prospérité de l'État, de jugement dans la considération de leurs véritables intérêts, de confiance en eux-mêmes, de courage et d'union ; ils ont excité l'admiration du monde et se sont assuré dans l'histoire un rang que peu de nations partageront avec eux ; mais pour que cette gloire ne soit pas imparfaite, il faut que leur constance et leur fermeté ne puissent être ébranlées par des événemens malheureux.

Une guerre dont l'objet est de lutter contre les maux dont vingt années d'infortunes ont accablé l'Europe, ne peut avoir une heureuse fin après quelques jours ou quelques semaines de combats. Une guerre dans laquelle nous défendons tout ce qui nous est cher, tout ce qui est saint aux yeux des hommes, ne peut, comme ces hostilités éphémères commencées, soit pour un héritage, soit pour quelques milles de terres, finir aussitôt d'une manière ou d'une autre, suivant les résultats bons ou mauvais de telle ou telle expédition. Notre cause ne serait pas ce qu'elle est, si nous pouvions la gagner sans labeur. L'ennemi que nous avons à combattre pourrait, dans ce cas, avec quelque apparence de raison, nous accuser d'avoir exagéré les dangers contre lesquels nous nous sommes armés, et d'avoir peint avec trop de noires couleurs le sort qu'il a fait à tant d'États, et qu'il réserve à tous les autres.

Tout ce qui peut affermir la confiance, élever l'ame et le courage, est de notre côté. C'était beaucoup autrefois d'avoir pour nous la justice de notre cause ; aujourd'hui nous avons plus que la justice : c'est le devoir, le sentiment du plus grand des devoirs, qui nous a fait courir aux armes. L'intérêt de la génération présente et des générations à venir nous anime sur le champ de bataille.

A tous ces avantages l'ennemi n'en peut opposer qu'un : cette habileté, cette assurance dans les opérations militaires que lui a fait acquérir une guerre continuelle et presque toujours heureuse. L'Europe a cruellement senti l'effet de cet avantage ; l'Autriche fera voir au Monde que ceux qui ont de leur côté la justice, l'amour de la patrie et la persévérance , peuvent au moins le contrebalancer ; il a d'ailleurs des bornes ; les événemens antérieurs le prouvent assez, ainsi que les mémorables efforts de nos soldats pendant les premières semaines de la campagne actuelle. La victoire nous a souri sur un grand nombre de points, et la gloire ne nous a point abandonnés, là même où la première résistance a été trop opiniâtre pour que nous fissions immédiatement des progrès.

Dans une lutte semblable, il n'y a pas de malheur, de perte qu'on ne puisse réparer , tant que la nation conservera l'attitude qu'elle a prise , et qu'elle ne se départira point de sa noble résolution.

Mettant une entière confiance dans la constante fermeté d'un peuple fidèle et éprouvé , et voulant ne laisser aucun doute sur les sentimens dont S. M. l'empereur lui-même est pénétré, on a ordonné que les objets qui pourraient le plus particulièrement engager l'ennemi à profiter d'un événement qui lui serait favorable pour faire une entreprise contre la capitale , fussent éloignés de Vienne , afin qu'il ne puisse jamais espérer qu'une monarchie qui, avec l'aide de Dieu , restera ferme et stable , consente jamais, effrayée par des menaces, à une paix qui compromettrait son existence ou son honneur.

Ainsi , tout citoyen judicieux et ami de son pays, connaîtra le véritable et unique motif de cette mesure. L'honorable empressement avec lequel on a exécuté jusqu'à présent chaque ordonnance du gouvernement, ne se démentira ni dans cette conjoncture, ni dans celles qui peuvent se présenter encore.

La tâche qui nous est prescrite ne sera heureusement achevée qu'autant que nous conserverons jusqu'à la fin l'énergie avec laquelle nous l'avons entreprise : conservons-la, cette énergie, et le succès est certain. Quiconque, dans ces grandes circonstances, dans ces jours décisifs, aura constamment devant les yeux le bien de sa patrie et de l'humanité, pourra léguer à ses enfans et aux enfans de ses enfans un héritage bien préférable à tous les trésors du monde.

N° II.

La sensation qu'a produite la nouvelle des derniers événemens militaires de Bavière a été telle qu'on devait l'attendre du noble et excellent esprit dont le public de cette ville est animé.

La crainte que le grand but de cette guerre, l'objet de toutes les espérances et de tous les désirs, ne pût être atteint, a plus vivement ému les habitans de la capitale, que la crainte de voir exposée à de nouveaux dangers l'une ou l'autre partie de l'Empire : cette noble sollicitude s'est fait remarquer partout.

A ces traits du patriotisme le plus éclairé, S. M. l'empereur reconnaît avec une vive satisfaction les bons sentimens dont les peuples de sa monarchie lui ont donné des preuves si mémorables avant et depuis la reprise des hostilités. S. M. n'en est que plus disposée à lever tous les doutes qui peuvent exister dans l'état actuel des choses.

Les moyens de défense de la monarchie sont grands et nombreux ; soutenus du zèle, de la confiance, du courage et de la persévérance de la nation, ils seront suffisans.

Le corps d'armée du feld-maréchal-lieutenant de Hiller est assez considérable pour soutenir les efforts de l'ennemi. Sa résistance deviendra plus efficace encore par la mise en mouvement de la réserve, par la position de la *landwehr* de la Basse-Autriche sur les bords de l'Enns, par l'augmentation et le complément de tous les préparatifs de défense.

D'un autre côté, l'armée sous les ordres immédiats de S. A. I. le généralissime, s'est trouvée, après le combat opiniâtre livré sur les bords du Danube, dans la nécessité de passer de l'autre côté du fleuve ; ce passage s'est exécuté dans un ordre parfait, et notre perte n'a pas été plus considérable que celle de l'ennemi. La position que notre armée occupe actuellement, la met en état, sous un chef dont les droits à la confiance générale sont si bien établis, de déjouer par ses contre-opérations les opérations ultérieures de l'ennemi.

La landwehr de Moravie est en marche. L'insurrection hongroise se met rapidement en état de contribuer avec vigueur à la défense de la monarchie.

L'armée, sous les ordres de S. A. I. l'archiduc Jean, a fait en Italie des progrès si importans, qu'elle peut, suivant que les circonstances l'exigeront, ou suivre sa direction primitive, ou soutenir les autres corps d'armée de la manière la plus efficace. Ces derniers corps sont aussi considérablement renforcés par la landwehr de l'Autriche-Intérieure.

Le noble enthousiasme des habitans du Tyrol assure à S. M. la possession de cette importante province, et met à couvert le point central de toutes les communications militaires. Les offres généreuses que les fidèles Tyroliens ont faites ces derniers jours, promettent un grand résultat.

La position du corps d'armée commandé par le feld-maréchal-lieutenant de Chasteller est telle, que ce corps, de même que l'armée principale de S. A. I. l'archiduc Charles, menace les derrières de l'ennemi. Ce qu'il peut opérer et ce qui sera fait de concert dans le Tyrol donne de grandes espérances.

Le corps d'armée de S. A. I. l'archiduc Ferdinand a déjà rempli sa destination primitive.

Cependant, comme la situation de la monarchie antérieurement à la guerre, et le fâcheux état de nos relations politiques, état auquel cette même guerre doit mettre un terme, ont été naturellement cause que le premier théâtre des hostilités est un pays très-voisin des frontières d'Autriche, on n'a pas dû regarder comme tout-à-fait impossible que ces provinces fussent attaquées, et même que l'ennemi fît tout-à-coup des démonstrations contre la capitale. Et afin que, dans ce cas, un semblable mouvement de l'ennemi lui fût inutile, S. M. I. a donné l'ordre que tous les objets qui pourraient particulièrement l'attirer dans la capitale, en fussent éloignés à temps et mis en lieu de sûreté. Tout le monde sentira que cette disposition n'a pour objet que le bien et la sûreté de la ville. S. M. I. pense qu'elle fait de nouveau connaître par-là les sentimens dont elle était pénétrée, en se décidant à la guerre: ces sentimens seront à l'avenir et invariablement le mobile de sa conduite. S. M. désire que les habitans de la capitale, ceux de la Basse-Autriche et ceux des provinces limitrophes continuent d'être ce qu'ils ont été jusqu'à présent. Ses efforts et ceux de son peuple seront, avec l'aide de Dieu, couronnés d'un heureux et honorable succès.

On fera connaître, par une nouvelle publication, les mesures qui seront prises pour le complément des préparatifs de défense.

A Vienne, le 30 avril 1809.

Par ordre de S. M. I. R. et Ap.

Signé, *l'archiduc* REINIER.

Une dépêche télégraphique donne les nouvelles suivantes, de la continuation des succès de l'armée d'Italie :

Le 8, elle a passé la Piave, en présence de l'ennemi ; elle lui a pris 16 pièces de canon, et lui a fait prisonniers plus de 5,ooo hommes, parmi lesquels se trouvent un général d'artillerie, un de cavalerie, et un grand nombre d'officiers.

Plusieurs généraux autrichiens sont restés sur le champ de bataille.

S. A. I. le prince vice-roi est à la poursuite de l'ennemi, qui est en pleine déroute.

Les lettres que l'on va lire font partie de celles interceptées par M. le général baron de Wrede, et relatées au 4ᵉ bulletin de l'armée d'Allemagne.

Au général-major baron Regisfeld, à Lintz,
le 28 avril 1809.

Je dois vous apprendre, Monsieur, que toutes les circonstances qui avaient été prévues dans le cas d'une retraite ont eu lieu, et que les dispositions, dont on était convenu, ont été exécutées ; que déjà nous avons fait évacuer par eau les caisses et autres effets, comme pièces d'artillerie, dépôts d'équipemens ; on a expédié très-peu de choses par terre. Avant-hier on attendait l'arrivée de l'ennemi ; mais heureusement ce n'était qu'une fausse conjecture. Les ordres les plus sévères ont été donnés, sous la plus grande responsabilité, de brûler et détruire les ponts aussitôt que l'ennemi s'approcherait de trois milles.

Dans la situation où l'on se trouve, V. Exc. reconnaîtra qu'au lieu d'envoyer ici, comme on avait déjà commencé, tous les objets d'artillerie dont on peut se passer, il faut les renvoyer à Steyermack, aussi bien que les objets d'équipement; car ici je manque de moyens de faire transporter par terre, et je dois réserver pour l'évacuation des magasins et des caisses, les bateaux qui restent à ma disposition. Ce qui regarde le second point, a atteint dans mon opinion le but proposé, et j'en ferai l'envoi par les compagnies qui doivent être portées à Steyermack.

Les écoles militaires restent ici, et les jeunes gens exercés, selon leur âge, au maniement des armes, font partie de la division de réserve, mais ne sont enrégimentés que lorsqu'ils ont atteint l'âge convenable.

Les officiers des conscrits n'ont renvoyé que leurs papiers les plus nécessaires.

Si l'on trouve bon de ne point reporter les caisses trop en arrière, il faut avoir bien soin de donner à temps l'avis de les éloigner, dans le cas où cela deviendrait nécessaire; celle qui était ici, a été envoyée à Vienne, et l'on n'a gardé que 100,000 florins pour satisfaire aux plus pressans besoins.

Les chancelleries de gouvernement restent ici, faute de moyens de transport, ainsi que les arsenaux. Il n'est encore arrivé ici aucune compagnie des troupes du cordon, parce que le manque absolu de troupes pour occuper les frontières, les a fait, aussi longtemps que possible, retenir à leur poste.

Quant aux pensions, tout est organisé comme à Salzbourg, et cependant cette insigne faveur ne doit pas donner beaucoup de satisfaction aux militaires, attendu que le protocole établit que les officiers pensionnés doivent se rendre aux lieux où ils ont à recevoir leurs pensions.

Signé, Von Reussa, *général-major.*

Lintz, le 29 avril 1809.

Ma chère Pfenninger,

Je vous avais promis de vous écrire aujourd'hui,
et je tiens ma parole. Cependant cette lettre ne sera
pas longue, attendu que notre situation ne le permet
pas. Il n'y a point de Français ici, et ce ne serait qu'un
événement extraordinaire qui pourrait les amener.
En attendant tout est prêt jour et nuit pour incen-
dier le pont en cas de besoin. Hiller est posté au-delà
de Ried, ayant des communications avec l'archiduc
Louis et Kienmayer, qui va étendre sa ligne, encore
aujourd'hui, le long du Danube jusqu'à Preyerback.
L'archiduc Charles, qui était encore le 25 à Cham,
s'avance vers Klattan, à ce qu'on dit, pour couvrir la
Bohême. L'empereur est à Sternberg. L'archiduc
Maximilien est passé hier par ici, venant d'auprès de
l'archiduc Charles. Scharding a tellement souffert
par le feu de l'artillerie, que cette ville n'est plus
qu'un amas de pierres. J'ignore encore le sort de nos
connaissances qui s'y trouvaient. On a vu à Gries-
kirchen et Siegharting des partis de troupes françaises d'à peu près 200 hommes. Un régiment de
hulans doit arriver aujourd'hui à Preyerback, qui
ne manquera certainement pas d'enlever ces rodeurs.
Je vous prie ainsi que votre mari, de me répondre
promptement à mes lettres. Vous savez combien il est
pénible de vivre dans la situation actuelle, séparé
de vous deux et de ma chère Lolotte que j'embrasse
mille fois. Comme je loge actuellement dans la maison
d'Aduan, je ne vois même plus mes enfans, attendu
que les travaux ne cessent ni jour ni nuit.

Votre Il.

.P. S. J'ai adressé cette lettre à votre femme, cher
Pfenninger, pour parler avec elle un peu plus en

détail que les autres fois. L'officiant Hepp à Ried, a
été nommé adjudant; Ranschenberg, premier officiant à Ried, Battisti, officiant à Rohrbach, et Pfun-
rack, premier greffier à Ried, ont été nommés aides
d'inspecteurs à Ried. Nos affaires sont en bon train.
Il ne vous sera pas difficile, dans la situation actuelle,
d'obtenir de votre côté un délai. Ecrivez-moi le plus
promptement possible relativement à cet objet. J'attends avec impatience votre lettre.

Tout à vous.   IL.

Mes complimens à Mme Wagner, etc.

SIXIÈME BULLETIN.

Saint-Polten, le 9 mai 1809.

Le maréchal prince de Ponte-Corvo, qui commande le 9e corps, composé en grande partie de
l'armée saxonne, et qui a longé toute la Bohême,
portant partout l'inquiétude, a fait marcher le général saxon Cutschmitt sur Égra. Ce général a été
bien reçu par les habitans, auxquels il a ordonné de
faire désarmer la *landwehr*. Le 6, le quartier-général du prince de Ponte-Corvo était à Retz, entre
la Bohême et Ratisbonne.

Le nommé Schill, espèce de brigand qui s'est
couvert de crimes dans la dernière campagne de
Prusse, et qui avait obtenu le grade de colonel, a
déserté de Berlin avec tout son régiment, et s'est
porté sur Vittemberg, frontière de la Saxe. Il a cerné
cette ville. Le général Lestocq l'a fait mettre à l'ordre
comme déserteur. Ce ridicule mouvement était concerté avec le parti qui voulait mettre tout à feu et à
sang en Allemagne.

S. M. a ordonné la formation d'un corps d'obser-

vation de l'Elbe, qui sera commandé par le maréchal duc de Walmy et composé de 60,000 hommes.
L'avant-garde est déjà en mouvement pour se porter
d'abord sur Hanau.

Le maréchal duc de Montebello a passé l'Enns à
Steyer le 4, et est arrivé le 5 à Amstetten, où il a
rencontré l'avant-garde ennemie. Le général de brigade Colbert a fait faire, par le 20ᵉ régiment de
chasseurs à cheval, une charge sur un régiment de
houlans, dont 500 ont été pris. Le jeune Lauriston,
âgé de 18 ans, et sorti depuis 6 mois des pages,
a arrêté le commandant des houlans, et après un
combat singulier, l'a terrassé et l'a fait prisonnier.
S. M. lui a accordé la décoration de la Légion
d'honneur.

Le 6, le duc de Montebello est arrivé à Molck,
le maréchal duc de Rivoli à Amstetten, et le maréchal duc d'Auerstaedt à Lintz.

Les débris des corps de l'archiduc Louis et du
général Hiller ont quitté Saint-Polten le 7 ; les deux
tiers ont passé le Danube à Crems : on les a poursuivis jusqu'à Mautern, où l'on a trouvé le pont
coupé ; l'autre tiers a pris la direction de Vienne.

Le 8, le quartier-général de l'Empereur était à
Saint-Polten.

Le quartier-général du duc de Montebello est
aujourd'hui à Sighartskirchen.

Le maréchal duc de Dantzick marche de Salzbourg
sur Inspruck, pour prendre à revers les détachemens
que l'ennemi a encore dans le Tyrol, et qui inquiè-
tent les frontières de la Bavière.

On a trouvé dans les caves de l'abbaye de Molck
plusieurs millions de bouteilles de vin, qui sont
très-utiles à l'armée. Ce n'est qu'après avoir passé
Molck qu'on entre dans les pays de vignobles.

Il résulte des états qui ont été dressés, que sur la

ɟigne de l'armée, depuis le passage de l'Inn, on a
ɟrouvé, dans les différentes manutentions de l'en-
ɟemi, 40,000 quintaux de farine, 400,000 rations
ɟe biscuit et plusieurs centaines de milliers de rations
ɟe pain. L'Autriche avait formé ces magasins pour
ɟarcher en avant ; ils nous ont beaucoup servi.

SEPTIÈME BULLETIN.

Vienne, le 13 mai 1809.

Le 10, à neuf heures du matin, l'Empereur a paru
ɟux portes de Vienne avec le corps du maréchal duc
ɟe Montebello ; c'était à la même heure, le même
ɟour et un mois juste après que l'armée autrichienne
ɟait passé l'Inn, et que l'empereur François II s'était
ɟendu coupable d'un parjure, signal de sa ruine.

Le 5 mai, l'archiduc Maximilien, frère de l'impé-
ɟatrice, jeune prince âgé de vingt-six ans, présomp-
ɟeux, sans expérience, d'un caractère ardent, avait
ɟris le commandement de Vienne, et fait les procla-
ɟations ci-jointes (N° I et N° II.)

Le bruit était général dans le pays que tous les
ɟtranchemens qui environnent la capitale étaient
ɟrmés, qu'on avait construit des redoutes, qu'on tra-
ɟaillait à des camps retranchés, et que la ville était
ɟsolue à se défendre. L'Empereur avait peine à
ɟroire qu'une capitale si généreusement traitée par
ɟarmée française en 1805, et que des habitans dont
ɟ bon esprit et la sagesse sont reconnus, eussent été
ɟmatisés au point de se déterminer à une aussi folle
ɟtreprise. Il éprouva donc une douce satisfaction,
ɟrsqu'en approchant des immenses faubourgs de
ɟienne, il vit une population nombreuse, des fem-
ɟes, des enfans, des vieillards se précipiter au-devant

de l'armée française, et accueillir nos soldats comme des amis.

Le général Conroux traversa les faubourgs, et le général Tharreau se rendit sur l'esplanade qui les sépare de la cité. Au moment où il débouchait, il fut reçu par une fusil'ade et par des coups de canon, et légèrement blessé.

Sur 300,000 habitans qui composent la population de la ville de Vienne, la cité proprement dite qui a une enceinte avec des bastions et une contrescarpe, contient à peine 80,000 habitans et 1,300 maisons. Les huit quartiers de la ville qui ont conservé le nom de faubourgs, et qui sont séparés de la cité par une vaste esplanade, et couverts du côté de la campagne par des retranchemens, renferment plus de 5,000 maisons, et sont habitées par plus de 220,000 ames qui tirent leur subsistance de la cité, où sont les marchés et les magasins.

L'archiduc Maximilien avait fait ouvrir des reg'stres pour recueillir les noms des habitans qui voudraient se défendre. Trente individus seulement se firent inscrire, tous les autres refusèrent avec indignation ; déjoué dans ses espérances par le bon sens des Viennois, il fit venir 10 bataillons de landwehr et 10 bataillons de troupes de ligne, composant une force de 15 à 16,000 hommes, et se renferma dans la place.

Le duc de Montebello lui envoya un aide-de-camp porteur d'une sommation ; mais des bouchers et quelques centaines de gens sans aveu qui étaient les satellites de l'archiduc Maximilien, s'élancèrent sur le parlementaire, et l'un d'eux le blessa. L'archiduc ordonna que le misérable, qui avait commis une action aussi infâme, fût promené en triomphe dans toute la ville, monté sur le cheval de l'officier français, et environné par la landwehr.

Après cette violation inouie du droit des gens, on vit l'affreux spectacle d'une partie d'une ville qui tirait contre l'autre, et d'une cité dont les armes étaient dirigées contre ses propres concitoyens.

Le général Andréossi, nommé gouverneur de la ville, organisa dans chaque faubourg, des municipalités, un comité central des subsistances, et une garde nationale, composée des négocians, des fabricans et de tous les bons citoyens, armés pour contenir les propriétaires et les mauvais sujets.

Le général-gouverneur fit venir à Schœnbrun une députation des huit faubourgs; l'Empereur la chargea de se rendre dans la cité, pour porter la lettre ci-jointe (N° III), écrite par le prince de Neufchâtel, major-général, à l'archiduc Maximilien. Il recommanda aux députés de représenter à l'archiduc que, s'il continuait à faire tirer sur les faubourgs, et si un seul des habitans y perdait la vie par ses armes, cet acte de frénésie, cet attentat envers les peuples, briseraient à jamais les liens qui attachent les sujets à leurs souverains.

La députation entra dans la cité le 11, à dix heures du matin, et l'on ne s'aperçut de son arrivée que par le redoublement du feu des remparts. Quinze habitans des faubourgs ont péri, et deux Français seulement ont été tués.

La patience de l'Empereur se lassa : il se porta avec le duc de Rivoli sur le bras du Danube qui sépare la promenade du *Prater* des faubourgs, et ordonna que deux compagnies de voltigeurs occupassent un petit pavillon sur la rive gauche, pour protéger la construction d'un pont. Le bataillon de grenadiers qui défendait le passage, fut chassé par les voltigeurs et par la mitraille de quinze pièces d'artillerie. A huit heures du soir, ce pavillon était occupé et les matériaux du pont réunis. Le capitaine

Portalès, aide-de-camp du prince de Neufchâtel, et le sieur Susaldi, aide-de-camp du général Boudet, s'étaient jetés des premiers à la nage pour aller chercher les bateaux qui étaient sur la rive opposée.

A neuf heures du soir, une batterie de vingt obusiers, construite par les généraux Bertrand et Navalet, à cent toises de la place, commença le bombardement; 1800 obus furent lancés en moins de quatre heures, et bientôt toute la ville parut en flammes. Il faut avoir vu Vienne, ses maisons à huit, à neuf étages, ses rues resserrées, cette population si nombreuse dans une aussi étroite enceinte, pour se faire une idée du désordre, de la rumeur et des désastres que devait occasionner une telle opération.

L'archiduc Maximilien avait fait marcher, à une heure du matin, deux bataillons en colonne serrée, pour tâcher de reprendre le pavillon qui protégeait la construction du pont. Les deux compagnies de voltigeurs qui occupaient ce pavillon qu'elles avaient crénelé, reçurent l'ennemi à bout portant; leur feu et celui des quinze pièces d'artillerie qui étaient sur la rive droite, couchèrent par terre une partie de la colonne; le reste se sauva dans le plus grand désordre.

L'archiduc perdit la tête au milieu du bombardement, et au moment surtout où il apprit que nous avions passé un bras du Danube, et que nous marchions pour lui couper la retraite. Aussi faible, aussi pusillanime qu'il avait été arrogant et inconsidéré, il s'enfuit le premier et repassa ces ponts. Le respectable général O'Reilly n'apprit que par la fuite de l'archiduc qu'il se trouvait investi du commandement.

Le 12, à la pointe du jour, ce général fit prévenir les avant-postes qu'on allait cesser le feu, et qu'une députation allait être envoyée à l'Empereur.

Cette députation fut présentée à S. M. dans le parc de Schœnbrunn. Elle était composée de

MM.

Le comte Dietrichstein, maréchal provisoire des
    États,
Le prélat de Klosternenbourg,
Le prélat des Écossais,
Le comte Pergen,
Le comte Veterani,
Le baron de Bartenstein,
M. de Mayenberg,
Le baron de Hafen, référendaire de la Basse-Au-
    triche,
   Tous membres des États;
L'archevêque de Vienne,
Le baron de Lederer, capitaine de la ville,
M. Wohlleben, bourgmestre,
M. Meher, vice-bourgmestre,
Egger, conseiller du magistrat,
Pinck, *idem*,
Heisn, *idem*.

S. M. assura les députés de sa protection; elle exprima la peine que lui avait fait éprouver la conduite inhumaine de leur gouvernement qui n'avait pas craint de livrer sa capitale à tous les malheurs de la guerre, qui portant lui-même atteinte à ses droits, au lieu d'être le roi et le père de ses sujets, s'en était montré l'ennemi et en avait été le tyran. S. M. fit connaître que Vienne serait traitée avec les mêmes ménagemens et les mêmes égards dont on avait usé en 1805. La députation répondit à cette assurance par les témoignages de la plus vive reconnaissance.

A neuf heures du matin, le duc de Rivoli, avec les divisions Saint-Cyr et Boudet, s'est emparé de Leopolstadt.

Pendant ce temps, le lieutenant-général O'Reilly envoyait le lieutenant-général de Vaux et M. Belloute, colonel, pour traiter de la capitulation de la place. La capitulation ci-jointe (N° IV) a été signée dans la soirée, et le 13, à six heures du matin, les grenadiers du corps d'Oudinot ont pris possession de la ville.

Ordre du jour.

Au quartier impérial, à Schœnbrunn,
le 13 mai 1809.

« Soldats,

» Un mois après que l'ennemi a passé l'Inn, au » même jour, à la même heure, nous sommes en- » trés dans Vienne.

» Ses landwehrs, ses levées en masse, ses remparts » créés par la rage impuissante des princes de la » maison de Lorraine, n'ont point soutenu vos re- » gards. Les princes de cette maison ont abandonné » leur capitale, non comme des soldats d'honneur » qui cèdent aux circonstances et aux revers de la » guerre, mais comme des parjures que poursuivent » leurs propres remords. En fuyant de Vienne, leurs » adieux à ses habitans ont été le meurtre et l'in- » cendie ; comme Médée, ils ont, de leur propre » main, égorgé leurs enfans.

» Soldats, le peuple de Vienne, selon l'expression » de la députation de ses faubourgs, délaissé, aban- » donné, veuf, sera l'objet de vos égards. J'en prends » les bons habitans sous ma spéciale protection : » quant aux hommes turbulens et méchans, j'en » ferai une justice exemplaire.

» Soldats, soyons bons pour les pauvres paysans » et pour ce bon peuple qui a tant de droits à notre » estime : ne conservons aucun orgueil de nos suc-

» cès; voyons-y une preuve de cette justice divine
» qui punit l'ingrat et le parjure.

» Signé NAPOLÉON. »

Par l'Empereur,

Le prince de Neufchâtel, major-général,

ALEXANDRE.

N° Ier.

Proclamation aux habitans de Vienne.

Pendant que l'armée combat pour la plus juste et
la plus grande des causes qui jamais firent prendre
les armes, tandis qu'elle fait preuve de courage et
de persévérance, une division de l'armée ennemie
pourra tenter de surprendre Vienne.

S. M. l'empereur m'a envoyé ici pour rendre une
pareille entreprise vaine, en employant les moyens
les plus vigoureux.

Nobles et généreux habitans de Vienne, S. M. est
convaincue d'avance de votre disposition à me se-
conder de tous vos efforts. L'amour de la patrie que
vous avez manifesté en toute occasion, votre fidélité envers le souverain bien-aimé, n'ont jamais
brillé avec autant d'éclat que dans ce moment, où il
s'agit de décider de votre sort durant des siècles.
Je sais, et l'univers saura ce dont vous êtes capables.

Vos ancêtres ont chassé, sous Ferdinand et Léopold, des murs de Vienne, un ennemi terrible. Si
celui qui les menace aujourd'hui a pu les franchir,
il y a quelques années, des malheurs d'une nature
extraordinaire lui avaient frayé le chemin ; mais
aujourd'hui, où une masse de forces qui nous promet des succès assurés, est aux ordres du souverain,
aujourd'hui qu'il y aurait de la pusillanimité et de

la lâcheté, à douter de l'heureuse issue de la guerre, aujourd'hui, nous lui abandonnerions sans résistance cette ville respectable, le centre de la monarchie, demeure de tant de grands princes qui ont illustré le nom de l'Autriche et rendu ses peuples heureux !

Loin de nous une telle ignominie. Pénétré d'une reconnaissance profonde envers le monarque qui m'a confié votre sort, je serai sans cesse au milieu de vous. Je compte sur vos efforts, sur votre promptitude à exécuter toutes les mesures que requerra de nous la conservation de la capitale et l'honneur de la nation. Lorsqu'une volonté nous animera, qui pourra nous vaincre ?

Le danger que nous avons à braver sera, s'il se présente réellement, de peu de durée. Les armées voleront à notre secours de tous côtés, et mettront un terme aux efforts exigés par la résistance.

Si, jusques-là, la renommée de votre généreux dévouement enflamme des milliers de vos concitoyens, si votre exemple sauve la patrie, songez quelles sont les récompenses, quelle est la gloire qui vous attendent ?

Vienne, le 5 mai 1809.

Signé, Maximilien, *archiduc.*

N° II.

Proclamation.

Il serait possible, vu la position actuelle des armées, qu'un ennemi téméraire tentât de pénétrer dans l'Autriche. Il serait possible que cette tentative fût heureuse, si, de toutes parts, le courage et la fermeté ne lui opposent une résistance efficace.

Les armées de S. M. s'approchent, il est vrai,

avec des forces considérables, pour la défense de la capitale; mais elles ont besoin du concours des habitans, afin de combattre avec des forces réunies, et de rendre vains les projets de l'ennemi.

En conséquence, tout sujet de S. M. en état de porter les armes, à qui sa patrie, sa famille, sa propriété sont chères, est requis de se présenter pour la défense du pays à l'autorité de son domicile.

Les juges des villages, soit par eux ou par des substituts, les entrepreneurs des fabriques, les propriétaires de trains de bois à flotter, ces derniers avec leurs ouvriers, se rendront, à l'approche de l'ennemi, aux postes suivans; chaque commune se rendant à celui qui lui est le plus proche.

Dans le quartier Unter-Wiener-Wald (de la forêt inférieure de Vienne), Attenmarckt, Piesting, Aspang et Kloster-Neubourg.

Dans le quartier Ober-Wiener-Wald (de la forêt supérieure de Vienne), Waidhofen, Gamming, Seitenstetten, Purgstatt, Gœttweih, Wilhelmsburg, Neulenbach.

A chacun de ces postes, un officier, muni des pouvoirs nécessaires, fera conduire les hommes à leur destination ultérieure.

Tout possesseur d'une arme à feu, de poudre ou de plomb, l'apportera avec lui. Les autres s'armeront de fourches, de faux, etc., et répondront ainsi à l'appel de la patrie.

La nécessité de cet armement pour la défense de la patrie pouvant durer quelques jours, les hommes se muniront de pain pour cinq jours.

Chaque inspection forestière aura principalement à se rendre au présent appel avec les chasseurs qui se trouvent dans son ressort. Le superflu des armes à feu de ces derniers, sera remis à ceux qui ne s'en trouveront pas pourvus.

La loyauté des fidèles habitans des provinces, le courage qu'ils ont montré dans une occasion semblable, en 1797, sont le plus sûr garant qu'ils se montreront dignes de la gloire qu'ils ont acquise, et concourront avec efficacité au salut de la patrie.

Vienne, le 5 mai 1809.

Signé, MAXIMILIEN, *archiduc*.

N° III.

A S. A. l'archiduc Maximilien.

Au quartier-général, à Schœnbrunn,
le 10 mai 1809.

Monseigneur, le maréchal duc de Montebello a envoyé ce matin à V. A. un officier parlementaire accompagné d'un trompette : cet officier n'est pas revenu. Je la prie de me faire connaître quand elle est dans l'intention de le renvoyer. Le procédé peu usité qu'on a eu dans cette circonstance, m'oblige à me servir des habitans de la ville, pour avoir l'honneur de communiquer avec V. A.

S. M. l'Empereur et Roi, mon souverain, ayant été conduit à Vienne par les événemens de la guerre, désire épargner à sa grande et intéressante population les calamités dont elle est menacée, et me charge de représenter à V. A., que si elle continue à vouloir défendre la place, elle causera la destruction d'une des plus belles villes de l'Europe : elle fera supporter les malheurs de la guerre à une immense population, composée en partie de vieillards, de femmes et d'enfans, qui ne devraient jamais y être exposés. Tant de braves soldats de S. M. l'empereur d'Autriche, qui sacrifient leur vie à son service, ne seront-ils pas frappés dans ce qu'ils ont de plus cher, quand, dévouant leur personne à leur souverain, ils verront leurs femmes et leurs domiciles livrés aux calamités de la guerre?

L'Empereur, mon souverain, a fait connaître dans tous les pays où la guerre l'a porté, sa sollicitude pour écarter ces désastres des populations non armées; V. A. doit être persuadée que S. M. est sensiblement affectée de voir au moment de sa ruine, cette grande ville qu'il tient à gloire d'avoir déjà sauvée.

Cependant, contre l'usage établi dans les forteresses, V. A. a fait tirer du canon du côté de la ville, et ce canon pouvait tuer non un ennemi de votre souverain, mais la femme ou l'enfant d'un de ses plus zélés serviteurs. J'ai l'honneur de faire observer à V. A. que, pendant cette journée, l'Empereur s'est refusé à laisser entrer aucune troupe dans la ville, se contentant seulement d'occuper les portes et de faire circuler des patrouilles pour maintenir le bon ordre; mais, si V. A. continue à vouloir défendre la place, S. M. sera forcée de faire commencer les travaux d'attaque, et la ruine de cette immense capitale sera consommée en trente-six heures, par le feu des obus et des bombes de nos batteries, comme la ville extérieure sera détruite par l'effet des vôtres. S. M. ne doute pas que toutes ces considérations n'influent sur V. A., et ne l'engagent à renoncer à une détermination qui ne retarderait que de quelques momens la prise de la place. Enfin, si V. A. ne se décide pas à prendre un parti qui sauve une ville aussi intéressante, sa population qui serait, par la faute de V. A., plongée dans d'aussi affreux malheurs, deviendrait, de sujets fidèles, ennemie de sa maison.

Je prie V. A. de me faire connaître sa résolution, de croire à la sincérité des sentimens que je lui ai

exprimés, comme à ceux de ma plus haute considération.

> *Le prince de Neufchâtel, major-général*
> *de l'armée française.*

> *Signé*, ALEXANDRE.

N° IV.

CAPITULATION *pour la remise de Vienne à l'armée*
de S. M. l'EMPEREUR DES FRANÇAIS, ROI D'ITALIE,
PROTECTEUR DE LA CONFÉDÉRATION DU RHIN,

Passée entre M. *le général de division Andréossi,*
inspecteur-général du corps impérial de l'artillerie,
grand-officier de la Légion-d'honneur, comman-
dant de la Couronne de Fer, stipulant pour S. M.
l'EMPEREUR ET ROI ;

Et M. *le baron de Vaux, lieutenant-général, et*
le colonel Beloutte, au nom du lieutenant-général
comte O'Reilly, stipulant pour la place et la
garnison de Vienne.

Art. Ier. La garnison sortira avec les honneurs de
la guerre, emmenant avec elle ses canons de bataille, ses armes, ses caisses militaires, ses équipages, chevaux et propriétés. Il en sera de même pour
les corps et branches qui appartiennent à l'armée.
Ces troupes seront conduites, par le chemin le plus
court, à l'armée autrichienne, et recevront (gratis)
sur leur route, leurs subsistances en vivres et fourrages, ainsi que les voitures de réquisition qui leur
seraient nécessaires.

Refusé.

(La garnison sortira avec les honneurs de la
guerre, et, après avoir défilé, elle posera les
armes sur les glacis et sera prisonnière de guerre.

Les officiers conserveront toutes leurs propriétés
et les soldats leurs sacs.)

II. A dater du moment de la signature de la capitulation, il sera accordé à ces troupes trois fois
vingt-quatre heures pour sortir de la place.

Refusé.

(La porte de Carinthie sera remise demain 13
à six heures du matin, aux troupes de S. M.
l'Empereur et Roi. La garnison sortira à neuf
heures.)

III. Tous les malades et blessés, ainsi que les officiers de santé qu'il sera nécessaire de laisser près
d'eux, sont recommandés à la magnanimité de S. M.
l'Empereur des Français.

Accordé.

IV. Tout individu, et particulièrement tout officier compris dans cette capitulation, qui, par des
raisons légitimes, ne pourra sortir de la place en
même temps que la garnison, obtiendra un délai, et
la liberté, à l'expiration de ce délai, de rejoindre
son corps.

Accordé.

V. Les habitans de toute classe seront maintenus
dans leurs propriétés, priviléges, droits, libertés,
franchises et exercices de leurs métiers, et ne pourront être recherchés en rien par rapport aux opinions qu'ils ont manifestées avant la présente capitulation.

Accordé.

VI. Le libre exercice des cultes sera maintenu.

Accordé.

VII. Les femmes et les enfans de tous les individus
composant la garnison, auront la liberté de rester
dans la place, et d'y conserver leurs propriétés et

celles qui pourraient leur avoir été laissées par leurs maris.

Ces femmes, quand elles seront rappelées par leurs maris, pourront sans difficulté les rejoindre, et emporter avec elles les susdites propriétés.

Accordé.

VIII. Les pensions militaires continueront d'être payées à tous les individus qui en jouissent, soit militaires pensionnés, invalides employés à une administration militaire, ainsi qu'aux femmes de militaires. Tous ces individus auront la faculté de rester dans la place, ou de changer de pays à leur gré.

Accordé.

IX. Les droits des employés aux administrations militaires par rapport à leurs propriétés, séjour, départ, seront les mêmes que ceux de la garnison.

Accordé.

X. Les individus de la bourgeoisie armée jouiront des droits déjà mentionnés en l'article V de la présente capitulation.

Accordé.

XI. Les académies militaires, les maisons d'éducation militaires pour les enfans des deux sexes, les fondations générales et particulières faites en faveur de ces établissemens, seront conservées dans leur forme actuelle, et mises sous la protection de l'Empereur Napoléon.

Accordé.

XII. Les caisses, magasins et propriétés du magistrat de la ville de Vienne, celles du corps des États de la Basse-Autriche, ainsi que les fondations pieuses, seront conservées dans leur intégrité.

Ceci n'est point militaire.

XIII. Il sera nommé des commissaires respectifs

pour l'échange et l'exécution des articles ci-dessus de la présente capitulation. Ces commissaires régleront les droits de la garnison, conformément aux articles précédens.

Accordé.

XIV. On pourra, immédiatement après la signature de cette capitulation, l'envoyer par un officier à S. M. l'empereur d'Autriche, et, par un autre officier, à S. A. I. l'archiduc Charles, généralissime.

Accordé.

(Avec la faculté à M. le lieutenant-général comte O'Reilly de se rendre lui-même auprès de son souverain.)

XV. S'il survient quelque difficulté sur les termes exprimant les conditions de la présente capitulation, l'interprétation sera faite en faveur de la garnison et des habitans de la ville de Vienne.

Accordé.

XVI. Après la signature de la présente capitulation et l'échange des ôtages, la demi-lune de la porte de Carinthie sera livrée aux troupes de S. M. l'Empereur des Français, et les troupes françaises ne pourront entrer dans la place qu'après que les troupes autrichiennes l'auront évacuée.

Refusé.

(Renvoyé à l'art. II.)

Fait double; Maria-Hilf (dans les lignes de Vienne), le 12 mai 1809.

Signé ANDRÉOSSI, DE VAUX et BELOUTTE.

———

(Voici les pièces publiées en Hongrie par l'archiduc Palatin.)

A peine eut-on appris en Hongrie les premières nouvelles des événemens arrivés sur le Danube et l'Iser, par lesquels les armes de S. M. l'empereur et roi furent arrêtées dans leurs progrès, que S. A. I. l'archiduc Palatin, animé du beau zèle qui le distingue si éminemment, arma le bras des généreux Hongrois, pour opposer une vigoureuse résistance à l'ennemi.

S. A. fit publier la proclamation suivante, adressée à la noble nation hongroise en général, et en particulier à l'insurrection de la noblesse.

S. A. I. l'archiduc Palatin, à l'armée d'insurrection de la noblesse d'Hongrie.

Ofen, le 27 avril 1809.

Les revers qu'a éprouvés l'armée en Allemagne, malgré l'extrême bravoure qu'elle a montrée, ont engagé S. M. I. à ordonner que l'armée d'insurrection d'Hongrie s'approche des frontières du royaume.

Plusieurs difficultés se sont opposées jusqu'ici à ce que l'habillement et l'armement de l'insurrection pussent être complétés. Mais, le temps est arrivé où il ne saurait plus être question de difficultés, et où rien ne doit être trouvé impossible : il s'agit de la conservation de l'honneur de la brave noblesse hongroise. Le courage, l'esprit national, le dévouement au prince et à la patrie doivent remplacer tout ce qui nous manque en équipement et en instruction.

La patrie est en danger : il faut vaincre ou mourir.

Le roi nous a signalé le danger, c'est à nous à le faire évanouir.

Il n'y a que l'ardeur, l'activité, la persévérance des troupes qui puissent nous préserver d'un joug honteux.

S. A. I. l'archiduc généralissime a soutenu depuis

le 19 jusqu'au 23 de ce mois, avec les troupes sous ses ordres, un combat continuel contre l'armée française supérieure en force.

Le 5ᵉ et le 6ᵉ corps ne purent arrêter plus longtemps un ennemi qui se renforçait continuellement ; ils furent obligés de se replier sur l'Inn. Après que les troupes eurent combattu cinq jours avec une extrême bravoure et fait éprouver une perte considérable à l'ennemi, S. A. I. ordonna la retraite le 24 et fit passer le Danube.

On ne pourra juger de la situation véritable des choses que lorsqu'on aura reçu les rapports détaillés, tant de l'armée qui s'est repliée sur le Danube, que du corps qui se trouve encore sur l'Inn. Mais il est à présumer que l'ennemi cherchera à profiter de ses avantages, et qu'il fera une irruption tant en Bohême qu'en Autriche.

Tout est prêt pour s'opposer à cette irruption, autant que nos forces le permettent.

Le temps est arrivé où la noblesse hongroise peut donner, par ses exploits, de nouvelles preuves de sa fidélité et de son dévouement au souverain. Je l'appelle à se rendre aux frontières.

Notre roi connaît l'esprit national qui anime sa noblesse ; il sait qu'aucun effort ne lui paraîtra trop grand pour écarter le danger qui nous menace d'un assujettissement honteux.

Moi aussi, j'attends avec une pleine confiance que le courage de l'illustre noblesse hongroise, qui a si souvent défendu et conservé le trône, saura, dans l'occasion présente, déjouer les plans de l'ennemi.

Je me trouve heureux d'être, dans un moment aussi décisif, le chef et le général d'une nation aussi brave et aussi généreuse, qui m'a donné des preuves si multipliées de son amour, et dont une partie, s'enrôlant sous mes drapeaux pour soutenir la gloire

de la patrie, acquiert de nouveaux droits à ma reconnaissance.

Ofen, le 27 avril 1809.

L'archiduc JOSEPH, *palatin d'Hongrie.*

Bientôt l'on verra les généreux Hongrois, dont le rassemblement a été ordonné par S. M. l'empereur et roi, accourir aux frontières de la Basse-Autriche, et faire sentir la puissance de leur bras à l'ennemi qui menace le cœur de la monarchie, la capitale.

L'enthousiasme des nobles d'Hongrie répond complètement à l'attente de S. M. et aux espérances du peuple. Ils sont prêts à prodiguer leurs biens et leur sang pour la défense de la dynastie régnante, de la constitution et du maintien de la monarchie autrichienne dans toute son intégrité.

Les insurgés des comitats frontières de l'Autriche sont sous les armes. Une grande partie de l'insurrection se formera en corps d'armée. Les insurgés de tout le royaume sont mis en mouvement pour cet effet.

Ainsi Vienne et les cercles en avant de la capitale sont garantis contre toute attaque de l'ennemi par une armée disciplinée, pleine de courage et d'ardeur, et nous pouvons désormais attendre l'avenir avec tranquillité.

HUITIÈME BULLETIN.

Vienne, le 16 mai 1809.

Les habitans de Vienne se louent de l'archiduc Reinier. Il était gouverneur de Vienne, et lorsqu'il eut connaissance des mesures révolutionnaires ordonnées par l'empereur François II, il refusa de conserver le gouvernement. L'archiduc Maximilien fut envoyé à sa place. Ce jeune prince, ayant toute l'inconséquence de son âge, déclara qu'il s'enterrerait sous les ruines de la capitale. Il fit appeler les hommes turbulens et sans aveu, qui sont toujours nombreux dans une grande ville, les arma de piques, et leur distribua toutes les armes qui étaient dans les arsenaux. En vain les habitans lui représentèrent qu'une grande ville, parvenue à un si haut degré de splendeur, au prix de tant de travaux et de trésors, ne devait pas être exposée aux désastres que la guerre entraîne avec elle. Ces représentations exaltèrent sa colère, et sa fureur était portée à un tel point, qu'il ne répondait qu'en ordonnant de jeter sur les faubourgs des bombes et des obus, qui ne devaient tuer que des Viennois, les Français trouvant un abri dans leurs tranchées, et leur sécurité dans l'habitude de la guerre.

Les Viennois éprouvaient des frayeurs mortelles, et la ville se croyait perdue, lorsque l'Empereur Napoléon, pour épargner à la capitale les désastres d'une défense prolongée, en la rendant promptement inutile, fit passer le bras du Danube et occuper le Prater.

A huit heures, un officier vint annoncer à l'archiduc qu'un pont se construisait, qu'un grand nombre de Français avait passé la rivière à la nage, et qu'ils étaient déjà sur l'autre rive. Cette nouvelle fit pâlir ce prince furibond, et porta la crainte dans ses esprits. Il traversa le Prater en toute hâte; il renvoya au-delà des ponts chaque bataillon qu'il rencontrait, et il se sauva sans faire aucune disposition, et sans donner à personne le commandement qu'il abandonnait; c'était cependant le même homme qui, une heure auparavant, protestait de s'ensevelir sous les ruines de la capitale.

La catastrophe de la maison de Lorraine était prévue par les hommes sensés des opinions les plus opposées. Manfredini avait demandé une audience à l'empereur pour lui représenter que cette guerre pèserait long-temps sur sa conscience, qu'elle entraînerait la ruine de sa maison, et que bientôt les Français seraient dans Vienne. Bah! bah! répondit l'empereur, ils sont tous en Espagne.

Thugut, profitant de l'ancienne confiance que l'empereur avait mise en lui, s'est aussi permis des représentations réitérées.

Le prince de Ligne disait hautement : Je croyais être assez vieux pour ne pas survivre à la monarchie autrichienne. Et lorsque le vieux comte Wallis vit l'empereur partir pour l'armée : « C'est Darius, dit-il, qui court au-devant d'Alexandre ; il aura le même sort. »

Le comte Louis de Cobenzel, principal auteur de la guerre de 1805, étant à son lit de mort, et vingt-quatre heures avant de fermer les yeux, adressa à l'empereur une lettre forte et pathétique. V. M., écrivait-il, doit se trouver heureuse de l'état où l'a mise la paix de Presbourg ; elle est au second rang parmi les puissances de l'Europe ; c'est celui de ses ancêtres. Qu'elle renonce à une guerre qui n'a point été provoquée, et qui entraînera la ruine de sa maison : Napoléon sera vainqueur, et il aura le droit d'être inflexible, etc. etc. Cette dernière action de Cobenzel a jeté de l'intérêt sur ses derniers momens.

Le prince de Zinzendorf, ministre de l'intérieur, plusieurs hommes d'État demeurés étrangers comme lui à la corruption et aux fatales illusions du moment, beaucoup d'autres personnages distingués et ce qu'il y avait de plus considérable dans la bourgeoisie, partageaient tous, exprimaient tous la même opinion.

Mais l'orgueil humilié de l'empereur François II, la haine de l'archiduc Charles contre les Russes, le ressentiment qu'il éprouvait en voyant la Russie et la France intimement unies, l'or de l'Angleterre qui avait corrompu le ministre Stadion, la légèreté et l'inconséquence d'une soixantaine de femmelettes, l'hypocrisie et les faux rapports de l'ambassadeur Metternich, les intrigues des Razumowski, des Dalpozzo, des Schlegel, des Gentz et autres aventuriers que l'Angleterre entretient sur le Continent pour y fomenter des dissensions, ont produit cette guerre insensée et sacrilège.

Avant que les Français eussent été vainqueurs sur le champ de bataille, on disait qu'ils n'étaient pas nombreux, qu'il n'y en avait plus en Allemagne, que les corps n'étaient composés que de conscrits, que la cavalerie était à pied, la garde impériale en révolte, les Parisiens en insurrection contre l'Empereur Napoléon. Après nos victoires, on a dit que l'armée française était innombrable, qu'elle n'avait jamais été composée d'hommes plus aguerris et plus braves, que le dévouement des soldats à Napoléon triplait et quadruplait leurs moyens, que la cavalerie était superbe, nombreuse, redoutable ; que l'artillerie, mieux attelée que celle d'aucune autre nation, marchait avec la rapidité de la foudre, etc., etc., etc.

Princes faibles ! cabinets corrompus ! hommes ignorans, légers, inconséquens ! Voilà cependant les piéges que l'Angleterre vous tend depuis quinze années, et vous y tombez toujours ; mais enfin la catastrophe que vous avez préparée s'est accomplie ; la paix du Continent est assurée pour jamais.

L'Empereur a passé hier la revue de la division de grosse cavalerie du général Nansouty. Il a donné des éloges à la tenue de cette belle division , qui , après une campagne aussi active , a présenté cinq mille chevaux en bataille. S. M. a nommé aux places vacantes, a accordé le titre de baron, avec des dotations en terre, au plus brave officier , et la décoration de la Légion-d'honneur, avec une pension de 1200 fr., au plus brave cuirassier de chaque régiment.

On a trouvé à Vienne cinq cents pièces de canon, beaucoup d'affûts , beaucoup de fusils , de poudre et de munitions confectionnées , et une grande quantité de boulets et de fer coulé.

Il n'y a eu que dix maisons brûlées pendant le bombardement. Les Viennois ont remarqué que ce malheur est tombé sur les partisans les plus ardens de la guerre; aussi disaient-ils que le général Andréossi dirigeait les batteries

La nomination de ce général au gouvernement de Vienne a été agréable à tous les habitans : il avait laissé dans la capitale des souvenirs honorables , et il y jouit de l'estime universelle.

Quelques jours de repos ont fait beaucoup de bien à l'armée , et le temps est si beau que nous n'avons presque pas de malades. Le vin que l'on distribue aux troupes est abondant et de bonne qualité.

La monarchie autrichienne avait fait pour cette guerre des efforts prodigieux : on calcule que ses préparatifs lui ont coûté au-delà de 300 millions en papier. La masse des billets en circulation excède 1500 millions. La cour de Vienne a emporté les planches de cette espèce d'assignats, hypothéqués sur une partie des mines de la monarchie, c'est-à-dire, sur des propriétés presque chimériques , et qui ne sont pas disponibles. Pendant qu'on prodiguait ainsi un papier-monnaie que le public ne pouvait pas réaliser, et qui perdait chaque jour davantage, la cour faisait acheter, par les banquiers de Vienne, tout l'or qu'elle pouvait se procurer, et l'envoyait en pays étranger. Il y a à peine quelques mois que des caisses de ducats d'or, scellées du sceau impérial, ont été expédiées pour la Hollande par le nord de l'Allemagne.

NEUVIÈME BULLETIN.

Vienne, le 19 mai 1809.

Pendant que l'armée prenait quelque repos dans Vienne, que ses corps se ralliaient, que l'Empereur passait des revues, pour accorder des récompenses aux braves qui s'étaient distingués, et pour nommer aux emplois vacans, on préparait tout ce qui était nécessaire pour l'importante opération du passage du Danube.

Le prince Charles, après la bataille d'Eckmulh, jeté sur l'autre rive du Danube, n'eut d'autre refuge que les montagnes de la Bohême.

En suivant les debris de l'armée du prince Charles dans l'intérieur de la Bohême, l'Empereur lui aurait enlevé son artillerie et ses bagages ; mais cet avantage ne valait pas l'inconvénient de promener son armée, pendant quinze jours, dans des pays pauvres, montagneux et dévastés.

L'Empereur n'adopta aucun plan qui pût retarder d'un jour son entrée à Vienne, se doutant bien que, dans l'état d'irritation qu'on avait excité, on songerait à défendre cette ville, qui a une excellente enceinte bastionnée, et à opposer quelque obstacle. D'un autre côté, son armée d'Italie attirait son attention, et l'idée que les Autrichiens occupaient ses belles provinces du Frioul et de la Piave, ne lui laissait point de repos.

Le maréchal duc d'Auerstaedt resta en position en avant de Ratisbonne pendant le temps que mit le prince Charles à déboucher en Bohême ; et, immédiatement après, il se dirigea par Passau et Lintz, sur la rive gauche du Danube, gagnant quatre marches sur ce prince. Le corps du prince de Ponte-Corvo fut dirigé dans le même système. D'abord il fit un mouvement sur Egra, ce qui obligea le prince Charles à y détacher le corps du général Bellegarde ; mais par une contre-marche, il se porta brusquement sur Lintz, où il arriva avant le général Bellegarde, qui, ayant appris cette contre-marche, se dirigea aussi sur le Danube.

Ces manœuvres habiles, faites jour par jour, selon les circonstances, ont dégagé l'Italie, livré sans défenses les barrières de l'Inn, de la Salza, de la Traun et tous les magasins ennemis, soumis Vienne, désorganisé les milices et la landwehr, terminé la défaite des corps de l'archiduc Louis et du général Hiller, et achevé de perdre la réputation du général ennemi. Celui-ci voyant la marche de l'Empereur, devait penser à se porter sur Lintz, passer le pont et s'y réunir aux corps de l'archiduc Louis et du général Hiller ; mais l'armée française y était réunie plusieurs jours avant qu'il pût y arriver. Il aurait pu espérer de faire sa jonction à Krems ; vains calculs ! il était encore en retard de quatre jours, et le général Hiller, en repassant le Danube, fut obligé de brûler le beau pont de Krems. Il espérait enfin se réunir devant Vienne ; il était encore en retard de plusieurs jours.

L'Empereur a fait jeter un pont sur le Danube, vis-à-vis le village d'Ebersdorf, à deux lieues au-dessous de Vienne. Le fleuve, divisé en cet endroit en plusieurs bras, a quatre cents toises de largeur. L'opération a commencé hier 18, à quatre heures après-midi. La division Molitor a été jetée sur la rive gauche et a culbuté les faibles détachemens qui voulaient lui disputer le terrain et couvrir le dernier bras du fleuve.

Les généraux Bertrand et Pernetti ont fait travailler aux deux ponts, l'un de plus de deux cent quarante, l'autre de plus de cent trente toises, communiquant entre eux par une île. On espère que les travaux seront finis demain.

Tous les renseignemens qu'on a recueillis portent à penser que l'empereur d'Autriche est à Znaim.

Il n'y a encore aucune levée en Hongrie. Sans armes, sans selles, sans argent, et fort peu attachée à la maison d'Autriche, cette nation paraît avoir refusé toute espèce de secours.

Le général Lauriston, aide-de-camp de S. M., à la tête de la brigade d'infanterie badoise et de la brigade de cavalerie légère du général Colbert, s'est porté de Neustadt sur Brug et sur la Simeringberg, haute montagne qui sépare les eaux qui coulent dans la Mer-Noire et dans la Méditerranée. Dans ce passage difficile, il a fait quelques centaines de prisonniers.

Le général Dupellin a marché sur Mariazell, où il a désarmé un millier de landwerh et fait quelques centaines de prisonniers.

Le maréchal duc de Dantzick s'est porté sur Inspruck : il a rencontré, le 14, à Vorgel, le général Chasteller avec ses Tyroliens. Il l'a culbuté et lui a pris sept cents hommes et onze pièces d'artillerie.

Kufstein a été débloqué le 12. Le chambellan de S. M., Germain, qui s'était renfermé dans cette place, s'est bien montré.

Voici quelle est aujourd'hui la position de l'armée :

Les corps des maréchaux ducs de Rivoli et de Montebello, et le corps des grenadiers du général Oudinot, sont à Vienne, ainsi que la garde impériale. Le corps du maréchal duc d'Auerstaedt est réparti entre Saint-Polten et Vienne. Le maréchal prince de Ponte-Corvo est à Lintz, avec les Saxons et les Wurtembergeois; il a une réserve à Passau. Le maréchal duc de Dantzick est, avec les Bavarois, à Salzbourg et à Inspruck.

Le colonel comte de Czernichew, aide-de-camp de l'empereur de Russie, qui avait été expédié pour Paris, est arrivé au moment où l'armée entrait à Vienne. Depuis ce moment, il fait le service, et suit S. M. Il a apporté des nouvelles de l'armée russe, qui n'aura pu sortir de ses cantonnemens que vers le 10 ou 12 mai.

N.º Ier

Proclamation du comte de Wallis aux habitans de la Bohéme.

L'issue inattendue de la bataille sanglante du 22 est déjà connue; la défaite d'une grande partie de la cavalerie, après un combat qui a duré cinq jours presque sans interruption, a été en partie la cause du revers que nos armes ont éprouvé (1).

---

(1) Cette phrase est arrangée avec art. On convient d'une bataille sanglante perdue le 22, mais on en parle comme étant le dénouement d'un combat de cinq jours, et l'on espère, au moyen de l'influence des mots sur les choses, faire croire qu'on n'a perdu qu'une seule bataille, et qu'elle a duré cinq jours; ce qui serait en effet fort honorable pour les Autrichiens : la vérité est qu'il n'y a pas eu une bataille de cinq jours, mais bien une campagne de cinq jours, ce qui est fort différent. La transformer en une seule bataille, c'est supposer, en faveur des vaincus, un fait sans exemple dans l'histoire du monde; tandis qu'en décrivant les événemens tels qu'ils se sont passés, c'est-à-dire, formant une campagne de cinq jours, c'est attester aussi un fait sans exemple dans les annales du monde, mais dont le résultat, à l'égard des vaincus, est absolument en sens inverse.

Les accidens malheureux en guerre sont inévitables, mais ils ne doivent ni amollir votre courage, ni affaiblir les mesures à prendre pour votre défense, et diminuer votre confiance en vous-mêmes et l'amour que vous devez à vos princes et à votre patrie. C'est précisément au moment d'un revers que l'on doit redoubler d'efforts, et qu'aucun sacrifice ne doit coûter à tout bon citoyen : il doit même être regardé comme un devoir. La ferme résolution de notre bien-aimé souverain, est de s'opposer de tout son pouvoir aux intentions perfides de l'ennemi, et il a le droit d'attendre de la part de ses fidèles sujets, qu'ils répondront également à ses vœux et ses intentions.

S. M., en me nommant commissaire-général en Bohême, m'a revêtu des mêmes pouvoirs qu'en l'année 1805, pour non-seulement mettre en activité, par tous les moyens possibles, le corps d'armée dont il m'a confié le commandement, mais également pour rassembler avec la rapidité de l'éclair, sur tous les points, cette brave milice, dont la bonne volonté et le courage doivent servir de rempart aux habitans de la Bohême.

S. M. connaît et apprécie ce caractère de fermeté et de force pour parvenir au but commun, caractère qui distingue particulièrement et à un si haut degré les habitans de la Bohême. Elle est pleinement convaincue, que pour cette fois encore, ils sont entièrement pénétrés que le plus sûr moyen à opposer au danger et à rendre le mal moins grand, est le courage même au milieu de l'adversité. Ces sublimes vertus nous animent encore, nous n'avons pas dégénéré, le même sang coule dans nos veines ; c'est le plus précieux de notre apanage, c'est notre bien le plus cher !

Que ne peut un peuple fidèle dans une position

si critique ! Les habitans du Tyrol , bien dignes de toute notre admiration , viennent de nous en donner un exemple récent..... C'est à nous à les imiter, à les surpasser même s'il est possible, non par des paroles , mais par des faits dignes de nous et de notre honneur national. Habitans de la Bohême, il y va du salut de notre empereur bien-aimé , de son trône, de l'honneur de la nation et de la patrie entière ! Que faut-il davantage pour nous enflammer, et pour nous rendre nuls toute espèce de sacrifices !

Bohémien moi-même par la naissance , je m'enorgueillis et m'estime trop heureux d'avoir été placé à pareille époque à la tête de ce royaume, et d'entrer par ma nomination à la place de commissaire-général du pays , en liaisons plus étroites avec mes chers compatriotes, et pouvoir leur donner la preuve et l'exemple même qu'aucun sacrifice ne me coûtera pour le meilleur, le plus juste et le plus vertueux des princes.

Peuple de Bohême , nous vivons heureux sous le plus doux des sceptres , les ressources de notre royaume sont grandes , employons-les de la plus noble manière : argent, vivres , chevaux , armes, nous devons tout consacrer avec joie à la défense de notre patrie ; de tous côtés s'élèveront des légions de nos braves milices , de tous côtés portons-leur assistance, en argent, en fruits, en chevaux, et tout ce qui est nécessaire à la vie. Qu'un seul sentiment nous anime, l'union est le seul moyen de parvenir à notre but, et d'attendre avec tranquillité les événemens.

Dans peu de jours je me rends à l'armée d'après les ordres de S. M. Elle a pourvu paternellement à mon remplacement à la tête des affaires : et à mon nouveau poste, je me consacrerai toujours, de même qu'ici, au bien-être de mon pays : sûr que de toute part les secours, tant en argent qu'en toute autre espèce, seront offerts, j'en fais mon rapport, et en donne connaissance à M. le comte de Kolowrath, auquel je confie la présidence de la régence du pays.

Habitans de la Bohême, notre fameux héros, notre cher archiduc Charles est à la tête de l'armée; que cela vivifie notre courage! Dieu protégera la juste cause! Cette pensée doit nous faire attendre l'avenir avec tranquillité; pour Dieu et l'empereur François il n'y a rien d'impossible! pénétrons-nous de cette idée, qu'elle soit notre plus chère espérance, et le ressort le plus puissant pour nous exciter à employer tous les moyens de défense en notre pouvoir pour le soutien d'un gouvernement juste, doux et paternel.

Prague, ce 28 avril 1809.

Le comte DE WALLIS.

N° II.

Lettre de M. le comte de Goess, intendant-général de l'armée d'Italie, à M. le comte de Zichy.

Au quartier-général en Allemagne, datée de Conegliano, le 22 avril 1809.

Monsieur le comte,

Jusqu'ici j'ai toujours été fidèle à mes principes si connus, de ne placer dans les affaires d'autres personnes que celles que le gouvernement français avait déjà placées, à moins que ces dernières aient abandonné leur poste. Par cette même raison, je suis obligé de placer le commandeur de l'Ordre de Malte, M. Antoine Miari, comme préfet à Bellune, vu qu'il a pour lui les voix des bien intentionnés, qu'il jouit d'une considération publique, et qui, par l'accepta-

*

tion de cette place, augmentera sûrement les dispositions favorables pour notre gouvernement. Mais les progrès rapides de l'armée exigeront bientôt l'augmentation des employés supérieurs, pour faire aller les affaires. Je pense que, quand nous aurons passé le Mincio, nous placerons un de ces employés pour l'intendance des pays en-deçà du Mincio, et je me suis déjà occupé des intendans à placer dans la Lombardie, le pays de Parme, de Modène, de Gênes, du Piémont, de la Toscane et les États ecclésiastiques. Il s'entend que pour de pareilles places, on ne pourra se servir avec succès que de pe sonnes d'un mérite reconnu, douées de connaissances profondes dans les affaires et des provinces occupées. Je ne rappellerai jamais, sans la dernière nécessité, quelques préposés de cercles de leurs postes, je préfere en prendre parmi les hommes du pays auxquels je pourrais accorder avec sûreté une plus grande influence dans les affaires. Mais V. Exc. me permettra d'agir dans ce dernier cas avec la plus grande circonspection et connaissance parfaite des individus à placer. Je sens qu'il est de la dernière importance de gagner l'opinion publique par le choix des personnes à porter aux places supérieures; mais si je n'en trouve pas d'assez sûres, je crois convenable de priver l'intérieur momentanément de quelques hommes habiles dans les affaires, trouvant à les remplacer plus facilement, que de courir les risques de faire des impressions dangereuses par des choix malheureux (1).

J'ai l'honneur, etc.

Signé, *comte* DE GOESS, *intendant-général.*

---

(1) **M.** l'intendant général de Goess, qui voulait déjà organiser à l'autrichienne les États ecclésiastiques, le Piémont, le

Le vice-roi, commandant en chef l'armée d'Italie, mande au ministre de la guerre que le 10 avril, l'archiduc Jean fit remettre aux avant-postes la lettre ci-jointe (n° I). A peine était-elle parvenue, qu'on apprit que tous les avant-postes avaient été attaqués, et une douzaine d'hussards enlevés.

Le lendemain, l'archiduc publia la proclamation ci-jointe (n° II).

Il n'y avait dans le Frioul que les divisions Boursier et Séras. Le vice-roi pensa qu'il devait se replier pour aller au-devant de ses différentes divisions. Il rencontra la division Grenier et la division italienne Sevaroli à Sacile, et il jugea convenable le 16 d'engager une affaire entre Pardenone et Sacile. La superbe cavalerie de l'armée d'Italie, beaucoup plus nombreuse que celle de l'ennemi, devait être arrivée, mais la crue des rivières et le débordement des torrens retardèrent sa marche, et les ordres du vice-roi n'arrivèrent pas assez à temps pour contremander le mouvement ; les troupes étaient engagées et la cavalerie se trouvait encore à une marche en arrière.

On se battit toute la journée avec avantage ; mais le soir, la cavalerie ennemie ayant fait un mouvement sur la Livenza, le vice-roi pensa qu'il avait pour objet de couper sa retraite, et il repassa la Livenza et la Piave. La perte de l'ennemi devait être considérable, et la nôtre n'aurait été qu'égale à la sienne, si le général Sahuc, commandant la veille l'avant-

---

royaume d'Italie, fut, quatre jours après, fait prisonnier à Padoue, avec ses quatre voitures, ses archives, ses secrétaires. On a saisi sur lui des papiers très-suspects, tendant à démontrer des intentions qui ne sont autorisées ni par la guerre, ni par l'honneur, et on l'a envoyé à Fenestrelle.

garde, ne s'était laissé surprendre les chevaux de ses hussards, dessellés et débridés, et n'avait laissé entourer de tous côtés le régiment d'infanterie qu'il avait avec lui. L'Empereur a ordonné que cette négligence serait l'objet d'un examen particulier. Un général d'avant-garde qui se couche dans un lit, au lieu de se coucher sur de la paille dans son bivouac, est coupable. Nous avons eu la douleur de perdre trois bataillons du 35e régiment, qui ont été presqu'entièrement faits prisonniers. L'armée se plaint des hussards du 6e et des chasseurs du 8e, qui, amollis par les délices de l'Italie, ne savent plus faire le service des avant-postes.

Une division de 10,000 hommes, partie de Toscane, ne devait arriver que le 25 à Véronne ; elle était composée d'excellentes troupes ; le vice-roi jugea donc devoir prendre la position de Caldero et de l'Adige, en laissant des garnisons à Palma-Nuova, à Osopo et à Venise.

Cependant l'archiduc Jean, rappelé au secours de sa capitale, commença sa retraite le 30 avril.

Le vice-roi, dont l'armée était en bon état et parfaitement organisée, et qui, du haut de l'excellente position de Caldero, menaçait l'ennemi, de l'œil, ne le vit pas plutôt en retraite, qu'il fondit sur lui. Le 30, dans une reconnaissance où le général Sorbier a été grièvement blessé, il lui avait tué beaucoup de monde, et fait 600 prisonniers.

Vicence, Trévise, Padoue ont été reprises en un instant, et la Brenta a été repassée avec la plus grande activité, en faisant éprouver à l'ennemi une perte de 300 hommes tués et de 1100 prisonniers. L'ennemi, poursuivi plus promptement qu'il ne s'y attendait, et repoussé plus vite qu'il n'était venu, se mit en bataille au-delà de la Piave, ayant sa gauche aux montagnes et sa droite au chemin de Coneglano. Le

vice-roi saisit rapidement le défaut de cette disposition, il forma une avant-garde de 5,000 voltigeurs,
commandée par le général Dessaix, la fit soutenir
par sa cavalerie forte de 10,000 hommes, passa la
Piave le 8, et déborda l'ennemi entre le chemin de
Conegliano et la mer. L'avant-garde fut appuyée
par les corps des généraux Grenier et Macdonald, et
l'armée ennemie fut mise dans le plus grand désordre. Seize pièces de canon attelées, trente caissons,
le général Wolfski, commandant la cavalerie, tué,
deux autres généraux morts de leurs blessures, le
général Hager et le général commandant l'artillerie
pris, un nombre considérable d'hommes tués, et
4,000 prisonniers sont les trophées de cette journée.

Le 9, le quartier-général était à Conegliano, et
marchait à grands pas sur le Tagliamento.

Ce nuage qui obscurcit momentanément les affaires
d'Italie, a donné à l'Empereur l'occasion de connaître les sentimens secrets des Italiens. L'ennemi, dans
les lettres qu'on a interceptées, se plaint lui-même
d'avoir trouvé tous les sujets du royaume d'Italie
dévoués à Napoléon. Vicence, Trévise, Udine, ont
rivalisé dans les témoignages de leur affection : elles
ont froidement accueilli l'ennemi, et n'ont pas montré un seul moment qu'elles ne fussent assurées d'en
être bientôt délivrées. On dit que quelques mauvais
sujets de Padoue ont seuls mérité d'être exclus de
cet honorable témoignage.

Lorsqu'on sut à Milan la première nouvelle de la
bataille d'Abensberg, et lorsque l'écuyer de S. M.,
Cavaletti, y apporta celles des victoires d'Eckmülh et
de Ratisbonne, l'allégresse des peuples fut telle, qu'il
n'est pas possible de la décrire.

N° Ier.

*A monsieur le commandant des avant-postes
français.*

D'après une déclaration de S. M. l'empereur d'Autriche à l'empereur Napoléon, je préviens monsieur
le commandant des avant-postes français, que j'ai
l'ordre de me porter en avant avec toutes les troupes
que je commande, et de traiter en ennemi toutes
celles qui me feront résistance.

Du quartier-général de Malborgete, le 9 avril
1809.

Signé JEAN, *archiduc d'Autriche.*

N° II.

Proclamation.

Italiens, écoutez la vérité et la raison ; elles vous
disent que vous êtes les esclaves de la France, que
vous prodiguez pour elle votre or et votre sang.....
Le royaume d'Italie n'est qu'un songe, un vain nom.
La conscription, les charges, les oppressions de tout
genre, la nullité de votre existence politique, voilà
des faits. La raison vous dit encore que, dans un tel
état d'abaissement, vous ne pouvez être ni respectés,
ni tranquilles, ni Italiens. Voulez-vous l'être une
fois ? Unissez vos forces, vos bras et vos cœurs aux
armes généreuses de l'empereur François. En ce moment il fait descendre une armée imposante en Italie :
il l'envoie, non pour satisfaire une vaine soif de
conquêtes, mais pour se défendre lui-même, et assurer l'indépendance de toutes les nations de l'Europe, menacées par une série d'opérations consécu-
tives qui ne permettent pas de révoquer en doute un

esclavage inévitable. Si Dieu protège les vertueux efforts de l'empereur François et ceux de ses puissans alliés, l'Italie redeviendra heureuse et respectée en Europe, le chef de la religion recouvrera sa liberté, ses États; et une constitution fondée sur la nature et sur la vraie politique, rendra le sol italien fortuné et inaccessible à toute force étrangère.

C'est François qui vous promet une si heureuse, une si brillante existence. L'Europe sait que la parole de François est sacrée, immuable autant que pure; c'est le ciel qui a parlé par sa bouche. Éveillez-vous donc, Italiens! levez-vous; de quelque parti que vous ayez été ou que vous soyez, ne craignez rien, pourvu que vous soyez Italiens. Nous ne venons pas à vous pour rechercher, pour punir, mais pour vous secourir, pour vous délivrer. Voudriez-vous rester dans l'état abject où vous êtes? Ferez-vous moins que les Espagnols, que cette nation de héros, chez laquelle les faits ont répondu aux paroles? Aimez-vous moins qu'elle vos fils, votre sainte religion, l'honneur et le nom de votre nation? Abhorrez-vous moins qu'elle la honteuse servitude qu'on a voulu vous imposer avec des paroles engageantes et des dispositions si contraires à ces paroles? Italiens, la vérité, la raison vous disent qu'une occasion aussi favorable de secouer le joug étendu sur l'Italie ne se représentera plus jamais; elles vous disent que, si vous ne les écoutez pas, vous courrez le risque, quelle que soit l'armée victorieuse, de n'être autre chose qu'un peuple conquis, un peuple sans nom et sans droits; que si, au contraire, vous vous unissez fortement à vos libérateurs, que si vous êtes avec eux victorieux, l'Italie renaît, elle reprend sa place parmi les grandes nations du monde, et ce qu'elle fut déjà, elle peut redevenir la première.

Italiens, un meilleur sort est entre vos mains!

dans ces mains qui portèrent le flambeau des lumières dans toutes les parties du monde, et rendirent à l'Europe, tombée dans la barbarie, les sciences, les arts et les mœurs.

Milanais, Toscans, Vénitiens, Piémontais, et vous peuples de l'Italie entière, rappelez-vous bien le temps de votre ancienne existence : ces jours de paix et de prospérité peuvent revenir plus beaux que jamais, si votre conduite vous rend dignes de cet heureux changement.

Italiens, vous n'avez qu'à le vouloir, et vous serez Italiens ! aussi glorieux que vos ancêtres heureux, et satisfaits autant que vous l'ayez jamais été à la plus belle époque de votre histoire.

Signé JEAN, *archiduc d'Autriche.*

Contresigné PIERRE, *comte de Goëss,*
intendant-général.

———

Voici un détail succinct des événemens militaires qui se sont passés dans la grand-duché de Varsovie.

L'archiduc Ferdinand fit notifier, le 14 avril, la lettre ci-jointe (N° I) au prince Poniatowski, commandant le corps d'armée du grand-duché.

Le même jour il publia la proclamation ci-jointe (N° II).

Le 16, il entra sur le territoire du grand-duché.

Le 19, il fit attaquer les troupes du grand-duché en avant de Fallenti : il fut repoussé trois fois, et le prince Poniatowski resta maître du champ de bataille : pendant la nuit, ne jugeant pas ses forces suffisantes, ce prince se replia sur Varsovie.

L'archiduc Ferdinand demanda une entrevue, se montrant disposé à consentir à un arrangement, pour reconnaître la neutralité de la ville de Varsovie. Le 20, on convint à cet effet d'un armistice de vingt-

quatre heures, et le 21, la convention ci-jointe
(N° III) fut signée.

Après cette singulière convention, où l'avantage
resta entièrement au prince Poniatowski, puisqu'il
conserva Praga, Sierock, Modlin, toute son artillerie, son armée et ses excellentes positions de la rive
droite de la Vistule, ce prince imagina le 25, de
manœuvrer sur la rive gauche : il attaqua l'ennemi
sur tous les points, lui tua beaucoup de monde et
lui fit environ 700 prisonniers.

Le 3 mai, à deux heures du matin, il attaqua la
tête de pont que l'ennemi avait construite à Gora,
l'enleva à la baïonnette, fit 2000 prisonniers, prit 3
pièces de canon et 2 drapeaux. Le lieutenant-général
Schaurott qui commandait, n'eut que le temps de se
sauver dans une nacelle. Les troupes du grand-duché
se trouvèrent ainsi maîtresses de la rive droite de la
Vistule, et entrèrent en Gallicie, où elles occupèrent
les cercles de Stanislavow, de Salce et de Biala. Le
prince Poniatowski a montré beaucoup d'activité et
d'habileté dans ses dispositions.

Peu de jours après arrivèrent les nouvelles des
victoires remportées par l'Empereur Napoléon sur
les Autrichiens. Le général comte Bronikoski, commandant de Praga, pour en informer la ville de
Varsovie, éleva, à la fin du jour, un transparent
sur lequel elles étaient écrites. Les habitans se portèrent en foule sur la rive, et, pendant toute la nuit,
les Autrichiens entendirent la ville retentir des cris
de *vive l'Empereur Napoléon ;* et, malgré les violences qu'ils exerçaient sur le peuple, beaucoup de
maisons furent illuminées.

Le meilleur esprit régnait dans tout le grand-duché. De nouvelles levées s'effectuaient avec rapidité,
et déjà l'arrière-ban se mettait en marche. L'armée
ne faisait qu'imiter les sentimens des autres citoyens

de toutes les classes. Un officier ayant été envoyé en parlementaire pour l'échange de quelques prisonniers, le général autrichien ne voulut lui parler qu'en allemand. Il savait cette langue ; mais il dit qu'il l'ignorait. Le général lui répondit que l'Allemagne était plus près du grand-duché que la France. Non, Monsieur, répliqua l'officier, la France est plus près de nous, car elle remplit nos cœurs, et l'Empereur Napoléon est notre ame et notre Dieu protecteur.

L'invasion de l'archiduc Ferdinand a doublé l'armée du grand-duché, et a considérablement affaibli la sienne. Il n'a pu partir que le 12 pour rétrograder et venir secourir Vienne ; et déjà, depuis deux jours, l'armée française occupait cette capitale. Il ne pourra rejoindre l'archiduc Charles que le 4 juin, et alors il y aura eu d'autres événemens.

Nº I.

A M. le Prince de Poniatowski, ministre de la guerre, général de division, etc. , etc.

Au quartier-général de Wisokin, le 14 avril 1809,
à 7 heures du soir.

D'après une déclaration de S. M. I. l'empereur d'Autriche à S. M. l'empereur Napoléon, je préviens M. le prince de Poniatowski, que j'ai l'ordre de me porter dans le duché de Varsovie avec les troupes que je commande, et de traiter en ennemi toutes celles qui s'opposent à ma marche.

J'ai fait part de cette mesure à vos avant-postes, en les prévenant que dans douze heures je me mets en mouvement.

Agréez, M. le Prince, l'assurance de ma considération très-distinguée.

*Le commandant en chef de l'armée impériale
autrichienne ,*

Signé FERDINAND , *général.*

Pour copie conforme ,

Le général de division , ministre de la guerre ,

JOSEPH , *prince* PONIATOWSKI.

N° II.

Proclamation de l'archiduc Ferdinand.

Habitans du duché de Varsovie,

J'entre les armes à la main sur votre territoire,
mais point comme votre ennemi ; c'est vous qui dé-
terminerez, par votre conduite, l'usage des forces
militaires que je commande. Je viens vous protéger
ou vous combattre ; c'est à vous à choisir.

Je vous déclare que S. M. l'empereur d'Autriche
ne fait la guerre qu'à l'empereur Napoléon, et que
nous sommes les amis de tous ceux qui ne défendent
pas sa cause.

Nous combattons l'empereur Napoléon, parce que
nous trouvons dans la guerre une sûreté que nous
avons inutilement espérée d'une paix qui toujours a
facilité ses vues ambitieuses ; nous lui faisons la
guerre, parce que chaque jour augmente le nombre
de ses usurpations, qu'il semble vouloir réduire en
système politique ; nous lui faisons la guerre, parce
que ses forces, augmentées de celles de tous les peuples qu'il subjugue, et qu'il avilit jusqu'au point d'en
faire les aveugles instrumens de son despotisme,
menacent notre indépendance et nos propriétés ,

parce qu'enfin nous voulons, en assurant notre propre existence, en rendre une à ceux qui l'ont perdue, et en réintégrant chacun dans les droits qui lui ont été enlevés, rétablir l'ordre en Europe, et lui donner le repos qu'elle sollicite.

Mais pourquoi dire les raisons que nous avons de faire la guerre à l'empereur Napoléon? Le monde les connaît. L'Allemagne, l'Italie, le Portugal, l'Espagne, cet allié toujours fidèle de la France, tous attestent et sentent les motifs qui nous font prendre les armes.

C'est à vous en particulier que je m'adresse, à vous, habitans du duché de Varsovie; et je vous le demande, jouissez-vous du bonheur que vous a promis l'empereur des Français? Votre sang, qui a coulé sous les murs de Madrid, a-t-il coulé pour vos intérêts? Répondez. Qu'ont de commun le Tage et la Vistule? et la valeur de vos soldats a-t-elle servi à rendre votre destinée plus heureuse? Leur courage a mérité des éloges; mais ne vous y méprenez pas, ces éloges, pour être justes et mérités, n'en sont pas moins trompeurs. L'empereur Napoléon a besoin de vos troupes pour lui, et non pour vous. Vous faites le sacrifice de vos propriétés et de vos soldats à des intérêts qui, loin d'être les vôtres, leur sont entièrement opposés, et dans ce moment vous êtes, comme ses alliés, livrés sans défense à la supériorité de nos armes, tandis que l'élite de vos troupes arrosent de leur sang les terres de la Castille et de l'Arragon.

Habitans du duché de Varsovie, je vous le répète, nous ne sommes point vos ennemis; ne livrez donc pas, pour une défense inutile, votre pays à toutes les rigueurs de la guerre; car je vous déclare que si vous résistez, je vous traiterai d'après tous les droits que donne la guerre.

Si, au contraire, fidèles à vos véritables intérêts,

vous me recevez en ami , S. M. l'empereur d'Autriche vous prend sous sa protection spéciale , et je n'exigerai de vous que les objets nécessaires à la sûreté de mes armes et à la subsistance de mon armée.

Fait au quartier-général d'Odryvot , le 14 avril 1809.

Archiduc FERDINAND , *général en chef.*

N° III.

CONVENTION.

V. A. I. et R. ayant manifesté le désir d'établir et reconnaître la neutralité de la ville de Varsovie , et cette neutralité ne pouvant s'effectuer que par l'évacuation libre qu'en ferait le corps des troupes alliées et combinées sous mes ordres , cet arrangement pourrait être renfermé dans les articles suivans :

ART. Ier. Il y aura suspension d'hostilités pendant dix jours.

II. Pendant ce délai , ce corps d'armée évacuera , avec le personnel et le matériel , la ville de Varsovie.

III. Pendant ce délai , l'armée autrichienne gardera les mêmes positions qu'elle occupe , et pour prévenir tout prétexte qui pourrait rompre l'harmonie , il ne pourra venir à Varsovie que des officiers parlementaires de l'armée autrichienne.

IV. Après ce délai , il ne pourra être imposé à la ville aucune contribution extraordinaire.

Réponse aux articles I , II , III et IV.

Il y aura suspension d'hostilités pendant deux fois vingt-quatre heures , à compter de ce soir à cinq heures.

Pendant ce délai , toute l'armée combinée combattante évacuera la ville de Varsovie. Il est accordé , à dater de la même époque, un sursis de cinq fois vingt-quatre heures à tous les employés et non combattans de cette armée pour quitter cette ville.

M. le prince de Poniatowski voudra bien en communiquer la dénomination.

V. Les personnes, les propriétés et les cultes seront respectés.

Convenu.

VI. Les malades et convalescens saxons, polonais et français seront confiés à la loyauté de l'armée autrichienne ; et à leur guérison , ils recevront des feuilles de route et moyens de transports pour rejoindre leurs corps respectifs.

Convenu.

VII. Il sera accordé par S. A. I. R. l'archiduc commandant les forces autrichiennes , au ministre, résident de France accrédité auprès du duc et gouvernement du duché, les passeports et sauve-gardes pour sa personne, papiers, effets et personnes attachées à sa mission, pour se rendre où il jugera convenable de se retirer.

Convenu.

VIII. Les officiers, soldats et employés français qui se trouvent à Varsovie, seront libres de suivre la résidence de France avec effets et bagages, et recevront les passeports et moyens de sûreté, ainsi que les vivres, fourrages et transports.

Convenu.

Article additionnel. Au moment de l'échange des présens articles, on se donnera de part et d'autre des officiers supérieurs comme ôtages , jusqu'à l'expiration de l'armistice.

Fait et convenu entre les soussignés généraux en chef des deux armées, sur la ligne des postes avancés respectifs, ce 21 avril 1809, à............ heures du matin.

Le général commandant en chef l'armée autrichienne,

Signé, A. D. FERDINAND, *général en chef.*

Le général commandant en chef le corps d'armée des troupes alliées et combinées dans le duché de Varsovie,

Signé, JOSEPH, *prince* PONIATOWSKI.

DIXIÈME BULLETIN.

Ebersdorf, le 23 mai 1809.

Vis-à-vis Ebersdorf, le Danube est divisé en trois bras séparés par deux îles. De la rive droite à la première île, il y a deux cent quarante toises : cette île a à peu près mille toises de tour. De cette île à la grande île où est le principal courant, le canal est de cent vingt toises. La grande île appelée *In-der-Lobau*, a sept mille toises de tour, et le canal qui la sépare du Continent, a soixante-dix toises. Les premiers villages que l'on rencontre ensuite sont Gross-Aspern, Esling et Enzersdorf. Le passage d'une rivière comme le Danube, devant un ennemi connaissant parfaitement les localités, et ayant les habitans pour lui, est une des plus grandes opérations de guerre qu'il soit possible de concevoir.

Le pont de la rive droite à la première île, et celui de la première île à celle de In-der-Lobau ont été faits dans la journée du 19, et dès le 18, la division Molitor avait été jetée par des bateaux à rames dans la grande île.

Le 20, l'Empereur passa dans cette île, et fit établir un pont sur le dernier bras, entre Gross-Aspern et Esling. Ce bras n'ayant que soixante-dix toises, le pont n'exigea que quinze pontons, et fut jeté en trois heures par le colonel d'artillerie Aubry.

Le colonel Sainte-Croix, aide-de-camp du maréchal duc de Rivoli, passa le premier dans un bateau sur la rive gauche.

La division de cavalerie légère du général Lasalle, et les divisions Molitor et Boudet passèrent dans la nuit.

Le 21, l'Empereur accompagné du prince de Neufchâtel et des maréchaux ducs de Rivoli et de Montebello, reconnut la position de la rive gauche, et établit son champ de bataille, la droite au village d'Esling et la gauche à celui de Gross-Aspern, qui furent sur-le-champ occupés.

Le 21 à quatre heures après-midi, l'armée ennemie se montra et parut avoir le dessein de culbuter notre avant-garde et de la jeter dans le fleuve : vain projet! Le maréchal duc de Rivoli fut le premier attaqué à Gross-Aspern, par le corps du général Bellegarde. Il manœuvra avec les divisions Molitor et Legrand, et pendant toute la soirée, fit tourner à la confusion de l'ennemi toutes les attaques qui furent entreprises. Le duc de Montebello défendit le village d'Esling, et le maréchal duc d'Istrie, avec la cavalerie légère et la division de cuirassiers Espagne, couvrit la plaine et protégea Enzersdorf; l'affaire fut vive : l'ennemi déploya deux cents pièces de canon et à peu près quatre-vingt-dix mille hommes composés des débris de tous les corps de l'armée autrichienne.

La division de cuirassiers Espagne fit plusieurs belles charges, enfonça deux carrés et s'empara de quatorze pièces de canon. Un boulet tua le général Espagne, combattant glorieusement à la tête des troupes, officier brave, distingué et recommandable sous tous les points de vue. Le général de brigade Foulers fut tué dans une charge.

Le général Nansouty, avec la seule brigade commandée par le général Saint-Germain, arriva sur le champ de bataille vers la fin du jour. Cette brigade se distingua par plusieurs belles charges. A huit heures du soir le combat cessa, et nous restâmes entièrement maîtres du champ de bataille.

Pendant la nuit, le corps du général Oudinot, la division Saint-Hilaire, deux brigades de cavalerie légère et le train d'artillerie, passèrent les trois ponts.

Le 22, à quatre heures du matin, le duc de Rivoli fut le premier engagé. L'ennemi fit successivement plusieurs attaques pour reprendre le village. Enfin, ennuyé de rester sur la défensive, le duc de Rivoli attaqua à son tour et culbuta l'ennemi. Le général de division Legrand s'est fait remarquer par ce sang-froid et cette intrépidité qui le distinguent.

Le général de division Boudet, placé au village d'Esling, était chargé de défendre ce poste important.

Voyant que l'ennemi occupait un grand espace, de la droite à la gauche, on conçut le projet de le percer par le centre. Le duc de Montebello se mit à la tête de l'attaque, ayant le général Oudinot à la gauche, la division Saint-Hilaire au centre, et la division Boudet à la droite. Le centre de l'armée ennemie ne soutint pas les regards de nos troupes. Dans un moment tout fut culbuté. Le duc d'Istrie fit faire plusieurs belles charges, qui toutes eurent du succès. Trois colonnes d'infanterie ennemie furent chargées par les cuirassiers et sabrées. C'en était fait de l'armée autrichienne, lorsqu'à sept heures du matin, un aide-de-camp vint annoncer à l'Empereur que la crue subite du Danube ayant mis à flot un grand nombre de gros arbres et de radeaux, coupés et jetés sur les rives, dans les événemens qui ont eu lieu lors de la prise de Vienne, les ponts qui communiquaient de la rive droite à la petite île, et de celle-ci à l'île de In-der-Lobau venaient d'être rompus. Cette crue périodique, qui n'a ordinairement lieu qu'à la mi-juin, par la fonte des neiges, a été accélérée par la chaleur prématurée qui se fait sentir depuis quelques jours. Tous les parcs de réserve qui défilaient, se trouvèrent retenus sur la rive droite par la rupture des ponts, ainsi qu'une partie de notre grosse cavalerie et le corps entier du maréchal duc d'Auerstaedt. Ce terrible contre-temps décida l'Empereur à arrêter le mouvement en avant. Il ordonna au duc de Montebello de garder le champ de bataille qui avait été reconnu, et de prendre position, la gauche appuyée à un rideau qui couvrait le duc de Rivoli, et la droite à Esling.

Les cartouches à canon et d'infanterie, que portait notre parc de réserve, ne pouvaient plus passer. L'ennemi était dans la plus épouvantable déroute, lorsqu'il apprit que nos ponts étaient rompus. Le ralentissement de notre feu et le mouvement concentré que faisait notre armée, ne lui laissaient aucun doute sur cet événement imprévu. Tous ses canons et ses équipages d'artillerie, qui étaient en retraite, se représentèrent sur la ligne, et depuis neuf heures du matin jusqu'à sept heures du soir, il fit des efforts inouis, secondé par le feu de 200 pièces de canon, pour culbuter l'armée française. Ces efforts tournèrent à sa honte : il attaqua trois fois les villages d'Esling et de Gross-Aspern, et trois fois il les remplit de ses morts. Les fusiliers de la Garde, commandés par le général Mouton, se couvrirent de gloire, et culbutèrent la réserve, composée de tous les grenadiers de l'armée autrichienne, les seules troupes fraîches qui restassent à l'ennemi. Le général Gros fit passer au fil de l'épée 7oo Hongrois, qui s'étaient déjà logés dans le cimetière du village d'Esling. Les tirailleurs sous les ordres du général Curial, firent leurs premières armes dans cette journée, et montrèrent de la vigueur. Le général Dorsenne, colonel commandant la vieille Garde, la plaça en troisième ligne, formant un mur d'airain, seul capable d'arrêter tous les efforts de l'armée autrichienne. L'ennemi tira quarante mille coups de canon, tandis que, privés de nos parcs de réserve, nous étions dans la nécessité de ménager nos munitions pour quelques circonstances imprévues.

Le soir, l'ennemi reprit les anciennes positions qu'il avait quittées pour l'attaque, et nous restâmes maîtres du champ de bataille. Sa perte est immense. Les militaires dont le coup-d'œil est le plus exercé, ont évalué à plus de 12,ooo, les morts qu'il a laissés sur le champ de bataille.

Selon le rapport des prisonniers, il a eu 23 généraux et 6o officiers supérieurs tués ou blessés. Le feld-maréchal-lieutenant Weber, 15oo hommes et 4 drapeaux sont restés en notre pouvoir.

La perte de notre côté a été considérable : nous avons eu 11oo tués et 3ooo blessés. Le duc de Montebello a eu la cuisse emportée par un boulet, le 22, sur les six heures du soir. L'amputation a été faite, et sa vie est hors de danger. Au premier moment on le crut mort : transporté sur un brancard auprès de l'Empereur, ses adieux furent touchans. Au milieu des sollicitudes de cette journée, l'Empereur se livra à la tendre amitié qu'il porte depuis tant d'années à ce brave compagnon d'armes. Quelques larmes coulèrent de ses yeux, et se tournant vers ceux qui l'environnaient : « Il fallait, dit-il, que dans cette journée mon cœur fût frappé par un coup aussi sensible, pour que je pusse m'abandonner à d'autres soins qu'à ceux de mon armée. » Le duc de Montebello avait perdu connaissance : la présence de l'Empereur le fit revenir; il se jeta à son cou en lui disant : « Dans une heure vous aurez perdu celui qui meurt avec la gloire et la conviction d'avoir été et d'être votre meilleur ami. »

Le général de division Saint-Hilaire a été blessé : c'est un des généraux les plus distingués de la France.

Le général Durosnel, aide-de-camp de l'Empereur, a été enlevé par un boulet en portant un ordre.

Le soldat a montré un sang-froid et une intrépidité qui n'appartiennent qu'à des Français.

Les eaux du Danube croissant toujours, les ponts n'ont pu être rétablis pendant la nuit. L'Empereur a fait repasser, le 23, à l'armée le petit bras de la rive gauche, et a fait prendre position dans l'île de In-der-Lobau, en gardant les têtes de pont.

On travaille à rétablir les ponts : l'on n'entreprendra rien qu'ils ne soient à l'abri des accidens des eaux et même de tout ce que l'on pourrait tenter contre eux : l'élévation du fleuve et la rapidité du courant obligent à des travaux considérables et à de grandes précautions.

Lorsque le 23 au matin, on fit connaître à l'armée que l'Empereur avait ordonné qu'elle repassât dans la grande île, l'étonnement de ces braves fut extrême. Vainqueurs dans les deux journées, ils croyaient que le reste de l'armée allait les rejoindre; et quand on leur dit que les grandes eaux ayant rompu les ponts, et augmentant sans cesse, rendaient le renouvellement des munitions et des vivres impossible, et que tout mouvement en avant serait insensé, on eut de la peine à les persuader.

C'est un malheur très-grand et tout-à-fait imprévu que des ponts, formés des plus grands bateaux du Danube, amarrés par de doubles ancres et par des cinquenelles, aient été enlevés; mais c'est un grand bonheur que l'Empereur ne l'ait pas appris deux heures plus tard. L'armée poursuivant l'ennemi aurait épuisé ses munitions, et se serait trouvée sans moyens de les renouveler.

Le 23 on a fait passer une grande quantité de vivres au camp d'In-der-Lobau.

La bataille d'Esling, dont il sera fait une relation plus détaillée, qui fera connaître les braves qui se sont distingués, sera, aux yeux de la postérité, un nouveau monument de la gloire et de l'inébranlable fermeté de l'armée française.

Les maréchaux ducs de Montebello et de Rivoli ont montré dans cette journée toute la force de leur caractère militaire.

L'Empereur a donné le commandement du second corps au comte Oudinot, général éprouvé dans cent combats où il a montré autant d'intrépidité que de savoir.

ONZIÈME BULLETIN.

Ebersdorf, le 24 mai 1809.

Le maréchal duc de Dantzick est maître du Tyrol. Il est entré à Inspruck le 19 de ce mois. Le pays entier s'est soumis.

Le 11, le duc de Dantzick avait enlevé la forte position de Strub-Pass, et pris à l'ennemi sept canons et six cents hommes.

Le 13, après avoir battu Chasteller dans la position de Vœrgel, l'avoir mis dans une déroute complète, et lui avoir pris toute son artillerie, il l'avait poursuivi jusqu'au-delà de Rattenberg. Ce misérable n'a dû son salut qu'à la vitesse de son cheval.

En même temps le général Deroy ayant débloqué la forteresse de Kufstein, faisait sa jonction avec les troupes que le duc de Dantzick commandait en personne. Ce maréchal se loue de la conduite du major Palm, du chef du bataillon léger bavarois, du lieutenant-colonel Habermann, du capitaine Haider, du capitaine Bernard, du 3ᵉ régiment des chevau-légers de Bavière, de ses aides-de-camp Montmarie, Maingarnaud et Montélegir, et du chef d'escadron Fontange, officier d'état-major.

Chasteller était entré dans le Tyrol avec une poignée de mauvais sujets. Il a prêché la révolte, le pillage et l'assassinat. Il a vu égorger sous ses yeux plusieurs milliers de Bavarois, et une centaine de soldats français. Il a encouragé les assassins par ses éloges et excité la férocité de ces ours des montagnes. Parmi les Français qui ont péri dans ce massacre, se trouvait une soixantaine de Belges, tous compatriotes de Chasteller. Ce misérable couvert des bienfaits de l'Empereur, à qui il doit d'avoir recouvré des biens montant à plusieurs millions, était incapable d'éprouver le sentiment de la reconnaissance, et ces affections qui attachent même les barbares aux habitans du pays qui leur a donné naissance.

Les Tyroliens vouent à l'exécration les hommes dont les perfides insinuations les ont excités à la rébellion et ont appelé sur eux les malheurs qu'elle entraîne avec elle. Leur fureur contre Chasteller était telle, que lorsqu'il se sauva après la déroute de Vœrgel, ils l'arrêtèrent à Hall, le fustigèrent et le maltraitèrent au point qu'il fut obligé de passer deux jours dans son lit. Il osa ensuite reparaître pour demander à capituler. On lui répondit qu'on ne capi-

tulait pas avec un brigand, et il s'enfuit en toute
hâte dans les montagnes de la Carinthie.

La vallée de Zillerthal a été la première à se sou-
mettre ; elle a remis ses armes et donné des otages.
Le reste du pays a suivi cet exemple. Tous les chefs
ont ordonné aux paysans de rentrer chez eux, et on
les a vus quitter les montagnes de toutes parts, et
revenir dans leurs villages. La ville d'Inspruck et tous
les cercles ont envoyé des députations à S. M. le roi
de Bavière, protester de leur fidélité et implorer sa
clémence.

Le Voralberg, que les proclamations incendiaires
et les intrigues de l'ennemi avaient aussi égaré,
imitera le Tyrol, et cette partie de l'Allemagne sera
arrachée aux désastres et aux crimes des insurrec-
tions populaires.

Combat de Urfar.

Le 17 de ce mois, à deux heures après midi, trois
colonnes autrichiennes, commandées par les généraux Grainville, Bucalowitz et Sommariva, et sou-
tenues par une réserve aux ordres du Général Jellachich, ont attaqué le général Vandamme, au village de Urfar, en avant de la tête du pont de Lintz.
Dans le même moment arrivait à Lintz le maréchal
prince de Ponte-Corvo, avec la cavalerie et la première brigade d'infanterie saxonne. Le général Vandamme, à la tête des troupes wirtembourgeoises, et
avec quatre escadrons de hussards et de dragons
saxons, repoussa vigoureusement les deux premières
colonnes ennemies, les chassa de leurs positions,
leur prit 6 pièces de canon et 400 hommes, et les
mit dans une pleine déroute. La troisième colonne
ennemie parut sur les hauteurs de Boslingberg, à
sept heures du soir, et son infanterie couronna en
un instant la crête des montagnes voisines. L'infan-

terie saxonne attaqua l'ennemi avec impétuosité, le chassa de toutes ses positions, lui prit 3oo hommes et plusieurs caissons de munitions.

L'ennemi s'est retiré en désordre sur Freystadt et sur Haslac. Les hussards envoyés à sa poursuite, ont ramené beaucoup de prisonniers. On a pris dans les bois 5oo fusils et une quantité de voitures et de caissons chargés d'effets d'habillement. La perte de l'ennemi, indépendamment des prisonniers, est de 2,ooo hommes tués ou blessés. La nôtre ne va pas à 4oo hommes hors de combat.

Le maréchal prince de Ponte-Corvo fait beaucoup d'éloges du général Vandamme. Il se loue de la conduite de M. de Leschwitz, général en chef des Saxons, qui conserve à soixante-cinq ans, l'activité et l'ardeur d'un jeune homme; du général d'artillerie Mossel; du général Gérard, chef d'état-major, et du lieutenant-colonel aide-de-camp Hamelinaie.

ARMÉE D'ITALIE.

Le vice-roi commandant en chef, informe le ministre de la guerre de la suite des opérations de l'armée d'Italie.

Selon le rapport des prisonniers, la perte que l'ennemi a éprouvée à la bataille de la Piave, s'élève à 10,000 hommes. Le feld-maréchal-lieutenant Wauxall est au nombre des morts : l'un des deux généraux Giulay a été blessé mortellement.

Après la bataille de la Piave, l'ennemi, vivement poursuivi, a été atteint à Sacile au moment où il cherchait à établir des redoutes pour gagner du temps; il a été attaqué et mis en fuite, et on lui a fait quelques centaines de prisonniers.

Le lendemain 10, la poursuite a continué, et l'avant-garde a ramené un grand nombre de prisonniers : deux bataillons du 23ᵉ d'infanterie légère , qui avaient été dirigés sur Brugniera , ont atteint la queue d'une colonne ennemie , et lui ont pris 500 hommes et une pièce de canon.

Le 11 , toute l'armée a passé le Tagliamento : elle a joint l'armée autrichienne vers trois heures de l'après-midi à Saint-Daniel. Le général Giulay occupait les hauteurs avec plusieurs régimens d'infanterie , plusieurs escadrons de cavalerie et cinq pièces d'artillerie. L'archiduc Jean s'y trouvait de sa personne , et avait ordonné de tenir jusqu'à la dernière extrémité , pour donner le temps au reste de l'armée de défiler dans la longue vallée de la Fella. La position fut aussitôt attaquée : l'ennemi fut chassé de toutes les hauteurs et mis dans le plus grand désordre , et à minuit notre avant-garde prit position sur la Ledra. L'ennemi a perdu dans le combat de Saint-Daniel 2 pièces de canon , 600 hommes tués ou blessés ; le drapeau et 1,500 hommes du régiment de Rieski ont été pris. Nous avons eu 200 hommes tués ou blessés.

Le 12 , le général Grouchy a chassé l'ennemi jusqu'au-delà de l'Isonzo , lui a fait 800 prisonniers , et a pris à Udine tous ses magasins , ses pontons et beaucoup de voitures d'équipages.

Le même jour , le colonel Giflenga , à la tête d'un escadron du 6ᵉ de hussards et d'un escadron des dragons de la reine , a joint une colonne qui se retirait à Gemona. Il a aussitôt chargé et culbuté l'ennemi , auquel il a pris 800 hommes , dont 8 officiers , et un drapeau du régiment de François Jellachich.

La poursuite continue avec la même activité.

DOUZIÈME BULLETIN.

Ebersdorf, le 26 mai 1809.

On a employé toute la journée du 23, la nuit du 23 au 24, et toute la journée du 24, à réparer les ponts.

Le 25, à la pointe du jour, ils étaient en état. Les blessés, les caissons vides, et tous les objets qu'il était nécessaire de renouveler, ont passé sur la rive droite.

La crue du Danube devant encore durer jusqu'au 15 juin, on a pensé que, pour pouvoir compter sur les ponts, il convenait de planter en avant des lignes de pilotis, auxquels on amarrera la grande chaîne de fer qui est à l'arsenal, et qui fut prise par les Autrichiens sur les Turcs, qui la destinaient à un semblable usage.

On travaille à ces ouvrages avec la plus grande activité, et déjà un grand nombre de sonnettes battent des pilotis : par ce moyen, et avec les fortifications qu'on fait sur la rive gauche, nous sommes assurés de pouvoir manœuvrer sur les deux rives à volonté.

Notre cavalerie légère est vis-à-vis de Presbourg, appuyée sur le lac de Neusiedel.

Le général Lauriston est en Styrie sur le Simeringberg et sur Bruck.

Le maréchal duc de Dantzick est en grandes marches avec les Bavarois. Il ne tardera pas à rejoindre l'armée près de Vienne.

Les chasseurs à cheval de la Garde sont arrivés hier ; les dragons arrivent aujourd'hui ; on attend dans peu de jours les grenadiers à cheval et 60 pièces d'artillerie de la Garde.

Nous avons fait prisonniers, lors de la capitulation de Vienne :

     7 feld-maréchaux-lieutenans,
     9 généraux-majors,
   10 colonels,
   20 majors et lieutenans-colonels,
 100 capitaines,
 150 lieutenans,
 200 sous-lieutenans,

Et 3000 sous-officiers et soldats, parmi lesquels ne sont pas compris les hommes qui étaient aux hôpitaux, et qui montaient à plusieurs milliers.

L'archiduc Jean a adressé au duc de Raguse la lettre ci-jointe, datée de Conegliano, le 17 avril. La postérité aura peine à croire que des princes d'une maison illustre, dont le public a droit d'exiger les procédés qu'inspirent un haut rang et une éducation soignée, soient capables d'une action aussi contraire à la délicatesse qui règle la conduite de tous les hommes bien élevés, et aux sentimens qui dirigent les gens d'honneur. Le prince Jean est le même qui, aux champs d'Hohenlinden, montra tant d'inexpérience et si peu de courage. Les succès éphémères qu'il a obtenus en Italie, au prix d'une trahison, en attaquant une armée répandue dans ses cantonnemens, sous la foi des traités et du droit des gens, ont exalté son orgueil ; et chez lui, comme chez tous les hommes dont le caractère est sans élévation, un moment de prospérité a produit la bravade et l'outrage. Aujourd'hui, fuyant en désordre, chassé, conspué par toute l'Italie, les circonstances ajoutent, à l'odieux de la lettre qu'il a écrite, le ridicule le plus éclatant. Un général qui a été capable de la signer, n'est pas digne du nom de soldat : il n'en connaît, ni les devoirs, ni l'honneur. Le duc de Raguse a fait de sa lettre le cas qu'il devait en faire, et ne lui a répondu que par le silence et le mépris.

En attendant le signal d'entrer en activité, le duc de Raguse a réuni son armée devant Kuin, le 27 avril. Plusieurs escarmouches ont eu lieu avec l'ennemi : le général Soyez, qui était en observation à Ervenich, l'a battu, et forcé à se retirer. Différens détachemens ayant paru sur la rive gauche de la Basse-Zermagna, le colonel Caseaux, avec un bataillon du 18e d'infanterie légère, les a rencontrés, sur les hauteurs du village d'Obrovatz, et quoiqu'ils fussent supérieurs en nombre, il les a battus, et leur a tué ou blessé quatre cents hommes, et leur a fait des prisonniers.

Un engagement a aussi eu lieu sur la Haute-Zermagna, entre des troupes de la division du général Clauzel, et une avant-garde autrichienne, forte de cinq à six mille hommes, qui débouchait sur le plateau de Bender. Un bataillon du 11e, et les voltigeurs du 8e, chargèrent deux bataillons du régiment de Sluïn, et un bataillon d'Ottochatz, et les précipitèrent dans un ravin, où ils en firent un grand carnage. Le gros de l'armée du duc de Raguse était à vingt milles de Zara, le 5 mai, prêt à se mettre en mouvement pour aller joindre l'armée d'Italie.

Voici la lettre dont il est question dans cette note :

Monsieur le duc,

Le bruit des victoires remportées par mes armes sera sans doute parvenu jusqu'à vous. Six jours de combats consécutifs ont poussé l'armée française des bords de l'Isonzo au-delà de la Piave, mon avant-garde a passé ce fleuve, et ne trouve d'autre obstacle à combattre que celui de dix mille hommes prisonniers à conduire, de l'artillerie et des charrois immenses qui couvrent les chemins. Le peuple en

Tyrol s'est soulevé à l'approche des troupes autrichiennes, et a désarmé le corps bavarois répandu dans le pays. Enfin, de tous côtés les plus brillans succès ont couronné nos efforts. Ces avantages, et l'assurance que l'armée que j'ai devant moi n'a plus de nouvelles réserves à me présenter, m'ont mis dans le cas de disposer d'une forte colonne que je vais diriger sur la Dalmatie. Dans cet état de choses, des hostilités de votre part seraient sans but; le sang qu'elles coûteraient, inutilement versé, serait dèslors perdu pour la gloire. C'est donc, monsieur le duc, dans les vues de votre propre intérêt, autant que par le désir de diminuer les maux de la guerre, que je viens vous demander de mettre bas les armes avec le corps que vous commandez. Des conditions honorables, telles que le méritent la réputation de vos troupes, ainsi que le haut rang que vous occupez, vous seront accordées. Mon intention est de venir au secours de l'humanité, et non point d'humilier des braves. J'espère donc, monsieur le duc, que vous répondrez d'une manière satisfaisante à l'ouverture que je viens de vous faire, et je désire vivement que vous me procuriez bientôt l'occasion de vous témoigner personnellement l'estime et la considération avec laquelle je suis, etc.

Au quartier-général de Conégliano, le 17 avril 1809.

Signé, JEAN, *archiduc d'Autriche*.

TREIZIÈME BULLETIN.

Ebersdorf, le 28 mai 1809.

DANS la nuit du 26 au 27, nos ponts sur le Danube ont été enlevés par les eaux et par des moulins qu'on a détachés. On n'avait pas encore eu le temps d'achever les pilotis et de placer la grande chaîne de fer. Aujourd'hui, l'un des ponts est rétabli. On espère que l'autre le sera demain.

L'Empereur a passé la journée d'hier sur la rive gauche pour visiter les fortifications que l'on élève dans l'île d'In-der-Lobau, et pour voir plusieurs régimens du corps du duc de Rivoli, en position de cette espèce de tête de pont.

Le 27, à midi, le capitaine Bataille, aide-de-camp du prince vice-roi, a apporté l'agréable nouvelle de l'arrivée de l'armée d'Italie à Bruck. Le général Lauriston avait été envoyé au-devant d'elle, et la jonction a eu lieu sur le Simeringberg. Un chasseur du 9ᵉ, qui était en coureur en avant d'une reconnaissance de l'armée d'Italie, rencontra un chasseur d'un peloton du 20ᵉ, envoyé par le général Lauriston. Après s'être observés pendant quelque temps, ils reconnurent qu'ils étaient Français et s'embrassèrent. Le chasseur du 20ᵉ marcha sur Bruck, pour se rendre auprès du vice-roi, et celui du 9e se dirigea vers le général Lauriston, pour l'informer de l'approche de l'armée d'Italie. Il y avait plus de douze jours que les deux armées n'avaient pas de nouvelles l'une de l'autre. Le 26 au soir, le général Lauriston était à Bruck, au quartier-général du vice-roi.

Le vice-roi a montré dans toute cette campagne un sang-froid et un coup-d'œil qui présagent un grand capitaine.

Dans la relation des faits qui ont illustré l'armée d'Italie, pendant ces vingt derniers jours, S. M. a remarqué avec plaisir la destruction du corps de Jellachich. C'est ce général qui fit aux Tyroliens cette insolente proclamation qui alluma leur fureur et aiguisa leurs poignards. Poursuivi par le duc de Dantzick, menacé d'être pris en flanc par la brigade du général Dupellin, que le duc d'Auerstaedt avait fait déboucher par Mariazell, il est venu tomber comme dans un piége en avant de l'armée d'Italie.

L'archiduc Jean, qui, il y a si peu de temps, et dans l'excès de sa présomption, se dégradait par sa lettre au duc de Raguse, a évacué Gratz, hier 27, ramenant à peine vingt ou vingt-cinq mille hommes de cette belle armée qui était entrée en Italie. L'arrogance, l'insulte, les provocations à la révolte, toutes ses actions portant le caractère de la rage, ont tourné à sa honte.

Les peuples de l'Italie se sont conduits comme auraient pu le faire les peuples de l'Alsace, de la Normandie ou du Dauphiné. Dans la retraite de nos soldats, ils les accompagnaient de leurs vœux et de leurs larmes. Ils reconduisaient, par des chemins détournés et jusqu'à cinq marches de l'armée, les hommes égarés. Lorsque quelques prisonniers, ou quelques blessés français ou italiens, ramenés par l'ennemi, traversaient les villes et les villages, les habitans leur portaient des secours. Ils cherchaient, pendant la nuit, les moyens de les travestir et de les faire sauver.

Les proclamations et les discours de l'archiduc Jean n'inspiraient que le mépris et le dédain, et l'on aurait peine à se peindre la joie des peuples de la Piave, du Tagliamento et du Frioul, lorsqu'ils virent l'armée de l'ennemi fuyant en désordre, et l'armée du souverain et de la patrie revenant triomphante.

Lorsqu'on a visité les papiers de l'intendant de l'armée autrichienne, qui était à la fois le chef du gouvernement et de la police, et qui a été pris à Padoue avec quatre voitures, on y a découvert la preuve de l'amour des peuples d'Italie pour l'Empereur. Tout le monde avait refusé des places: personne ne voulait servir l'Autriche; et, parmi sept millions d'hommes qui composent la population du royaume, l'ennemi n'a trouvé que trois misérables qui n'aient pas repoussé la séduction.

Les régimens d'Italie qui s'étaient distingués en Pologne, et qui avaient rivalisé d'intrépidité dans la campagne de Catalogne avec les plus vieilles bandes françaises, se sont couverts de gloire dans toutes les affaires. Les peuples d'Italie marchent à grands pas vers le dernier terme d'un heureux changement. Cette belle partie du Continent, où s'attachent tant de grands et d'illustres souvenirs, que la cour de Rome, que cette nuée de moines, que ses divisions avaient perdue, reparaît avec honneur sur la scène de l'Europe.

Tous les détails qui arrivent de l'armée autrichienne constatent que dans les journées du 21 et du 22, sa perte a été énorme. L'élite de l'armée a péri. Selon les aimables de Vienne, les manœuvres du général Danube ont sauvé l'armée autrichienne.

Le Tyrol et le Voralberg sont parfaitement soumis. La Carniole, la Styrie, la Carinthie, le pays de Salzbourg, la Haute et la Basse-Autriche sont pacifiés et désarmés.

Trieste, cette ville où les Français et les Italiens ont subi tant d'outrages, a été occupé. Les marchandises coloniales anglaises ont été confisquées. Une circonstance de la prise de Trieste a été très-agréable à l'Empereur : c'est la délivrance de l'escadre russe. Elle avait eu ordre d'appareiller pour Ancône; mais, retenue par les vents contraires, elle était restée au pouvoir des Autrichiens.

La jonction de l'armée de Dalmatie est prochaine. Le duc de Raguse s'est mis en marche aussitôt qu'il a appris que l'armée d'Italie était sur l'Isonzo. On espère qu'il arrivera à Layback avant le 5 juin.

Le brigand Schill, qui se donnait, et avec raison,

le titre de général au service de l'Angleterre, après avoir prostitué le nom du roi de Prusse, comme les satellites de l'Angleterre prostituent celui de Ferdinand à Séville, a été poursuivi et jeté dans une île de l'Elbe. Le roi de Westphalie, indépendamment de 15,000 hommes de ses troupes, avait une division hollandaise et une division française; et le duc de Valmy a déjà réuni à Hanau, deux divisions du corps d'observation, commandées par les généraux Rivaud et Despeaux, et composées des brigades Lameth, Clément, Taupin et Vaufreland.

La pacification de la Souabe rend disponible le corps d'observation du général Beaumont, qui est réuni à Augsbourg, et où se trouvent plus de 5000 dragons.

La rage des princes de la maison de Lorraine contre la ville de Vienne peut se peindre par un seul trait. La capitale est nourrie par quarante moulins établis sur la rive gauche du fleuve. Ils les ont fait enlever et détruire.

ARMÉE D'ITALIE.

Le vice-roi commandant en chef informe le ministre de la guerre de la suite des opérations de l'armée d'Italie.

Après le passage du Tagliamento, et les avantages remportés au combat de Saint-Daniel, l'arrière-garde de l'ennemi, qui était toujours poursuivie l'épée dans les reins, a été atteinte à Venzone par notre avant-garde, sous le commandement du général Desaix. Elle fit mine de vouloir tenir; mais elle fut bientôt culbutée, et on lui fit 450 prisonniers, parmi lesquels étaient plusieurs officiers d'état-major. Le général Colloredo, qui la commandait, a été blessé à la cuisse d'un coup de feu. Notre perte consiste en 2 tués et 54 blessés.

L'ennemi avait brûlé tous les ponts de la Fella ; mais ces obstacles ont été surmontés. Il s'était fortifié dans le fort Malborghetto et sur le mont Predel. Ces positions ont été tournées ; la première, sous le feu du fort, et sans perdre un seul homme ; la seconde, par les vallées de Roccanala et de Dogna. Les troupes chargées de ces mouvemens ont rencontré l'ennemi auprès de Tarvis, et ont emporté ce bourg au pas de charge.

Le fort de Malborghetto a été canonné le 17 depuis cinq heures du matin jusqu'à neuf et demie. L'assaut a été alors ordonné. En une demi-heure, tous les blockhouses et toutes les palissades ont été assaillis et franchis à la fois, et l'ennemi poursuivi et forcé avec un grand carnage jusque dans ses derniers retranchemens. Il a laissé 300 hommes sur la place ; on a fait 350 prisonniers, et l'on a pris 2 obusiers, 5 pièces de trois, 1 de six et 2 de douze, et des magasins considérables. La prise de ce fort, qu'on appelait l'*Osopo de la Carinthie*, ne nous a coûté que 80 hommes hors de combat. Nous devons le petit nombre de nos blessés à la rapidité avec laquelle nos troupes se sont élancées. Le prince vice-roi se loue du général Grenier, qui a tout dirigé sous ses ordres ; du général Durutte ; du général Pacthod, qui est entré le premier dans les retranchemens de l'ennemi ; du chef de bataillon Amoretti, qui a été blessé ; du chef de bataillon Colas du 102ᵉ, et du capitaine Gérin de l'artillerie. Les grenadiers et les voltigeurs du 1ᵉʳ de ligne, du 52ᵉ, du 62ᵉ et du 102ᵉ, se sont particulièrement distingués.

Le même jour, et immédiatement après la prise du fort de Malborghetto, le prince vice-roi s'est porté sur Tarvis, où une nouvelle victoire a couronné cette journée. L'ennemi était établi de l'autre côté du vallon, étroit et profond, où coule la Schlitza, occupant avec 5 régimens de ligne et plusieurs bataillons de Croates, une double ligne de redoutes élevées les unes au-dessus des autres, et garnies de 25 pièces de canon. Il laissait voir sur ses derrières une cavalerie nombreuse. Ces corps étaient commandés par les généraux Giulay et Frimont.

Notre avant-garde, soutenue par les brigades Abbé et Valentin, attaqua de front, et la division Fontanelli attaqua la gauche de l'ennemi. Cette division, qui n'avait pas encore son artillerie, ne fut point arrêtée par le feu des batteries ennemies, auxquelles elle ne répondit qu'en sonnant la charge et culbutant à la baïonnette tout ce qui se trouvait devant elle. L'ennemi s'enfuit dans le plus grand désordre, et l'avant-garde acheva de le mettre dans une déroute complète. Il a laissé sur le champ de bataille un grand nombre de morts, 3000 hommes faits prisonniers et 17 pièces de canon. Nous n'avons pas eu 200 hommes hors de combat. Les généraux Fontanelli et Bonfanti, le colonel Zucchi du 1er de ligne italien, et le major Grenier du 60e de ligne, se sont distingués.

L'artillerie de l'armée, ainsi que la division Serras, étaient arrêtées par le fort de Predel. Le vice-roi ordonna au major Grenier de se porter avec 3 bataillons et 2 pièces de canon dans la vallée de Raïbell, pour attaquer le fort par derrière, tandis que le général Serras, qui était prévenu de ce mouvement, l'attaquerait de front. En un quart-d'heure le fort fut emporté, et tout ce qui était dans les palissades passé au fil de l'épée. La garnison était de 400 hommes ; deux seulement se sont échappés. On a trouvé 8 pièces de canon dans le fort.

Le 19, le 20 et le 21, l'armée est arrivée

de Tarvis à Villach, Klagenfurt et Saint-Weit.

Le 22, le 23 et le 24, elle est entrée à Freisach, Unzmarkt et Knittelfeld.

L'aile droite de l'armée, commandée par le général Macdonald, et composée des divisions Broussier et Lamarque, et de la division de dragons Pully, avait été dirigée sur Goritz. Elle passa l'Isonzo le 14, et le 15, elle prit position au-delà de Goritz, malgré les efforts de l'ennemi. On a pris à Goritz 11 pièces de canon, 2 mortiers et beaucoup d'approvisionnemens d'artillerie.

Le 17, la division Broussier força l'ennemi devant Prevald, et l'obligea à se retirer précipitamment sur Laybach. La division Lamarque, qui marchait par les routes de Podvel et de Poderay, culbuta partout l'ennemi dans les gorges, fit 400 prisonniers, dont 1 colonel et 15 officiers, et s'empara d'une pièce de canon.

Le 18, le général Schilt entra à Trieste, et fit dans sa marche 4 à 500 prisonniers.

Le 20, le général Broussier fit sommer et capituler les forts de Prevald : 2000 hommes ont mis bas les armes. On a pris 15 pièces de canon, et des magasins considérables de munitions de guerre et de bouche.

Le 21, les forts de Laybach ont été reconnus et resserrés de très-près. Le 22, le général Macdonald chargea le général Lamarque de l'attaque de gauche, le général Broussier de celle de droite, et la cavalerie fut disposée de manière à couper la retraite de l'ennemi. Le même jour, au soir, ces forts, qui ont coûté des sommes énormes à l'Autriche, et qui étaient défendus par 4500 hommes, ont demandé à capituler. Les généraux Giulay et Zach, à l'aspect des dispositions d'attaque, s'étaient sauvés avec quelques centaines d'hommes. 1 lieutenant-général, 1 colonel,

3 majors, 131 officiers, et 4000 hommes ont mis bas les armes. On a trouvé dans les forts et dans le camp retranché, 65 bouches à feu, 4 drapeaux, 8000 fusils et des magasins considérables.

Le prince vice-roi se loue beaucoup du général Macdonald, qui a dirigé toutes les opérations de l'aile droite de l'armée. Les généraux de division Broussier et Lamarque se sont distingués.

Lorsque l'armée d'Italie arrivait à Knittelfeld, le prince vice-roi fut informé que les débris du corps du général Jellachich, échappés à l'armée d'Allemagne, avaient été joints à Rotenmann par divers bataillons venant de l'intérieur, et formaient au total un corps de 7 à 8000 hommes se dirigeant sur Leoben. La division Serras eut ordre de forcer de marche pour arriver avant lui à l'embranchement des chemins. Le 25, à neuf heures du matin, son avant-garde rencontra l'ennemi, qui débouchait par la route de Mautern. L'ennemi se forma sur la position avantageuse de Saint-Michel, la droite appuyée à des montagnes escarpées, la gauche à la Muer, et le centre occupant un plateau d'un accès difficile. Le général Serras fut chargé de l'attaque de front, avec une brigade de sa division et une brigade de la division Durutte, commandée par le général Valentin. Il avait en arrière de sa ligne les 9ᵉ et 6ᵉ de chasseurs à cheval, commandés par les colonels Triaire et Delacroix, aides-de-camp du prince. Le général Durutte était en réserve avec le reste de sa division. Vers deux heures, l'attaque commença sur toute la ligne; l'ennemi fut partout culbuté; le plateau fut emporté, et la cavalerie acheva la déroute. 800 Autrichiens sont restés sur le champ de bataille, 1200 ont été blessés, 4200, dont 70 officiers, ont été faits prisonniers. On a pris 2 pièces de canon et 1 drapeau. Le général Jellachich, avec deux autres généraux et 60 dragons, s'est enfui à toute bride. Le général Serras est entré à six heures du soir à Léoben, où il a encore pris 600 hommes. Un nombre à peu près égal s'est sauvé dans les montagnes après avoir jeté ses armes.

Ainsi, tout ce qui restait du corps du général Jellachich a été détruit dans cette journée. Nous avons eu 500 hommes hors de combat. Le prince vice-roi fait un éloge particulier du général de division Serras, des généraux Roussel et Valentin, des colonels Delacroix et Triaire, de l'adjudant-commandant Forestier; du capitaine Aimé du 9ᵉ de chasseurs, qui a pris 1 drapeau; du lieutenant Bourgeois du 102ᵉ, qui, avec 4 chasseurs à cheval et 8 hommes d'infanterie, a fait 600 prisonniers; et du maréchal-des-logis Rivoine du 6ᵉ de chasseurs, qui a pris 1 pièce de canon après avoir tué les canonniers sur leur pièce.

Le lendemain 26, à midi, l'armée d'Italie est arrivée à Bruck, où elle a fait sa jonction avec le général Lauriston et avec l'armée d'Allemagne.

Proclamation.

Soldats de l'armée d'Italie,

Vous avez glorieusement atteint le but que je vous avais marqué, le Somering a été témoin de votre jonction avec la Grande-Armée.

Soyez les bien-venus! je suis content de vous!

Surpris par un ennemi perfide, avant que vos colonnes fussent réunies, vous avez dû rétrograder jusqu'à l'Adige. Mais lorsque vous reçûtes l'ordre de marcher en avant, vous étiez sur le champ mémorable d'Arcole, et là, vous jurâtes sur les mânes de nos héros de triompher. Vous avez tenu parole à la bataille de la Piave, aux combats de Saint-Daniel, de Tarvis, de Goritz ; vous avez pris d'assaut les forts de Malborghetto, de Pradel, et fait capituler la division ennemie retranchée dans Prevald et Laybach. Vous n'aviez pas encore passé la Drave, et déjà 25,000 prisonniers, 6o pièces de bataille, 1o drapeaux, avaient signalé votre valeur. Depuis, la Drave, la Save, la Muer, n'ont pu retarder votre marche. La colonne autrichienne de Jellachich, qui la première entra dans Munich, qui donna le signal des massacres dans le Tyrol, environnée à Saint-Michel, est tombée dans vos baïonnettes. Vous avez fait une prompte justice de ces débris dérobés à la colère de la Grande-Armée.

Soldats ! cette armée autrichienne d'Italie, qui, un moment, souilla par sa présence mes provinces, qui avait la prétention de briser ma couronne de fer, battue, dispersée, anéantie, grâces à vous, sera un exemple de la vérité de cette devise : *Dio la mi diede, guai a chi la tocca.*

De mon camp impérial d'Ebersdorf, le 27 mai 1809.

Signé, NAPOLÉON.

Par l'Empereur,

Le prince de Neufchâtel, major-général de l'armée,

ALEXANDRE.

QUATORZIÈME BULLETIN.

Ebersdorf, le 1er juin 1809.

Les ponts sur le Danube sont entièrement rétablis. On y a joint un pont volant, et l'on prépare tous les matériaux nécessaires pour jeter un autre pont de radeaux. Sept sonnettes battent des pilotis ; mais le Danube ayant, dans plusieurs endroits, vingt-quatre et vingt-six pieds de profondeur, on emploie toujours beaucoup de temps pour faire tenir les ancres, lorsqu'on déplace les sonnettes. Cependant les travaux avancent et seront terminés sous peu.

Le général de brigade du génie Lazowski fait travailler, sur la rive gauche, à une tête de pont qui aura 1600 toises de développement, et qui sera couverte par un bon fossé plein d'eau courante.

Le 44ᵉ équipage de la flotille de Boulogne, commandé par le capitaine de vaisseau Baste, est arrivé. Un grand nombre de bateaux en croisière battent toutes les îles, couvrent le pont et rendent beaucoup de services.

Le bataillon des ouvriers de la marine travaille à la construction de petites péniches armées, qui serviront à maîtriser parfaitement le fleuve.

Après la défaite du corps du général Jellachich, M. Mathieu, capitaine-adjoint à l'état-major de l'armée d'Italie, fut envoyé avec un dragon d'ordonnance sur la route de Salzbourg. Ayant rencontré successivement une colonne de 650 hommes de troupes de ligne, et une colonne de 2000 landwehrs, qui l'une et l'autre étaient coupées et égarées, il les somma de se rendre, et elles mirent bas les armes.

Le général de division Lauriston est arrivé à Œdenbourg, premier comitat de Hongrie, avec une forte avant-garde. Il paraît qu'il y a de la fermentation en Hongrie, que les esprits y sont très-divises, et que la majorité n'est pas favorable à l'Autriche.

Le général de division Lasalle a son quartier-général vis-à-vis Presbourg, et pousse ses postes jusqu'à Altenbourg et jusqu'auprès de Raab.

Trois divisions de l'armée d'Italie sont arrivées à Neustadt. Le vice-roi est depuis deux jours au quartier-général de l'Empereur.

Le général Macdonald , commandant un des corps de l'armée d'Italie , est entré à Gratz. On a trouvé dans cette capitale de la Styrie d'immenses magasins de vivres et d'effets d'habillement et d'équipement de toute espèce.

Le duc de Dantzick est à Lintz.

Le prince de Ponte-Corvo marche sur Vienne.

Le général de division Vandamme, avec les Wurtembergeois, est à Saint-Polten , Mautern et Krems.

La tranquillité règne dans le Tyrol. Coupés par les mouvemens du duc de Dantzick et de l'armée d'Italie, tous les Autrichiens qui s'étaient imprudemment engagés dans cette pointe, ont été détruits ; les uns par le duc de Dantzick , les autres, tels que le corps de Jellachich , par l'armée d'Italie. Ceux qui étaient en Souabe , n'ont eu d'autre ressource que de tâcher de traverser, en partisans, l'Allemagne, en se portant sur le Haut-Palatinat. Ils formaient une petite colonne d'infanterie et de cavalerie, qui s'était échappée de Lindau , et qui a été rencontrée par le colonel Reiset , du corps d'observation du général Beaumont. Elle a été coupée à Neumack , et la colonne entière , officiers et soldats , a mis bas les armes.

Vienne est tranquille , le pain et le vin sont en abondance : mais la viande, que cette capitale tirait du fond de la Hongrie, commence à devenir rare. Contre toutes les raisons politiques et tous les motifs d'humanité , les ennemis font l'impossible pour affamer leurs compatriotes et cette capitale, qui renferme cependant leurs femmes et leurs enfans. Il y a loin de cette conduite à celle de notre Henri IV, nourrissant lui-même une ville qui était alors ennemie et qu'il assiégeait.

Le duc de Montebello est mort hier à cinq heures du matin. Quelque temps auparavant, l'Empereur s'était entretenu pendant une heure avec lui. Sa majesté avait envoyé chercher, par le général Rapp, son aide-de-camp, M. le docteur Franck, l'un des médecins les plus célèbres de l'Europe. Les blessures étaient en bon état, mais une fièvre pernicieuse avait fait, en peu d'heures, les plus funestes progrès. Tous les secours de l'art étaient devenus inutiles. S. M. a ordonné que le corps du duc de Montebello soit embaumé et transporté en France, pour y recevoir les honneurs qui sont dus à un rang élevé et à d'éminens services. Ainsi a fini l'un des militaires les plus distingués qu'ait eus la France. Dans les nombreuses batailles où il s'est trouvé, il avait reçu treize blessures. L'Empereur a été extrêmement sensible à cette perte, qui sera ressentie par tous les Français.

QUINZIÈME BULLETIN.

Ebersdorf, le 2 juin 1809.

L'armée de Dalmatie a obtenu les plus grands succès. Elle a défait tout ce qui s'est présenté devant elle aux combats du Mont-Kitta, de Gradchatz, de la Liéca et d'Ottachatz. Le général en chef Stoissevich a été pris.

Le duc de Raguse est arrivé le 28 à Fiume, et a fait ainsi sa jonction avec l'armée d'Italie et avec la grande armée, dont l'armée de Dalmatie forme l'extrême droite. On fera connaître la relation du duc de Raguse sur ces différens événemens.

Le 28, une escadre anglaise de quatre vaisseaux, deux frégates et un brick, s'est présentée devant Trieste, avec l'intention de prendre l'escadre russe. Le général comte Caffarelli venait d'arriver dans ce port. Comme la ville était désarmée, les Russes ont débarqué quarante pièces de canon, dont vingt-quatre de 36, et seize de 24. On a mis ces pièces en batterie, et l'escadre russe s'est embossée. Tout était prêt pour bien recevoir l'ennemi, qui, voyant son coup manqué, s'est éloigné.

Un millier d'Autrichiens ayant passé de Krems sur la rive droite du Danube, ont été culbutés par le corps wurtembergeois, qui leur a fait soixante prisonniers.

SEIZIÈME BULLETIN.

Ebersdorf, le 4 juin 1809.

L'ennemi avait jeté sur la rive droite du Danube, vis-à-vis Presbourg, une division de neuf mille hommes, qui s'était retranchée dans le village d'Engerau. Le duc d'Auerstaedt l'a fait attaquer hier par les tirailleurs de Hesse-Darmstadt, soutenus par le 12ᵉ régiment d'infanterie de ligne. Le village a été emporté avec rapidité. Un major, huit officiers du régiment de Beaulieu, parmi lesquels se trouve le petit-fils de ce feld-maréchal, et quatre cents hommes ont été pris. Le reste du régiment a été tué, ou blessé, ou jeté dans l'eau. Ce qui restait de la division a trouvé protection dans une île pour repasser le fleuve. Les tirailleurs de Hesse-Darmstadt se sont très-bien battus.

Le vice-roi a aujourd'hui son quartier-général à OEdenbourg.

Les effets les plus précieux de la cour ont été transportés de Bude à Peterwaradin, où l'impératrice s'est retirée.

Le duc de Raguse est arrivé à Laybach.

Le général Macdonald est maître de Gratz. Il cerne la citadelle qui fait mine de résister.

A la bataille d'Esling, le général de brigade

Foulers, blessé dans une charge, fut précipité de son cheval, et le général de division Durosnel, aide-de-camp de l'Empereur, portant un ordre à la division de cuirassiers qui chargeait, avait aussi été renversé. Nous avons eu la satisfaction d'apprendre que ces deux généraux et cent cinquante soldats que nous croyions avoir perdus, ne sont que blessés et étaient restés dans les blés, lorsque l'Empereur, ayant appris que les ponts du Danube venaient de se rompre, ordonna de se concentrer entre Esling et Gross-Aspern.

Le Danube baisse : cependant la continuation des chaleurs fait encore craindre une crue.

Voici la suite des affaires qui ont eu lieu à l'armée du grand-duché de Varsovie.

Après la prise du pont de Gora, l'ennemi ayant abandonné la rive droite de la Vistule, l'armée aux ordres du prince Poniatowski s'est divisée en deux colonnes, dont la première a remonté la Vistule jusqu'à Pulawy, et l'autre s'est portée par Orieck, Zelechow, jusqu'à Kock.

Le 14, le prince Poniatowski est entré à Lublin, et le lendemain, il a marché vers Sendomir. Une partie de l'armée est entrée à Przeworsk. Par ce mouvement, la communication de Lemberg avec Cracovie a été coupée.

Le général Rozniecki, à la tête de quatre cents hommes de cavalerie, a fait, dans différens combats, sept cent dix prisonniers, au nombre desquels se trouvent un major et neuf officiers. Le même détachement s'est emparé d'un transport considérable d'armes, de souliers et de draps.

Profitant de l'inaction de l'ennemi, qui avait pris une position sur la Bzura, le prince Poniatowski a jugé à propos de faire attaquer la tête de pont de

Sendomir et la ville même, où l'ennemi avait pratiqué de très-forts retranchemens. Cette opération a pleinement réussi. La tête de pont a été enlevée, le 18 mai, à la baïonnette, par le chef d'escadron Wladimir Potocki, et la ville, vivement attaquée par le général Sokolnicki, a capitulé dans la nuit du même jour. L'ennemi a perdu mille hommes tués et douze cents prisonniers, vingt pièces de canon et des magasins considérables.

La cavalerie du prince Poniatowski s'étend jusqu'à Leopol et pousse jusques vers Cracovie. Elle a délivré trois mille hommes qui avaient été levés par force. Les Galiciens donnent tous les jours de nouvelles preuves de la haine dont ils sont animés contre l'Autriche.

Pendant que ces choses se passaient en Galicie, le général Dombrowski repoussait partout l'ennemi sur la Basse-Vistule.

Le 14, Thorn avait été attaqué. La tête de pont n'était pas en état de défense. La garnison brûla la partie du pont qui y communique : elle s'établit dans l'île. Ce mouvement a été fait après une affaire qui a coûté beaucoup de monde à l'ennemi, qui n'ayant pas de moyens pour passer le fleuve, et voyant la bonne contenance de la ville, a renoncé à son entreprise.

Le 15, le passage de la Vistule, sous Plock, a été tenté par l'ennemi, qui a été repoussé avec perte, et forcé de brûler les bateaux qu'il avait rassemblés.

Du 16 au 23, le général Dombrowski a attaqué l'ennemi depuis Bromberg jusqu'à Czentochow, l'a repoussé vivement en avant de Bromberg, a mis les deux places de Czentochow et de Thorn à l'abri de toute entreprise, et a assuré sa communication avec la dernière de ces villes par Inowraclaw.

DIX-SEPTIÈME BULLETIN.

Vienne, le 8 juin 1809.

Le colonel Gorgoli, aide-de-camp de l'empereur de Russie, est arrivé au quartier impérial, avec une lettre de ce souverain pour S. M. Il a annoncé que l'armée russe se dirigeant sur Olmutz, avait passé la frontière le 24 mai.

L'Empereur a passé avant-hier la revue de sa garde, infanterie, cavalerie et artillerie. Les habitans de Vienne ont admiré le nombre, la belle tenue et le bon état de ces troupes.

Le vice-roi s'est porté avec l'armée d'Italie à OEdenbourg, en Hongrie. Il paraît que l'archiduc Jean cherche à rallier son armée sur le Raab.

Le duc de Raguse est arrivé avec l'armée de Dalmatie le 3 de ce mois à Laybach.

Les chaleurs sont très-fortes, et les gens pratiques du Danube annoncent qu'il y aura un débordement d'ici à peu de jours. On profite de ce temps pour achever, indépendamment des ponts de bateaux et de radeaux, à planter les pilotis.

Tous les renseignemens qu'on reçoit du côté de l'ennemi, annoncent que les villes de Presbourg, Brunn et Znaim sont remplies de blessés. Les Autrichiens évaluent eux-mêmes leur perte à dix-huit mille hommes.

Le prince Poniatowski, avec l'armée du grand-duché de Varsovie, poursuit ses succès. Après la prise de Sendomir, il s'est emparé de la forteresse de Zamosc, où il a fait éprouver à l'ennemi une perte de trois mille hommes et pris trente pièces de canon. Tous les Polonais qui sont à l'armée autrichienne désertent.

L'ennemi, après avoir échoué devant Thorn, a été vivement poursuivi par le général Dombrowski.

L'archiduc Ferdinand ne retirera que de la honte de son expédition. Il doit être arrivé dans la Silésie autrichienne, réduit au tiers de ses forces.

Le sénateur Vibiski s'est distingué par ses sentimens patriotiques et son activité.

M. le comte de Metternich est arrivé à Vienne. Il va être échangé aux avant-postes avec la légation française, à qui les Autrichiens avaient, contre le droit des gens, refusé des passeports, et qu'ils avaient emmenée à Pest.

N° I.

Lettre du duc de Raguse.

Sire,

J'ai l'honneur de rendre compte à V. M. qu'ayant reçu du prince vice-roi la nouvelle que l'armée autrichienne d'Italie opérait sa retraite, je me suis mis en marche pour entrer en Croatie, le 14 de mai; le 16 nous avons trouvé l'ennemi dans les belles positions qu'il occupait, il y a quinze jours, et nous l'y avons attaqué. Après un combat vif, mais court, toutes les positions du Mont-Kitta ont été emportées par la division Clauzel. Nous lui avons tué trois cents hommes, blessé six ou sept cents et pris cinq cents : beaucoup ont jeté leurs armes pour se sauver plus vite dans les rochers, de manière que trois à quatre mille hommes ont été dispersés et manquent à l'armée. Parmi les prisonniers se trouvent plusieurs officiers, et dans le nombre de ces derniers le général Sloïssevich, commandant en chef ici. La force du corps d'armée ennemi était de dix-neuf bataillons, tous régimens croates ou frontières : douze de ces bataillons seulement se sont trouvés à l'affaire, les autres ayant été détachés sur la Basse-Zermagna.

Le lendemain 17, j'ai marché sur l'ennemi qui occupait les retranchemens qu'il avait construits à Popina ; à notre approche il évacua ses retranchemens sans qu'il fût possible de l'entamer, à cause de la grande promptitude qu'il y mit. Le 17 au soir, je le suivis devant Gradschats, et j'attaquai avec mon avant-garde l'arrière-garde qu'il avait laissée au débouché des montagnes, afin de favoriser la rentrée de deux bataillons qu'il avait à Ervenick ; son arrière-garde fut battue, nous la chassâmes de toutes ses positions, et nous la suivîmes dans la plaine ; alors l'ennemi la fit soutenir par toutes ses forces, et comme les bataillons qui devaient venir d'Ervenick étaient sur notre flanc, et que par la nature du pays ils nous occupaient beaucoup de monde, et que d'un autre côté toute l'armée n'avait pas eu le temps d'arriver, il en est résulté que nous avons été dans le cas d'avoir dans la plaine un combat contre des forces très-supérieures, combat que nous avons soutenu avec opiniâtreté. Nous avons gardé toutes les positions que nous avions prises et tous les avantages que nous avions obtenus. Le combat a fini à dix heures du soir. L'ennemi a profité de la nuit pour évacuer, et au jour nous sommes entrés dans Gradschats. Dans ce dernier combat, j'ai été blessé d'un coup de feu à la poitrine, mais la blessure est légère, la balle n'ayant fait qu'effleurer, et je n'en remplis pas moins mes fonctions.

L'ennemi a pris position entre Gradschats et Gospich. Nous le suivrons aussitôt que l'artillerie et les approvisionnemens, que je n'ai pu amener sur les crètes, et qui n'ont pu se mettre en mouvement que lorsque nous avons été maîtres de la grande route, nous auront joints. J'espère que ce sera demain, et que nous partirons au plus tard après-demain.

Je ne saurais donner trop de louanges aux troupes qui ont combattu : savoir, le 8e d'infanterie légère, 11e et 23e de ligne, et aux braves et dignes colonels Bertrand, Bachelu et Minal, de ces régimens : le dernier a reçu sept blessures, dont heureusement aucune n'est très-grave. Je dois également des louanges au général Clauzel, et faire une mention toute particulière du général Delzons qui a puissamment influé sur ces succès.

Le nombre d'hommes hors de combat, dans ces deux affaires, s'élève à trois cents.

Je suis avec le plus profond respect, etc.

Au quartier-général de Gradschats, le 18 mai 1809.

Le duc DE RAGUSE *, général en chef de l'armée de Dalmatie.*

N° II.

Lettre du duc de Raguse.

SIRE,

J'ai eu l'honneur de rendre compte à V. M. de l'entrée en campagne de votre armée de Dalmatie, de la défaite de l'armée ennemie au Mont-Kitta, de la prise du général Stoïssevich, commandant en chef, et du combat de Gradschats. Je dois maintenant à V. M. le rapport des opérations qui ont suivi.

L'artillerie et les vivres que j'attendais de Dalmatie, m'ayant joint le 19, je me mis en marche le 20 pour Gospich. Le 21, de bonne heure, j'arrivai à la vue de Gospich. L'ennemi était renforcé des colonnes d'Obrovatz et d'Ervenik, qui étaient fortes de 4,000 hommes, et qui ne s'étaient pas encore battues. Il avait reçu de plus deux bataillons du régiment du Bannat, et avait fait réunir toute la population en armes. Ses forces étaient doubles des nôtres. La position de l'ennemi était belle. Gospich est situé à la réunion de quatre rivières, de manière que de quelque côté que l'on se présente, il est nécessaire d'en passer deux. Ces rivières sont toutes très-encaissées, on ne peut les passer que vis-à-vis les chaussées, et, dans cette saison, une seule est guéable. Je me décidai à ne pas attaquer de front Gospich, mais à tourner sa position de manière à menacer la retraite de l'ennemi. Pour atteindre ce but, il fallait passer une des rivières à portée du canon des batteries ennemies établies de l'autre côté de la Licca, ou traverser des montagnes extrêmement âpres et difficiles, où les Croates auraient pu résister avec avantage. L'ennemi occupant la rive opposée de cette rivière, il fallait l'en chasser afin de pouvoir rétablir le pont qu'il avait coupé. Deux compagnies de voltigeurs du 8ᵉ régiment, commandées par le capitaine Bourillon, ayant passé un gué, remplirent cet objet, attendu que l'ennemi, comptant sur sa position, était peu en force ; elles occupèrent deux pitons qui touchaient la rivière. A peine ce mouvement fut-il exécuté, que l'ennemi déboucha par le pont de Belay et marcha sur la division Montrichard, qui suivait la division Clauzel. Je donnai immédiatement l'ordre au général Clauzel de faire passer au général Delzons, avec le 8ᵉ régiment d'infanterie légère, la petite rivière qui était devant nous, afin d'occuper les mamelons dont s'étaient emparés les voltigeurs, et de les défendre avec la plus grande opiniâtreté possible, s'il y était attaqué. Je lui donnai également l'ordre de rapprocher un peu les autres régimens de sa division, de manière à soutenir la division Montrichard, avec laquelle j'allais combattre l'ennemi qui débouchait.

L'ennemi marcha à nous sur trois colonnes : j'eus bientôt disposé toute la division Montrichard, et après être resté en position pour bien juger du projet de l'ennemi, je me décidai à faire attaquer la colonne du centre par le 18ᵉ régiment d'infanterie légère, à la tête duquel marchait le général Soyez, tandis que le 79ᵉ régiment, que commande le colonel Godard, et avec lequel se trouvait le général Montrichard, contenait la droite de l'armée ennemie. La charge du 18ᵉ régiment fut extrêmement brillante ; il est impossible d'aborder l'ennemi avec plus de confiance et d'audace que ne le fit ce brave régiment : l'ennemi fut culbuté et il perdit trois pièces de canon. Dans cette glorieuse charge, le général Soyez fut blessé d'une manière très-grave. Je fis soutenir immédiatement le 18ᵉ régiment par le 5ᵉ, sous les ordres du colonel Plauzonne, qui marcha sur la colonne de gauche de l'ennemi, et la fit replier. L'ennemi s'opiniâtrant, envoya de puissans renforts, qui exigèrent de notre côté de nouveaux efforts. Le 79ᵉ régiment, qui avait suivi la droite de l'ennemi, s'était réuni à notre centre en faisant le tour d'un monticule qui l'en séparait. Je plaçai en deuxième ligne le 81ᵉ régiment, sous les ordres du général Launay et du colonel Bouté, et en réserve un bataillon du 11ᵉ régiment, que je détachai de la division Clauzel. L'ennemi ayant fait un nouvel effort, le 79ᵉ régiment le reçut avec sa bravoure ordinaire, et un bataillon le chargea tandis que le 81ᵉ en faisait autant. Cette charge fut si vive, que l'ennemi se précipita dans la rivière et s'y noya en grand nombre ; tout ce qui avait passé aurait été détruit, si douze pièces de canon de l'ennemi, placées sur l'autre rive de la Licea, n'avaient mis obstacle à ce qu'on le poursuivît davantage. Cet effort termina la journée à notre gauche. Le général Launay, qui marchait à la tête du 79ᵉ régiment et du 81ᵉ, y fut grièvement blessé.

Pendant que ces affaires se passaient, l'ennemi détacha six bataillons pour attaquer les positions qu'occupait le 8ᵉ régiment d'infanterie légère. Ce corps, un des plus braves de l'armée française, que commande le colonel Bertrand, et que le général Delzons avait très-bien posté, résista avec beaucoup de vigueur et de persévérance. Après plusieurs tentatives inutiles pour enlever sa position de vive force, l'ennemi s'occupa à la tourner : il allait être en péril, lorsque j'ordonnai au général Clauzel d'envoyer au général Delzons les trois bataillons du 11ᵉ régiment sous les ordres du colonel Bachelu, pour non-seulement soutenir et assurer le 8ᵉ régiment, mais encore pour prendre l'offensive et menacer la retraite de tout le corps ennemi qui l'avait tourné. Le général Delzons fit le meilleur emploi de ces forces, et le 11ᵉ régiment soutint, dans cette circonstance, son ancienne réputation, et en moins de trois quarts d'heure, l'ennemi perdit de vive force ou évacua toutes ses positions ; ce succès mit fin au combat.

Pendant la nuit, on s'occupa, avec la plus grande activité, à rétablir le pont qui avait été coupé. Mon intention était de le passer avant le jour avec toutes mes forces, pour me trouver le plutôt possible sur la communication de l'ennemi, ne supposant pas qu'il retardât d'un seul instant sa retraite. Les travaux du pont furent plus longs que je n'avais pensé, et le transport de mes blessés fut tellement difficile, qu'à midi les troupes n'étaient pas encore en état d'exécuter leur mouvement. D'un autre côté, l'ennemi avait fait un mouvement offensif avec 4 ou 5000 hommes en remontant la Licea. Cette confiance de l'ennemi semblait devoir provenir de l'arrivée prochaine du secours qu'amenait le général Knesevich, et que l'on disait à peu d'heures de marche. Cependant la division Montrichard passa le ruisseau sans être inquiétée, et aussitôt que la tête de mes colonnes se montra à l'entrée de la plaine, l'ennemi se disposa à la retraite, rappela ses troupes qui avaient remonté la Licca, et vint se former devant nous avec 7 bataillons et une grande quantité d'artillerie, pour battre les débouchés par lesquels nous devions pénétrer des montagnes dans la plaine. Le général Delzons, à la tête du 23ᵉ régiment, gagna autant de terrain qu'il put sur les bords du ruisseau, et à peine le colonel Plauzonne, qui commande la brigade du général Soyez depuis sa blessure, eut-il formé les 5ᵉ et 18ᵉ régimens, qu'il marcha à l'ennemi et le força à la retraite. Nous gagnâmes dans un instant assez de terrain pour former l'armée sans danger. Ce combat est fort honorable pour le colonel Plauzonne et pour le 5ᵉ régiment. La nuit qui survint nous empêcha de profiter de ces succès, et au jour nous ne vîmes plus l'ennemi.

Le 23, nous entrâmes à Gospich; le 24, nous marchâmes par Ottochatz, et nous rencontrâmes l'ennemi à la position d'Jans, qui se retira à notre approche; le 25, nous arrivâmes devant Ottochatz où était encore l'arrière-garde de l'armée ennemie, forte de six bataillons, l'artillerie et les bagages. Les ponts étant coupés nous tournâmes tous les marais d'Ottochatz. Le général Delzons, à la tête du 8ᵉ régiment, soutenu par le 23ᵉ de la division Clauzel, chassa l'ennemi de toutes les positions qu'il occupait, pour couvrir la grande route. Ce combat fut brillant pour le 8ᵉ régiment, comme tous ceux qui l'avaient précédé, et le général Delzons, suivant son usage, conduisit cette affaire avec beaucoup de talent et de vigueur. Il y a reçu une blessure qui, j'espère, ne l'empêchera pas de reprendre bientôt son service. Si le général Montrichard ne s'était pas trouvé de trois heures en arrière, l'arrière-garde de l'ennemi était évidemment détruite, l'artillerie et les bagages pris. Dans la nuit, l'ennemi s'est retiré en toute hâte sur Carlestadt ; quelques bagages sont encore tombés entre nos mains.

Le 26, nous sommes entrés à Segna, et le 28 à Fiume où l'armée se rassembla le 29, et d'où elle partira le 31 pour rejoindre l'armée d'Italie.

L'ennemi, dans cette courte campagne, a eu environ 6000 hommes hors de combat. Il a eu un très-grand nombre de déserteurs. Nous avons combattu ou marché tous les jours pendant quatorze heures, et les soldats, au milieu des privations, des fatigues et des dangers, se sont toujours montrés dignes des bontés de V. M.

Je devrais faire l'éloge de tous les colonels, officiers et soldats, car ils sont tous animés du meilleur esprit ; mais je ne puis dire trop de bien des colonels Bertrand, Plauzonne et Bachelu, qui sont des officiers de la plus grande capacité.

Je dois aussi beaucoup d'éloges au général Clauzel, et me louer du général Tirlet, commandant l'artillerie, du colonel Delaure, chef de l'état-major, et du chef d'escadron Amiot, commandant la cavalerie.

Nous avons eu dans ces trois différentes affaires, quatre cents tués ou blessés.

Tous nos vœux seront comblés, Sire, si ce que nous avons fait obtient les suffrages de V. M.

Je suis avec le plus profond respect, Sire,

De Votre Majesté,

Le très-humble, très-obéissant, très-dévoué serviteur et fidèle sujet,

Signé, le duc de RAGUSE, *général en chef.*

Au quartier-général, à Fiume, le 30 mai 1809.

Au quartier-général, à Ulanow sur le San,
le 21 mai 1809.

*A S. A. S. le prince de Neufchâtel, vice-connétable,
major-général.*

Monseigneur,

Ainsi que j'ai eu l'honneur d'en informer V. A. S.
le 19 de ce mois, j'ai fait attaquer Zamosc par deux
bataillons du 2e régiment d'infanterie, deux compagnies de voltigeurs du 3e, et 80 voltigeurs du 6e,
avec 6 pièces de canon aux ordres du général Pelletier.

Cette entreprise a eu le meilleur succès. La place
a été prise d'assaut hier à deux heures du matin.
L'ennemi a perdu trois mille hommes tués et pris,
plusieurs officiers supérieurs et colonels, quarante
pièces de canon et des approvisionnemens considérables de tous genres.

Les troupes se sont conduites de la manière la plus
brillante. Je ne saurais parler avec trop d'éloges des
bonnes dispositions du général Pelletier.

La place de Zamosc commandant, par sa position,
une grande étendue de pays, met à notre pouvoir
toute la partie de la Galicie jusqu'à Leopol et Brody.
Le général de brigade Kamienski est en marche avec
le 6e régiment de cavalerie, pour pénétrer de ce côté
aussi loin qu'il pourra. Nos avant-postes sont aujourd'hui à deux milles de Leopol.

Agréez, Monseigneur, l'expression de ma plus
haute considération.

*Le général de division commandant les troupes
polonaises du 9e corps,*

Signé JOSEPH, *prince* PONIATOWSKI.

*Le général de division Dombrowski au prince
.Poniatowski, ministre de la guerre.*

Sleszyn, le 26 mai 1809.

Notre armée, pleine de courage, n'a pu qu'obtenir
un heureux résultat. Toute la ligne de l'ennemi,
dans son étendue, depuis la rivière de Notec jusqu'à
Czentochow, assaillie sur tous ses points, le 22, fut
frappée d'une telle épouvante, qu'elle se retira avec
une précipitation qui ressemblait à une déroute. Je
dois à la justice d'accorder des éloges à la valeur des
corps que je commande, composés, en petit nombre,
de troupes de ligne, et principalement de la levée
en masse des départemens.

. Animée du plus grand zèle, l'expédition conduite
par le général Kosinski, dont la valeur et le patriotisme sont connus, n'a pu qu'atteindre son but. Le
colonel Stuart y a puissamment concouru, ayant
courageusement, pour la seconde fois, repoussé l'ennemi de la forteresse de Czentochow, aussi bien que
le général de brigade Michel Dombrowski, qui s'est
opposé si vivement à l'ennemi, se retirant vers Leczyca, qu'il l'a forcé d'abandonner Leczyca même,
et de se replier avec précipitation sur Kutno. Je ne
peux refuser les mêmes éloges à ceux qui ont particulièrement contribué à cette opération, comme le
colonel de la levée de Kalisz, Joseph Biernaski, et le
major Bielanewski, qui n'a pas discontinué d'être
sur le dos de l'ennemi.

Le général Kosinski est aujourd'hui à Babiak, et
le major Bielanewski, avec l'avant-garde, à Kutno.
L'aile gauche, s'étendant vers Gostyvin, va bientôt
nettoyer la rive gauche de la Vistule, au moins sur
la ligne vis-à-vis Plock.

Le palatin Wibycki écrit, sous la même date, à minuit, de Posen :

La lettre du général Dombrowski au prince ministre de la guerre, dont ci-dessus copie, a été écrite avant qu'il se soit mis en marche et ait quitté Sleszyn. On avait espéré jusqu'à aujourd'hui, à midi, qu'on atteindrait l'ennemi près de Loviecz. Dans cet instant, je reçois une estafette du général Dombrowski, par laquelle il m'apprend que son avant-garde poursuit sur Loviecz toute la division du général Mohr. Le général Kosinski s'y dirige également. Le général Dombrowski les suit après avoir quitté Sleszyn, Kutno et Klodawa. Le général Hauke, conformément au plan arrêté par le général commandant sur la rive gauche, a passé la Vistule près de Plock, et est allé chercher l'ennemi de tous côtés jusqu'à Sochaczew ; mais il paraît qu'on ne l'attendait qu'au-delà de la Pilica, et ce ne sera encore que ses débris. Son armée se dissipe : on ne sait plus que faire et de ceux qu'on prend, et de ceux qui arrivent volontairement.

On lit à l'avant-dernier paragraphe du seizième Bulletin : « Nous avons eu la satisfaction d'apprendre que le général de division Durosnel, et le général de brigade Foulers, que nous croyions avoir perdus, ne sont que blessés, et étaient restés dans les blés. » Il faut ajouter : « Où ils ont été faits prisonniers. »

DIX-HUITIÈME BULLETIN.

Vienne, le 13 juin 1809.

La division du général Chasteller qui avait insurgé le Tyrol, a passé le 4 de ce mois aux environs de Clagenfurth, pour se jeter en Hongrie. Le général Rusca

a marché à elle, et il y a eu un engagement assez
vif, où l'ennemi a été battu, et où on lui a fait 900
prisonniers.

Le prince Eugène, avec un gros corps, manœuvre
au milieu de la Hongrie.

Depuis quelques jours, le Danube a augmenté
d'un pied.

Le général Gratien, avec une division hollandaise,
ayant marché sur Stralsund, où s'était retranché le
nommé Schill, a enlevé ses retranchemens d'assaut.
Schill avait donné ordre de brûler la ville, pour assurer sa retraite ; mais sa bande n'en a pas eu le temps ;
elle a été en entier tuée ou prise ; lui-même a été tué
sur la grande place près du corps-de-garde, dans le
moment où il se sauvait et cherchait à gagner le port
pour s'embarquer.

L'archiduc Ferdinand a évacué précipitamment
Varsovie le 2 juin. Ainsi tout le grand-duché est abandonné par l'armée ennemie, tandis que les troupes
que commande le prince Poniatowski, occupent les
trois quarts de la Galicie.

AFFAIRES DE POLOGNE.

L'ennemi continue sa retraite avec la même précipitation. Le 28 mai, 12 lanciers polonais, faisant
une reconnaissance, ont rencontré à Skirniewice,
110 dragons autrichiens qui se retiraient sur Rawa,
les ont mis en déroute et leur ont fait 11 prisonniers.
Le 30, au matin, le général Kosinski, commandant
l'avant-garde, après être entré à Lowiez, a poussé
jusqu'à Sochaczew, où il n'a plus trouvé l'ennemi,
qui paraît se retirer sur la Pilica. Quelques rapports
semblent cependant annoncer que le gros des troupes
autrichiennes se dirige sur la Haute-Silésie. Elles com-
mettent partout des excès ; elles enlèvent les provi-

sions, le bétail et les chevaux. Les nouvelles levées de tous les départemens s'effectuent avec la plus grande rapidité et le plus grand succès.

L'archiduc Ferdinand, au mépris de la convention qu'il avait faite avec le prince Poniatowski, et de l'engagement qu'il avait pris de n'exiger aucune contribution, en a imposé une de 400,000 florins sur la ville de Varsovie. Il a exigé de plus qu'on lui livrât le produit des impositions territoriales, celui des baux des domaines, et le montant du reste d'un emprunt forcé qui avait été établi en 1808, et dont le paiement n'échéait qu'en 1810. A l'exemple du chef, les généraux, les officiers et les soldats cherchent à ruiner le pays par tous les moyens. Ces mesures annonçaient l'évacuation de Varsovie, et elle les a suivies de près.

Le prince Poniatowski écrit au prince de Neufchâtel, du quartier-général de Jrzeni, le 25 mai, que, le 24, le général de brigade Rosniecki s'est emparé de Jaroslaw, où il a fait prisonniers un colonel, 25 officiers et 900 hommes. L'occupation de cette ville intercepte entièrement la communication entre Cracovie et Leopol, et assure à l'armée la possession des trois-quarts de la Galicie. Les avant-postes étaient à une journée de Cracovie.

Les dernières nouvelles qu'on a reçues dans le grand-duché, de l'armée du prince Poniatowski, portent qu'il s'est emparé de Brody, dernière ville de la Galicie, près de la frontière, et qu'il y a trouvé des magasins considérables et des provisions en abondance.

Voici la proclamation publiée par le prince Serge Galitzin, à l'entrée de l'armée russe en Galicie :

Proclamation.

La guerre qui a éclaté entre la France et l'Autriche ne pouvait être vue d'un œil indifférent par la Russie.

Toute sorte de soins et d'efforts ont été employés de notre côté afin d'étouffer ce feu avant qu'il ne s'allumât entièrement. Il fut déclaré, du premier moment, à la cour d'Autriche, qu'en vertu des traités et des engagemens les plus étroits qui subsistent entre les deux empereurs de Russie et des Français, la Russie agirait conjointement avec la France.

L'Autriche ne voulut pas avoir égard à ces représentations, qui auraient dû être d'un si grand poids pour elle ; mais elle masqua du prétexte d'une défense propre ses préparatifs guerriers ; jusqu'à ce qu'enfin, par des démarches agressives, elle découvrit les desseins orgueilleux de son ambition , et alluma le flambeau de la guerre.

La Russie, en conséquence, ne pouvait pas se dispenser de prendre à cette guerre une part qui était fondée sur des traités solennels. A la première nouvelle qui lui parvint, elle rompit tous les liens qui existaient entre elle et l'Autriche , et ordonna à son armée de s'approcher des frontières de la Galicie.

En entrant dans ce pays pour agir contre l'Autriche, et repousser, par la force, les forces qu'elle déploie, le commandant en chef de l'armée , d'après l'ordre positif de S. M. l'empereur, doit déclarer aux tranquilles habitans de la Galicie , comme il leur assure de la manière la plus solennelle , que la Russie n'a aucune inimitié contre aucun d'eux, et que l'armée, dans ses mouvemens, partout et quelque part que ce soit, respectera la sûreté personnelle d'un chacun, assurera les propriétés, et ne troublera pas la paix intérieure et la tranquillité générale.

Le commandant en chef prouvera par les effets combien ces principes sont sacrés pour lui.

Fait au quartier-général, le 19 de mai 1809.

Signé, prince GALITZIN, *commandant en chef, général d'infanterie et chevalier des Ordres.*

DIX-NEUVIÈME BULLETIN.

Vienne, le 16 juin 1809.

L'anniversaire de la bataille de Marengo a été célébré par la victoire de Raab, que la droite de l'armée, commandée par le vice-roi, a remportée sur les corps réunis de l'archiduc Jean et de l'archiduc Palatin.

Depuis la bataille de la Piave, le vice-roi a poursuivi l'archiduc Jean l'épée dans les reins.

L'armée autrichienne espérait se cantonner aux sources de la Raab, entre Saint-Gothard et Cormond.

Le 5 juin, le vice-roi partit de Neustadt, et porta son quartier-général à OEdenbourg, en Hongrie.

Le 7, il continua son mouvement et arriva à Guns. Le général Lauriston, avec son corps d'observation, le rejoignit sur sa gauche.

Le 8, le général Montbrun, avec sa division de cavalerie légère, força le passage de la Raabnitz, auprès de Sovenyhaga, culbuta trois cents cavaliers de l'insurrection hongroise et les rejeta sur Raab.

Le 9, le vice-roi se porta sur Sarvar. La cavalerie du général Grouchy rencontra l'arrière-garde ennemie à Vasvar, et fit quelques prisonniers.

Le 10, le général Macdonald, venant de Gratz, arriva à Cormond.

Le 11, le général de division Grenier rencontra à

Karako, une colonne de flanqueurs ennemis qui défendaient le pont, et passa la rivière de vive force. Le général Debroc, avec le 9ᵉ de hussards, a fait une belle charge sur un bataillon de 400 hommes, dont 300 ont été faits prisonniers.

Le 12, l'armée déboucha par le pont de Merse sur Papa. Le vice-roi aperçut d'une hauteur toute l'armée ennemie en bataille. Le général de division Montbrun, général de cavalerie et officier d'une grande espérance, déboucha dans la plaine, attaqua et culbuta la cavalerie ennemie, après avoir fait plusieurs manœuvres précises et vigoureuses. L'ennemi avait déjà commencé sa retraite. Le vice-roi passa la nuit à Papa.

Le 13, à cinq heures du matin, l'armée se mit en marche pour se porter sur Raab. Notre cavalerie et la cavalerie autrichienne se montrèrent au village de Szanak. L'ennemi fut culbuté et on lui fit 400 prisonniers.

L'archiduc Jean ayant fait sa jonction avec l'archiduc Palatin près de Raab, prit position sur de belles hauteurs, la droite appuyée à Raab, ville fortifiée, et la gauche couvrant le chemin de Comorn, autre place forte de la Hongrie.

Le 14, à onze heures du matin, le vice-roi range son armée en bataille, et avec 35,000 hommes en attaque 50,000. L'ardeur de nos troupes est encore augmentée par le souvenir de la victoire mémorable qui a consacré cette journée. Tous les soldats poussent des cris de joie à la vue de l'armée ennemie, qui était sur trois lignes et composée de 20 à 25,000 hommes, restes de cette superbe armée d'Italie, qui naguères se croyait déjà maîtresse de toute l'Italie; de 10,000 hommes commandés par le général Haddick, et formés des réserves des places fortes de Hongrie; de 5 à 6,000 hommes composés des débris

réunis du corps de Jellachich et des autres colonnes
du Tyrol échappées aux mouvemens de l'armée par
les gorges de la Carinthie ; enfin, de 12 à 15,000
hommes de l'insurrection hongroise, cavalerie et infanterie.

Le vice-roi plaça son armée, la cavalerie du général Montbrun, la brigade du général Colbert et la
cavalerie du général Grouchy sur sa droite ; le corps
du général Grenier, formant deux échelons, dont la
division du général Seras formait l'échelon de droite,
en avant ; une division italienne, commandée par le
général Baraguay-d'Hilliers, formant le troisième
échelon, et la division du général Puthod en réserve.
Le général Lauriston avec son corps d'observation,
soutenu par le général Sahuc, formait l'extrême
gauche, et observait la place de Raab.

A deux heures après-midi, la canonnade s'engagea. A trois heures, le premier, le second et le troisième échelons en vinrent aux mains. La fusillade
devint vive ; la première ligne de l'ennemi fut culbutée, mais la seconde ligne arrêta un instant l'impétuosité de notre premier échelon, qui fut aussitôt
renforcé, et la culbuta. Alors la réserve de l'ennemi
se présenta. Le vice-roi, qui suivait tous les mouvemens de l'ennemi, marcha, de son côté, avec sa
réserve : la belle position des Autrichiens fut enlevée,
et à quatre heures la victoire était décidée.

L'ennemi en pleine déroute se serait difficilement
rallié, si un défilé ne s'était opposé aux mouvemens
de notre cavalerie. 3000 hommes faits prisonniers,
6 pièces de canon et 4 drapeaux sont les trophées de
cette journée. L'ennemi a laissé sur le champ de bataille 3000 morts, parmi lesquels on a trouvé un
général-major. Notre perte s'est élevée à 500 hommes
tués ou blessés. Au nombre des premiers se trouve le
colonel Thierry, du 23e régiment d'infanterie légère,

et parmi les derniers, le général de brigade Valentin
et le colonel Expert.

Le vice-roi fait une mention particulière des généraux Grenier, Montbrun, Seras et Danthouars. La
division italienne Sevaroli a montré beaucoup de
précision et de sang-froid. Plusieurs généraux ont eu
leurs chevaux tués; quatre aides-de-camp du vice-roi
ont été légèrement atteints. Ce prince a été constamment au milieu de la plus grande mêlée. L'artillerie
commandée par le général Sorbier a soutenu sa réputation.

Le champ de bataille de Raab avait été dès longtemps reconnu par l'ennemi, car il annonçait fort à
l'avance qu'il tiendrait dans cette belle position. Le 15
il a été vivement poursuivi sur la route de Comorn et
de Pest.

Les habitans du pays sont tranquilles, et ne prennent aucune part à la guerre. La proclamation de
l'Empereur a mis de l'agitation dans les esprits. On
sait que la nation hongroise a toujours désiré son indépendance. La partie de l'insurrection qui se trouve
à l'armée avait déjà été levée par la dernière diète;
elle est sous les armes, et elle obéit.

VINGTIÈME BULLETIN.

Vienne, le 20 juin 1809.

Lorsque la nouvelle de la victoire de Raab arriva
à Bude, l'impératrice en partit à l'heure même, ainsi
que tout ce qui tenait au gouvernement.

L'armée ennemie a été poursuivie pendant les
journées du 15 et du 16. Elle a passé le Danube sur
le pont de Comorn.

La ville de Raab a été investie. On espère être
maître sous peu de jours de cette place importante,

On a trouvé dans les faubourgs des magasins assez considérables.

On a pris le superbe camp retranché de Raab, qui pouvait contenir 100,000 hommes. La colonne destinée à le défendre n'a pu s'y introduire ; elle a été coupée.

Un courrier venant de Bude, a été intercepté. Les dépêches, écrites en latin, dont il était porteur, font connaître l'effet qu'a produit la bataille de Raab.

L'ennemi inonde le pays de faux bruits : cela tient au système adopté pour remuer les dernières classes du peuple.

M. de Metternich est parti le 18 de Vienne. Il sera échangé, entre Comorn et Bude, avec M. Dodun et les autres personnes de la légation française.

M. d'Épinay, officier d'ordonnance de S. M., est arrivé de Pétersbourg. Il a passé au quartier-général de l'armée russe. Le prince Serge-Galitzin est entré en Galicie, le 3 de ce mois, sur trois colonnes ; savoir : celle du général Levis par Drohyezyn ; celle du prince Gortszakoff par Therespol, et celle du prince Suwarow par Wlodzimirz.

Traduction d'une lettre écrite de Pest, le 15 juin au soir.

La nouvelle de la malheureuse journée du 14 nous a remplis de douleur, et a jeté la confusion dans la ville. Cet événement afflige d'autant plus les fidèles serviteurs de notre empereur, qu'on voit ici un grand nombre de personnes qui s'en réjouissent, et qui attendent les Français. Au premier avis de ce désastre, notre auguste impératrice se décida à quitter Bude : elle est partie hier à trois heures de l'après-midi, pour aller passer la nuit à Hatvan. On n'a pas encore fixé de lieu pour la résidence du conseil. La chancellerie nous a annoncé que la cour aulique et les dicastères occuperont Agrea, Miscolézina et Gyongyosin. Nous ignorons quel lieu nous devons avoir pour notre résidence : peut-être sera-ce Casseria.

Signé, Carl, E.

Bude, le 14 juin 1809.

Sérénissime prince héréditaire impérial et royal, archiduc d'Autriche et archiduc palatin, Seigneur, Seigneur très-gracieux !

Le président de la chambre, Semsey, m'a communiqué la pétition du comitat d'Aba-Ujvas, qui, en exposant qu'il faut environ 20,000 florins pour les dépenses de l'insurrection, demande que cette somme lui soit avancée sur la caisse concurrentielle. Le juge de la Curie m'a montré aussi les représentations du comitat d'Albe (Stuhl-Weissembourg), qui sollicite, pour la même cause, 80,000 florins. Il est ensuite venu auprès de moi un député du comitat de Smigh, qui demandait qu'on lui remît des fonds sur les caisses d'Albe. J'ai répondu que je ne pouvais rien accorder sans l'autorisation du commissariat, et que cette autorisation ne pouvait être donnée que dans les cas les plus pressans. Le comitat d'Aba-Ujvas, dont l'insurrection se trouve sur les frontières de la Galicie, paraît surtout peu disposé à donner des fonds ; et, d'après la force des choses, il a levé 10,000 florins sur les bureaux du sel. Quant au reste, j'attendrai les ordres de V. A. I. et R.

Hier on a tenu, chez le chancelier du comitat, une assemblée avec le concours du conseil aulique des guerres et finances. Le juge de la Curie et moi y avons assisté, au nom du conseil. Il s'agissait d'examiner la demande d'avances faite par plusieurs co-

tmitats, afin que, d'après l'invitation du directeur
suprême du commissariat, Vegh, ils fussent en état
de pourvoir à l'entretien de l'insurrection, si elle venait à rétrograder. Mais il a été décidé que les troupes
ayant pour le moment suffisamment de vivres, s'il
était nécessaire d'en avoir davantage, on pourrait
les tirer de l'intérieur, et que sous ce prétexte, le
comitat n'avait point besoin qu'on leur fît des avances
de fonds pour des services auxquels ils devraient
subvenir eux-mêmes.

Je suis avec le plus profond respect,

De votre altesse, etc.

Signé, le comte de BUNSICK.

~~~~~~~~~

VINGT-UNIÈME BULLETIN.

Vienne, le 22 juin 1809.

Un aide-de-camp du prince Joseph Poniatowski est
arrivé du quartier-général de l'armée du grand-duché. Le 10 de ce mois, le prince Serge Galitzin devait
être à Lublin et son avant-garde à Sandomir..

L'ennemi se complaît à répandre des bulletins
éphémères, où il rapporte tous les jours une victoire.
Selon lui, il a pris 20,000 fusils et 2,000 cuirasses à
la bataille d'Esling. Il dit que le 21 et le 22 il était
maître du champ de bataille. Il a même fait impri-
mer et répandre une gravure de cette bataille, où on
le voit enjambant de l'une à l'autre rive, et ses batteries traversant les îles et le champ de bataille dans
tous les sens. Il imagine aussi une bataille qu'il appelle la bataille de Kitsée (1), dans laquelle un

____

(1) Kitsée est sur la rive droite du Danube, à une lieue dans
les terres.
~~~~~~~~~

nombre immense de Français auraient été pris ou tués. Ces puérilités, colportées par de petites colonnes de landwehrs comme celle de Schill, sont une tactique employée pour inquiéter et soulever le pays.

Le général Marziani, qui a été fait prisonnier à la bataille de Raab, est arrivé au quartier-général. Il dit que depuis la bataille de la Piave, l'archiduc Jean avait perdu les deux tiers de son monde ; qu'il a ensuite reçu des recrues qui ont à peu près rempli les cadres, mais qui ne savent pas faire usage de leurs fusils. Il porte à 12,000 hommes la perte de l'archiduc Jean et du Palatin à la bataille de Raab. Selon le rapport des prisonniers hongrois, l'archiduc Palatin a été, dans cette journée, le premier à prendre la fuite.

Quelques personnes ont voulu mettre en opposition la force de l'armée autrichienne à Esling, estimée à 90,000 hommes, avec les 80,000 hommes qui ont été faits prisonniers depuis l'ouverture de la campagne ; elles ont montré peu de réflexion. L'armée autrichienne est entrée en campagne avec neuf corps d'armée de 40,000 hommes chacun, et il y avait dans l'intérieur des corps de recrues et de landwerhs ; de sorte que l'Autriche avait réellement plus de 400,000 hommes sous les armes. Depuis la bataille d'Abensberg jusqu'après la prise de Vienne, y compris l'Italie et la Pologne, on peut avoir fait 100,000 prisonniers à l'ennemi, et il a perdu 100,000 hommes tués, déserteurs ou égarés. Il devait donc lui rester encore 200,000 hommes distribués comme il suit : l'archiduc Jean avait à la bataille de Raab, 50,000 hommes. La principale armée autrichienne avait, avant la bataille d'Esling, 90,000 hommes. Il restait 25,000 hommes à l'archiduc Ferdinand à Varsovie, et 25,000 hommes étaient disséminés dans le Tyrol, dans la Croatie, et répandus en partisans sur les confins de la Bohême.

L'armée autrichienne à Esling était composée du premier corps commandé par le général Bellegarde, le seul qui n'eût pas donné, et qui fût encore entier, et des débris du 2ᵉ, du 3ᵉ, du 4ᵉ, du 5ᵉ et du 6ᵉ corps, qui avaient été écrasés dans les batailles précédentes. Si ces corps n'avaient rien perdu et eussent été réunis tels qu'ils étaient au commencement de la campagne, ils auraient formé 240,000 hommes. L'ennemi n'avait pas plus de 90,000 hommes : ainsi l'on voit combien sont énormes les pertes qu'il avait éprouvées.

Lorsque l'archiduc Jean est entré en campagne, son armée était composée des 8ᵉ et 9ᵉ corps, formant 80,000 hommes. A Raab elle se trouvait de 50,000 hommes. Sa perte aurait donc été de 30,000 hommes. Mais dans ces 50,000 hommes étaient compris 15,000 Hongrois de l'insurrection. Sa perte était donc réellement de 45,000 hommes.

L'archiduc Ferdinand était entré à Varsovie avec le 7ᵉ corps formant 40,000 hommes. Il est réduit à 25,000. Sa perte est donc de 15,000 hommes.

On voit comment ces différens calculs se soutiennent et se vérifient.

Le vice-roi a battu à Raab 50,000 hommes avec 30,000 Français.

A Esling, 90,000 hommes ont été battus et contenus par 30,000 Français, qui les auraient mis dans une complète déroute et détruits, sans l'événement des ponts qui a produit le défaut de munitions.

Les grands efforts de l'Autriche ont été le résultat du papier-monnaie, et de la résolution que le gouvernement autrichien a prise de jouer le tout pour le tout. Dans le péril d'une banqueroute qui aurait pu amener une révolution, il a préféré ajouter 500 millions à la masse de son papier-monnaie, et tenter un dernier effort pour le faire escompter par l'Allemagne, l'Italie et la Pologne. Il est fort probable que cette raison a influé, plus que toute autre, sur ses déterminations.

Pas un seul régiment français n'a été tiré d'Espagne, si ce n'est la garde impériale.

Le général comte Lauriston continue le siége de Raab avec la plus grande activité. La ville brûle déjà depuis vingt-quatre heures, et cette armée qui a remporté à Esling une si grande victoire, qu'elle s'est emparée de 20,000 fusils et de 2,000 cuirasses ; cette armée qui, à la bataille de Kitsée, a tué tant de monde et fait tant de prisonniers ; cette armée qui, selon ses bulletins apocryphes, a obtenu de si grands avantages à la bataille de Raab, voit tranquillement assiéger et brûler ses principales places et inonder la Hongrie de partis, et fait sauver son impératrice, ses dicastères, tous les effets précieux de son gouvernement jusqu'aux frontières de la Turquie et aux extrémités les plus reculées de l'Europe.

Un major autrichien a eu la fantaisie de passer le Danube sur deux bateaux, à l'embouchure de la Marsch. Le général Gilly Vieux s'est porté à sa rencontre avec quelques compagnies, l'a jeté dans l'eau et lui a fait 40 prisonniers.

VINGT-DEUXIÈME BULLETIN.

Vienne, le 24 juin 1809.

La place de Raab a capitulé. Cette ville est une excellente position au centre de la Hongrie. Son enceinte est bastionnée, ses fossés sont pleins d'eau, et une inondation en couvre une partie. Elle est située au confluent de trois rivières ; elle est comme le réduit du grand camp retranché où l'ennemi espérait réunir et exercer toute l'insurrection hongroise, et où il avait fait d'immenses travaux. Sa garnison, forte de 1800 hommes, était insuffisante. L'ennemi comptait y laisser 5000 hommes; mais par la bataille de Raab, son armée a été séparée d'avec la place. Cette ville a souffert huit jours d'un bombardement qui a détruit les plus beaux édifices. Tout ce qu'on pouvait dire sur l'inutilité de sa défense était sans effet; elle s'était bercée de la chimère d'être secourue.

Le comte de Metternich, après être resté trois jours aux avant-postes, est retourné à Vienne. Le secrétaire d'ambassade Dodun et les personnes des légations alliées qui ne s'étaient pas encore retirées avant la prise de Vienne, ont été évacués sur les confins de la Hongrie, lorsqu'on a appris à Bude la perte de la bataille de Raab.

Deux bataillons de landwehrs, deux escadrons de hulans et un bataillon de troupes de ligne, formant ensemble 2500 hommes, sont entrés à Bareuth. Ils ont, comme à l'ordinaire, répandu des proclamations et cherché à exciter des soulèvemens. Au même moment, le général Am-Ende est entré à Dresde avec trois bataillons de ligne, trois bataillons de landwehrs, un ramassis d'hommes levés par le duc de Brunswick, et quelques escadrons de cavalerie tirés de différens corps, tout cela formant 7 à 8000 hommes.

Le roi de Westphalie a réuni le 10e corps et s'est mis en marche. Le duc de Walmy a mis en mouvement, de Hanau, l'avant-garde de l'armée de réserve qu'il commande.

VINGT-TROISIÈME BULLETIN.

Vienne, le 28 juin 1809.

Le 25 de ce mois, S. M. a passé en revue un grand nombre de troupes sur les hauteurs de Schœnbrunn. On a remarqué une superbe ligne de huit mille hommes de cavalerie dont la garde faisait partie, et où ne se trouvait pas un régiment de cuirassiers. On a remarqué également une ligne de deux cents pièces de canon. La tenue et l'air martial des troupes excitaient l'admiration des spectateurs

Samedi 24, à quatre heures après-midi, nos troupes sont entrées à Raab. Le 25, la garnison, prisonnière de guerre, est partie. De compte fait, elle s'est trouvée monter à deux mille cinq cents hommes.

S. M. a donné au général de division Narbonne, le commandement de cette place et de tous les comitats hongrois soumis aux armes françaises.

Le duc d'Auerstaedt est devant Presbourg. L'ennemi travaillait à des fortifications. On lui a intimé de cesser ses travaux, s'il ne voulait pas attirer de grands malheurs sur les paisibles habitans. Il n'en a tenu compte : quatre mille bombes et obus l'ont forcé de renoncer à son projet ; mais le feu a pris dans cette malheureuse ville, et plusieurs quartiers ont été brûlés.

Le duc de Raguse avec l'armée de Dalmatie, a passé la Drave le 22, et marchait sur Gratz.

Le 24, le général Vandamme a fait embarquer, à Molk, trois cents Wurtembergeois commandés par le major Kechler, pour les jeter sur l'autre rive et avoir des nouvelles. Le débarquement s'est fait. Ces

troupes ont mis en déroute deux compagnies ennemies, et ont pris deux officiers et quatre-vingts
hommes du régiment de Mitrowski.

Le prince de Ponte-Corvo et l'armée saxonne sont
à Saint-Polten.

Le duc de Dantzick qui est à Lintz, a fait faire une
reconnaissance sur la rive gauche par le général de
Wrede. Tous les postes ennemis ont été repoussés.
On a pris plusieurs officiers et une vingtaine d'hommes.
L'objet de cette reconnaissance était aussi de se pro-
curer des nouvelles.

La ville de Vienne est abondamment approvisionnée
de viandes ; l'approvisionnement de pain est plus difficile, à cause des embarras qu'on éprouve pour la
mouture. Quant aux subsistances de l'armée, elles
sont assurées pour plus de six mois. Elle a des vivres,
du vin et des légumes en abondance. Le vin des caves
des couvens a été mis en magasin pour fournir aux
distributions à faire à l'armée. On a réuni ainsi plusieurs millions de bouteilles.

Le 10 avril, au moment même où le général autrichien prostituait son caractère et tendait un piége
au roi de Bavière, en écrivant la lettre qui a été insérée dans tous les papiers publics, le général Chasteller insurgeait le Tyrol et surprenait sept cents
conscrits français qui allaient à Augsbourg où étaient
leurs régimens, et qui marchaient sur la foi de la
paix. Obligés de se rendre et faits prisonniers, ils
furent massacrés. Parmi eux se trouvaient quatre-
vingts Belges nés dans la même ville que Chasteller.
Dix-huit cents Bavarois faits prisonniers à la même
époque furent aussi massacrés. Chasteller, qui commandait, fut le témoin de ces horreurs. Non-seulement il ne s'y opposa point, mais on l'accusa d'avoir
souri à ce massacre, espérant que les Tyroliens,
ayant à redouter la vengeance d'un crime dont ils ne

pouvaient espérer le pardon, seraient ainsi plus fortement engagés dans leur rébellion.

Lorsque S. M. eut connaissance de ces atrocités, elle se trouva dans une position difficile. Si elle voulait recourir aux représailles, 20 généraux, 1000 officiers, 80,000 hommes faits prisonniers pendant le mois d'avril, pouvaient satisfaire aux mânes des malheureux Français si lâchement égorgés. Mais des prisonniers n'appartiennent pas à la puissance pour laquelle ils ont combattu ; ils sont sous la sauve-garde de l'honneur et de la générosité de la nation qui les a désarmés. S. M. considéra Chasteller comme étant sans aveu ; car, malgré les proclamations furibondes et les discours violens des princes de la maison de Lorraine, il était impossible de croire qu'ils approuvaient de pareils attentats. S. M. fit en conséquence publier l'ordre du jour suivant :

ORDRE DU JOUR.

Au quartier-général impérial, à Ens,
le 5 mai 1809.

D'après les ordres de l'Empereur, le nommé Chasteller, soi-disant général au service d'Autriche, moteur de l'insurrection du Tyrol, et prévenu d'être l'auteur des massacres commis sur les prisonniers bavarois et français par les insurgés ; sera traduit à une commission militaire aussitôt qu'il sera fait prisonnier, et passé par les armes, s'il y a lieu, dans les vingt-quatre heures qui suivront sa saisie.

*Le prince de Neufchâtel, vice-connétable,
major-général de l'armée,*

Signé, ALEXANDRE.

————

A la bataille d'Esling, le général Durosnel, portant un ordre à un escadron avancé, fut fait prisonnier par 25 hulans. L'empereur d'Autriche, fier d'un triomphe si facile, fit publier un ordre du jour conçu en ces termes :

*Copie d'une lettre de S. M. l'empereur d'Autriche,
au prince Charles.*

Mon cher frère,

J'ai appris que l'empereur Napoléon a déclaré le marquis de Chasteller hors du droit des gens. Cette conduite injuste et contraire aux usages des nations, et dont on n'a aucun exemple dans les dernières époques de l'histoire, m'oblige d'user de représailles. En conséquence, j'ordonne que les généraux français Durosnel et Foulers soient gardés comme ôtages, pour subir le même sort et les mêmes traitemens que l'empereur Napoléon se permettrait de faire éprouver au général Chasteller. Il en coûte à mon cœur de donner un pareil ordre ; mais je le dois à mes braves guerriers et à mes braves peuples, qu'un pareil sort peut atteindre au milieu des devoirs qu'ils remplissent avec tant de dévouement. Je vous charge de faire connaître cette lettre à l'armée, et de l'envoyer, par un parlementaire, au major-général de l'empereur Napoléon.

Wolkersdorf, le 25 mai 1809.

Signé , FRANÇOIS.

Aussitôt que cet ordre du jour parvint à la connaissance de S. M., elle ordonna d'arrêter le prince de Colloredo, le prince de Metternich, le comte de Pergen et le comte de Harddeck, et de les conduire en France, pour répondre des jours des généraux Durosnel et Foulers. Le major-général écrivit au

chef d'état-major de l'armée autrichienne la lettre
ci-après :

A M. le major-général de l'armée autrichienne.

Schœnbrunn, le 6 juin 1809.

Monsieur,

S. M. l'Empereur a eu connaissance d'un ordre
donné par l'empereur François, qui déclare que les
généraux français Durosnel et Foulers, que les circonstances de la guerre ont mis en son pouvoir, doivent répondre de la peine que les lois de la justice
infligeraient à M. Chasteller, qui s'est mis à la tête
des insurgés du Tyrol, et a laissé égorger 700 prisonniers français et 18 à 1900 Bavarois ; crime inoui
dans l'histoire des nations, qui eût pu exciter une
terrible représaille contre 40 feld-maréchaux-lieu-
tenans, 36 généraux-majors, plus de 300 colonels
ou majors, 1,200 officiers et 80,000 soldats qui sont
nos prisonniers, si S. M. ne regardait les prisonniers
comme placés sous sa foi et sous son honneur,
et d'ailleurs n'avait eu des preuves que les officiers
autrichiens du Tyrol en ont été aussi indignés que
nous.

Cependant, S. M. a ordonné que le prince Colloredo, le prince Metternich, le comte Frédéric de
Harddeck et le comte Pergen seraient arrêtés et trans-
férés en France, pour répondre de la sûreté des généraux Durosnel et Foulers, menacés par l'ordre du
jour de votre souverain. Ces officiers pourront mourir, Monsieur ; mais ils ne mourront pas sans vengeance : cette vengeance ne tombera sur aucun
prisonnier, mais sur les parens de ceux qui ordon-
neraient leur mort.

Quant à M. Chasteller, il n'est pas encore au pouvoir de l'armée ; mais, s'il est arrêté, vous pouvez

compter que son procès sera instruit, et qu'il sera
traduit à une commission militaire.

Je prie V. Exc. de croire aux sentimens de ma
haute considération.

Le major-général, *signé* ALEXANDRE.

La ville de Vienne et le corps des États de la
Basse-Autriche sollicitèrent la clémence de S. M.,
et demandèrent à envoyer une députation à l'empereur François, pour faire sentir la déraison du procédé dont on usait à l'égard des généraux Durosnel
et Foulers, pour représenter que Chasteller n'était
pas condamné, qu'il n'était point arrêté, qu'il était
seulement traduit devant les tribunaux; que les pères,
les femmes, les enfans, les propriétés des généraux
autrichiens étaient entre les mains des Français, et
que l'armée française était décidée, si l'on attentait
à un seul prisonnier, à faire un exemple dont la
postérité conserverait long-temps le souvenir.

L'estime que S. M. accorde aux bons habitans de
Vienne et aux corps des États, la détermina à accéder
à cette demande. Elle autorisa MM. de Colloredo,
de Metternich, de Pergen et de Harddeck à rester à
Vienne, et la députation à partir pour le quartier-
général de l'empereur d'Autriche.

Cette députation est de retour. L'empereur François
a répondu à ces représentations, qu'il ignorait le
massacre des prisonniers français en Tyrol; qu'il
compatissait aux maux de la capitale et des provinces; que ses ministres l'avaient trompé, etc., etc., etc.
Les députés firent observer que tous les hommes
sages voient avec peine l'existence de cette poignée
de brouillons qui, par les démarches qu'ils conseil-
lent, par les proclamations, les ordres du jour, etc.
qu'ils font adopter, ne cherchent qu'à fomenter les

passions et les haines, et à exaspérer un ennemi maître de la Croatie, de la Carniole, de la Carinthie, de la Styrie, de la Haute et de la Basse-Autriche, de la capitale de l'Empire et d'une grande partie de la Hongrie ; que les sentimens de l'empereur pour ses sujets devaient le porter à calmer le vainqueur plutôt qu'à l'irriter, et à donner à la guerre le caractère qui lui est naturel chez les peuples civilisés, puisque ce vainqueur pouvait en appesantir les maux sur la moitié de la monarchie.

On dit que l'empereur d'Autriche a répondu que la plupart des écrits dont les députés voulaient parler étaient controuvés ; que ceux dont on ne désavouait pas l'existence étaient plus modérés ; que les rédacteurs dont on se servait étaient d'ailleurs des commis français, et que lorsque ces écrits contenaient des choses inconvenantes, on ne s'en apercevait que quand le mal était fait. Si cette réponse, qui court dans le public, est vraie, nous n'avons aucune observation à faire. On ne peut méconnaître l'influence de l'Angleterre ; car ce petit nombre d'hommes, traîtres à leur patrie, est certainement à la solde de cette puissance.

Lorsque les députés ont passé à Bude, ils ont vu l'impératrice. C'était quelques jours avant qu'elle fût obligée de quitter cette ville. Ils l'ont trouvée changée, abattue et consternée des malheurs qui menacent sa maison. L'opinion de la monarchie est extrêmement défavorable à la famille de cette princesse. C'est cette famille qui a excité à la guerre. Les archiducs Palatin et Reinier sont les seuls princes autrichiens qui aient insisté pour le maintien de la paix. L'impératrice était loin de prévoir les événemens qui se sont passés. Elle a beaucoup pleuré ; elle a montré un grand effroi du nuage épais qui couvre l'avenir ; elle parlait de paix ; elle demandait la paix ; elle conjurait les députés de parler à l'empereur François en faveur de la paix. Ils ont rapporté que la conduite de l'archiduc Maximilien avait été désavouée, et que l'empereur d'Autriche l'avait envoyé au fond de la Hongrie.

VINGT-QUATRIÈME BULLETIN.

Vienne, le 3 juillet 1809.

Le général Broussier avait laissé deux bataillons du 84e régiment de ligne dans la ville de Gratz, et s'était porté sur Vildon pour se joindre à l'armée de Dalmatie.

Le 26 juin, le général Giulay se présenta devant Gratz avec dix mille hommes, composés, il est vrai, de Croates et de régimens des frontières. Le 84e se cantonna dans un des faubourgs de la ville, repoussa toutes les attaques de l'ennemi, le culbuta partout, lui prit cinq cents hommes, deux drapeaux, et se maintint dans sa position pendant quatorze heures, donnant le temps au général Broussier de le secourir. Ce combat d'un contre dix a couvert de gloire le 84e et son colonel Gambin. Les drapeaux ont été présentés à S. M. à la parade. Nous avons à regretter 20 tués et 92 blessés de ces braves gens.

Le duc d'Auerstaedt a fait attaquer, le 30, une des îles du Danube, peu éloignée de la rive droite, vis-à-vis Presbourg, où l'ennemi avait quelques troupes.

Le général Gudin a dirigé cette opération avec habileté : elle a été exécutée par le colonel Decouz et par le 21e régiment d'infanterie de ligne que commande cet officier. A deux heures du matin, ce régiment, partie à la nage, partie dans des nacelles, a passé le très-petit bras du Danube, s'est emparé de l'île, a culbuté les 1,500 hommes qui s'y trouvaient, a fait 250 prisonniers, parmi lesquels le colonel du régiment de Saint-Julien et plusieurs officiers, et a pris trois pièces de canon que l'ennemi avait débarquées pour la défense de l'île.

Enfin, il n'existe plus de Danube pour l'armée française : le général comte Bertrand a fait exécuter des travaux qui excitent l'étonnement et inspirent l'admiration.

Sur une largeur de 400 toises et sur un fleuve le plus rapide du monde, il a, en quinze jours, construit un pont formé de soixante arches, où trois voitures peuvent passer de front ; un second pont de pilotis a été construit, mais pour l'infanterie seulement, et de la largeur de huit pieds. Après ces deux ponts, vient un pont de bateaux. Nous pouvons donc passer sur le Danube en trois colonnes. Ces trois ponts sont assurés contre toute insulte, même contre l'effet des brûlots et machines incendiaires, par des estacades sur pilotis construites entre les îles, dans différentes directions, et dont les plus éloignées sont à 250 toises des ponts. Quand on voit ces immenses travaux, on croit qu'on a employé plusieurs années à les exécuter ; ils sont cependant l'ouvrage de quinze à vingt jours. Ces beaux travaux sont défendus par des têtes de pont ayant chacune 1,600 toises de développement, formées de redoutes palissadées, fraisées et entourées de fossés pleins d'eau. L'île de Lobau est une place forte : il y a des manutentions de vivres, cent pièces de gros calibre et vingt mortiers ou obusiers de siége en batterie ; vis-à-vis Esling, sur le dernier bras du Danube, est un pont que le duc de Rivoli a fait jeter hier. Il est couvert par une tête de pont qui avait été construite lors du premier passage.

Le général Legrand, avec sa division, occupe les bois en avant de la tête de pont. L'armée ennemie est en bataille, couverte par des redoutes ; la gauche à Enzersdorf, la droite à Gros-Aspern : quelques légères fusillades d'avant-postes ont eu lieu.

A présent que le passage du Danube est assuré ; que nos ponts sont à l'abri de toute tentative, le sort de la monarchie autrichienne sera décidé dans une seule affaire.

Les eaux du Danube étaient, le 1er juillet, de quatre pieds au-dessus des plus basses, et de treize pieds au-dessous des plus hautes. La rapidité de ce fleuve est, dans cette partie, lors des grandes eaux, de sept à douze pieds, et lors de la hauteur moyenne, de quatre pieds six pouces par seconde, et plus forte que sur aucun autre point. En Hongrie elle diminue beaucoup, et à l'endroit où Trajan fit jeter un pont, elle est presque insensible. Le Danube est là d'une largeur de quatre cent cinquante toises ; ici il n'est que de quatre cents. Le pont de Trajan était un pont en pierres fait en plusieurs années. Le pont de César sur le Rhin fut jeté, il est vrai, en huit jours, mais aucune voiture chargée n'y pouvait passer.

Les ouvrages sur le Danube sont les plus beaux ouvrages de campagne qui aient jamais été construits.

Le prince Gagarin, aide-de-camp-général de l'empereur de Russie, est arrivé avant-hier, à quatre heures du matin, à Schœnbrunn, au moment où l'Empereur montait à cheval. Il était parti de Pétersbourg le 8 juin. Il a apporté des nouvelles de la marche de l'armée russe en Gallicie.

S. M. a quitté Schœnbrunn. Elle campe depuis

deux jours. Ses tentes sont fort belles et faites à la manière des tentes égyptiennes.

Note sur la vitesse du Danube, par M. le baron de Pakassi, chargé par le gouvernement autrichien de la direction générale des ponts et des travaux du Danube.

La vitesse du Danube est par seconde,

A Ebersdorf, aux eaux basses. . . .   3 pieds 4 p.

         au temps des crues. . . de 7 à 12 pieds.

         à la hauteur moyenne. .   4 pieds 6 p.

A Bude, aux basses eaux. . . . . .   2 pieds.

         au temps des crues. . . de 4 à 8 pieds.

         à la hauteur moyenne.   3 pieds 5 p.

A Orsowa (2 milles au-dessus du pont de Trajan) au temps des crues. . . de 4 à 6 pieds.

Je n'ai pas eu l'occasion de faire des observations exactes sur la vitesse du Danube à Orsowa et vers l'embouchure de ce fleuve.

Je dois ajouter que les sinuosités du Danube font varier la vitesse considérablement.

Vienne, le 2 juillet 1809.

Signé, baron PAKASSI.

Extrait d'une lettre du prince Poniatowski à S. A. S. le prince de Neufchâtel.

Au quartier-général de Pniow,
le 10 juin 1809.

L'archiduc Ferdinand, inquiété sur ses derrières par la marche du général Zajonchek, qui avait déjà passé la Pilica à la hauteur de Pulawy, avait réuni toutes ses forces dans les environs de Sandomir, et paraissait vouloir chercher à pénétrer de ce côté. Le 5 de ce mois, un corps d'environ huit à dix mille hommes, aux ordres du général Schauruth, ayant tenté de s'approcher de la place, fut repoussé avec une perte considérable en tués et en blessés. Il perdit aussi trois cents hommes faits prisonniers.

Le 7, l'archiduc Ferdinand en personne marcha contre la place. Il fut attaqué aussitôt, et cette seconde tentative n'eut pas plus de succès que la première. Il parut alors renoncer à cette entreprise ; et pour partager l'attention des troupes du prince Poniatowski, il se décida à déboucher avec une partie de ses forces par la Haute-Vistule ; en conséquence, le général Schauruth passa le fleuve à Polanice, et se porta sur la Visluka, rivière qui est guéable sur tous les points.

Le Prince Poniatowski, attendant l'armée russe qui s'approchait de lui, et dont une division doit faire sa jonction, le 12, avec ses troupes, pour soutenir ses opérations, renforça les garnisons des forteresses de Sandomir et de Zamosk, formant les deux extrémités de la ligne, replia à l'embouchure du San le pont qu'il avait sur la Vistule, concentra ses forces et prit une position sur le San, à la hauteur de Pniow et de Czekay.

Les nouvelles levées se poursuivent en Gallicie avec la plus grande activité : quatre régimens d'infanterie et quatre régimens de cavalerie levés aux frais des principaux habitans sont déjà rassemblés, habillés et équipés.

—

Frédéric Auguste, par la grâce de Dieu, roi de Saxe, duc de Varsovie, etc.

Polonais ! déjà l'armée qui avait envahi notre

duché de Varsovie, a été forcée par les victoires de votre grand régénérateur et par la valeur de nos troupes, d'abandonner la capitale et de rentrer dans ses foyers.

Après avoir rendu grâce à la divine Providence de la protection signalée qu'elle nous a accordée, nous nous faisons un devoir d'employer les premiers momens du rétablissement de notre gouvernement, pour vous exprimer les sentimens qu'excitent en nous le patriotisme et l'attachement que la nation a développés d'une manière si éclatante, dans ce moment de détresse.

L'ennemi était entré dans le pays avec une nombreuse armée; à peine paraissait-il possible de lui résister : mais il apprit bientôt à connaître quelle est la force de la valeur, conduite par un chef aussi brave et aussi habile que notre ministre de la guerre, le prince Poniatowski.

Polonais! vos bataillons, que le grand héros a créés, et auxquels il a inspiré cet esprit valeureux dont vous avez donné les meilleures preuves sous ses yeux, ont montré qu'ils étaient dignes de leur créateur. Inférieurs en nombre, non-seulement ils ont résisté à l'ennemi, mais ils l'ont partout attaqué avec succès. Ils ont porté la victoire dans les provinces de sa domination, et ils se sont partout couverts de gloire.

De son côté l'ensemble de la nation a fait voir que l'esprit de valeur et de patriotisme des anciens Polonais était encore le sien. L'agression d'un ennemi nombreux, bien loin de l'intimider, n'a fait que l'enflammer à porter des offres volontaires et extraordinaires, à sacrifier la fortune individuelle : elle a tout livré pour la défense de la patrie. Les départemens se sont surpassés à l'envi : c'était à qui augmenterait l'armée de ligne de corps plus nombreux, à qui lui fournirait les subsistances nécessaires, à qui amènerait une plus forte levée pour s'opposer à l'ennemi. Ils ont prouvé que l'amour de la patrie est une qualité distinctive de la nation, et se sont rendus dignes de servir de modèle. Aussi la Providence a-t-elle également couronné par des succès ses généreux efforts.

Notre conseil d'État, par sa fidélité, son zèle, ses sages mesures, et même par le soin de se conserver en activité, au moyen de ses différens déplacemens, secondé par toutes les autres autorités constitutionnelles animées des mêmes sentimens, a réussi à conserver la marche du gouvernement, autant que les circonstances ont pu le permettre.

Polonais! la patrie vous doit son salut; elle vous doit l'approbation de votre grand régénérateur, aux regards duquel n'auront point échappé la conduite valeureuse de l'armée et le zèle ardent de la nation. Elle vous doit l'augmentation de sa considération auprès de vos voisins : elle vous doit la gloire du souverain de régner sur une telle nation.

Quoique dans l'éloignement, notre cœur a toujours été auprès de vous : votre situation nous a toujours été présente. Votre patriotisme, votre fidélité et votre attachement à notre personne, ont augmenté, s'il est possible, le nôtre pour vous; et, si nous n'avons pas pu vous porter les secours que notre cœur eût désiré, c'est avec douleur que nous nous en sommes vus empêchés par les circonstances.

Nation polonaise! la tranquillité vous est rendue, et, avec elle, le gouvernement constitutionnel. Notre soin le plus cher sera de tâcher de guérir les plaies du pays occasionnées par la guerre, de découvrir et récompenser ceux qui ont bien mérité, et de rétablir l'ordre que votre bonheur futur exige. De votre côté, vous y contribuerez par une parfaite confiance dans ce gouvernement, qui ne se dirigera que par nos intentions toutes paternelles.

Donné à Francfort-sur-le-Mein, le 24 juin 1809.

Signé, Frédéric-Auguste.

Par le roi,

Le ministre secrétaire d'État,

Signé, Stanislas Breza.

Proclamation du roi de Saxe à ses sujets.

Nous Frédéric-Auguste, par la grâce de Dieu, roi de Saxe, duc de Varsovie, etc., etc.

La divine Providence s'est jusqu'ici tellement signalée en faveur de notre règne, que nous ne nous sommes trouvés que dans l'agréable obligation de lui offrir ce tribut de notre vive reconnaissance, et nous l'avons remplie, cette obligation, avec d'autant plus de zèle, que notre cœur ne connaît pas de plus grande jouissance que de savoir heureux ceux qui sont confiés à nos soins.

Nous eûmes surtout, dans les années qui viennent de s'écouler, des raisons de bénir la bonté de Dieu, lorsque nous recouvrâmes des mains du vainqueur généreux nos États déjà perdus, et ce bonheur nous devint encore plus précieux, en ce que la connaissance personnelle de ce grand homme joignit en nous aux sentimens de l'émotion et de la gratitude, ceux de la plus sincère admiration pour ses qualités, qu'on n'a jamais pu apprécier assez, et motivé cette estime franche et sans réserve sur laquelle notre alliance repose aussi solidement que sur les traités; ce qui la rend doublement inviolable.

Même à l'époque actuelle, si féconde en inquiétudes, ce n'a pas été pour nous une faible consolation de voir notre royaume dans un état de tranquillité presque parfaite, tandis que la guerre ayant rallumé son flambeau, renouvelait dans d'autres pays ses dévastations. A la vérité, les circonstances nous ont fait croire nécessaire d'abandonner, pour quelque temps, notre bonne ville de Dresde, et d'établir notre résidence dans celle de Leipsick, qui en est voisine. Nous espérions cependant nous y livrer sans trouble à nos sollicitudes pour nos fidèles sujets, attendu que, d'après le cours de la guerre, une invasion ennemie dans nos États ne paraissait rien moins que vraisemblable.

Il a été d'autant plus douloureux pour nous de voir cette espérance trompée, et d'être obligés de nous éloigner au-delà de Leipsick, jusqu'à ce qu'après avoir dépassé la ligne dans laquelle les troupes, sortant de Bohême pour entrer en Saxe et en Franconie, pouvaient cerner notre personne et notre famille royale, nous nous soyions trouvés à l'abri du danger.

Aujourd'hui notre confiance dans la divine Providence, nous fait vivre dans l'espoir qu'elle bénira nos efforts pour affranchir la patrie de la présence de l'ennemi, et que, appuyés par les forces de S. M. le roi de Westphalie, notre fidèle voisin et allié, nous pourrons bientôt y revenir.

Nous croyons de notre devoir, chers et fidèles Saxons, de vous faire de loin partager, pour votre tranquillité, cette ferme espérance. En attendant, nous vous remercions publiquement de ce que dans l'intervalle vous supportez votre situation avec calme et dignité, que vous ne prêtez en aucune sorte l'oreille à l'ennemi, et de ce que vous avez ainsi donné une nouvelle preuve de votre amour, de votre affection envers nous, qui fait notre félicité que notre cœur paie si bien de retour.

C'est avec d'autant plus de confiance que nous vous invitons à vous attacher de plus en plus à nos principes, qui jusqu'ici, sous la protection divine, ont toujours fait le bonheur du pays, à bien vous en pénétrer, et à vous mettre à l'abri des préjudices que des mal-intentionnés pourraient chercher à vous faire éprouver en propageant des opinions erronées ; car il n'a pu nous rester inconnu qu'il y a dans nos États quelques personnes, les unes faibles et égarées, les autres guidées par des intentions perverses, qui non-seulement professent une façon de penser contraire à notre système, aux principes de notre gouvernement, aux sentimens que de justes réflexions sur notre position nous ont inspirés, mais qui encore ont l'audace de les contrarier par leurs propos, et même par leurs actions.

Il est donc enjoint de la manière la plus expresse, aux diverses autorités de notre royaume, de redoubler d'attention sur tous ceux que de pareilles opinions rendent suspects, mais particulièrement sur ceux qui pourraient se rendre coupables, soit par l'expression très-inconvenante de ces opinions, soit même par des actions tendantes à troubler l'ordre, aussi bien que sur la propagation des nouvelles, par lesquelles les inquiétudes des citoyens bien intentionnés peuvent être éveillées, et qui pourraient tromper en partie les efforts de notre zèle pour le repos de nos sujets, et en général de ne rien négliger pour que nos sujets se conduisent conformément aux sentimens que nous venons d'exposer, et que nos intentions bienfaisantes soient exactement remplies ; et pour plus grande notoriété, nous avons signé les présentes de notre main , et y avons fait apposer notre sceau royal.

Donné à Francfort-sur-le-Mein , le 18 juin 1809.

Signé , FRÉDÉRIC-AUGUSTE.

(L. S.) GEORGE-GUILLAUME , *comte de Hopfgarten.*

VINGT-CINQUIÈME BULLETIN.

Wolkersdorf, le 8 juillet 1809.

Les travaux du général comte Bertrand et du corps qu'il commande avaient , dès les premiers jours du mois, dompté entièrement le Danube. S. M. résolut sur-le-champ de réunir son armée dans l'île de Lobau, de déboucher sur l'armée autrichienne et de lui livrer une bataille générale. Ce n'était pas que la position de l'armée française ne fût très-belle à Vienne ; maîtresse de toute la rive droite du Danube , ayant en son pouvoir l'Autriche et une forte partie de la Hongrie , elle se trouvait dans la plus grande abondance : si l'on éprouvait quelques difficultés pour l'approvisionnement de la population de Vienne , cela tenait à la mauvaise organisation de l'administration , à quelques embarras que chaque jour aurait fait cesser, et aux difficultés qui naissaient naturellement de circonstances telles que celles où l'on se trouvait, et dans un pays où le commerce des grains est un privilége exclusif du gouvernement. Mais comment rester ainsi séparé de l'armée ennemie par un canal de trois ou quatre cents toises, lorsque les moyens de passage avaient été préparés et assurés? C'eût été accréditer les impostures que l'ennemi a débitées et répandues avec tant de profusion dans son pays et dans les pays voisins. C'était laisser du doute sur les événemens d'Esling ; c'était enfin autoriser à supposer qu'il y avait une égalité de consistance entre deux armées si différentes, dont l'une était animée et en quelque sorte renforcée par des succès et des victoires multipliées, et l'autre était découragée par les revers les plus mémorables.

Tous les renseignemens que l'on avait sur l'armée autrichienne portaient qu'elle était considérable, qu'elle avait été recrutée par de nombreuses réserves, par les levées de Moravie et de Hongrie, par tous les landwehrs des provinces ; qu'elle avait remonté sa cavalerie par des réquisitions dans tous les cercles, et triplé ses attelages d'artillerie en faisant d'immenses levées de charrettes et de chevaux en Moravie, en Bohême et en Hongrie. Pour ajouter de nouvelles chances en leur faveur, les généraux autrichiens avaient établi des ouvrages de campagne, dont la droite était appuyée à Gros-Aspern et la gauche à Enzersdorf. Les villages d'Aspern, d'Esling et d'Enzersdorf, et les intervalles qui les séparaient, étaient couverts de redoutes palissadées, fraisées et armées de plus de 150 pièces de canon de position, tirées des places de la Bohême et de la Moravie. On ne concevait pas comment il était possible qu'avec son expérience de la guerre, l'Empereur voulût attaquer des ouvrages si puissamment défendus, soutenus par une armée qu'on évaluait à 200,000 hommes, tant de troupes de ligne, que des milices et de l'insurrection, et qui étaient appuyés par une artillerie de 8 ou 900 pièces de campagne. Il paraissait plus simple de jeter de nouveaux ponts sur le Danube quelques lieues plus bas, et de rendre ainsi inutile le champ de bataille préparé par l'ennemi. Mais, dans ce dernier cas, on ne voyait pas comment écarter les inconvéniens qui avaient déjà failli être funestes à l'armée, et parvenir en deux ou trois

jours à mettre ces nouveaux ponts à l'abri des machines de l'ennemi.

D'un autre côté, l'Empereur était tranquille. On
voyait élever ouvrages sur ouvrages dans l'île de
Lobau, et établir sur le même point plusieurs ponts
sur pilotis et plusieurs rangs d'estacades.

Cette situation de l'armée française placée entre
ces deux grandes difficultés n'avait pas échappé à
l'ennemi. Il convenait que son armée, trop nombreuse et pas assez maniable, s'exposerait à une
perte certaine si elle prenait l'offensive ; mais en
même temps il croyait qu'il était impossible de le
déposter de la position centrale où il couvrait la
Bohême, la Moravie et une partie de la Hongrie. Il
est vrai que cette position ne couvrait pas Vienne,
et que les Français étaient en possession de cette capitale ; mais cette possession était, jusqu'à un certain point, disputée, puisque les Autrichiens se
maintenaient maîtres d'une rive du Danube, et em-
pêchaient les arrivages des choses les plus nécessaires
à la subsistance d'une si grande cité. Telles étaient
les raisons d'espérance et de crainte, et la matière
des conversations des deux armées.

Lorsque le 1er juillet, à quatre heures du matin,
l'Empereur porta son quartier-général à l'île *Lobau*
qui avait déjà été nommée, par les ingénieurs, île
Napoléon ; une petite île à laquelle on avait donné
le nom du duc de Montebello, et qui battait Enzersdorf, avait été armée de 10 mortiers et de vingt
pièces de 18. Une autre île nommée l'île *Espagne*
avait été armée de six pièces de position de 12 et
de 4 mortiers. Entre ces deux îles, on avait établi
une batterie égale en force à celle de l'île *Montebello*
et battant également Enzersdorf. Ces 62 pièces de
position avaient le même but et devaient en deux
heures de temps raser la petite ville d'Enzersdorf,

en chasser l'ennemi et en détruire les ouvrages. Sur la droite, l'île Alexandre était armée de quatre mortiers, de dix pièces de 12, et de douze pièces de 6 de position, qui avaient pour but de battre la plaine et de protéger le ployement et le déployement de nos ponts.

Le 2, le chef d'escadron Pelet, aide-de-camp du duc de Rivoli, passa avec 500 voltigeurs dans l'île du moulin, et s'en empara. On arma cette île ; on la joignit au continent par un petit pont qui allait à la rive gauche. En avant, on construisit une petite flèche que l'on appela redoute *Petit*. Le soir les redoutes d'Esling en parurent jalouses : ne doutant pas que ce ne fût une première batterie que l'on voulait faire agir contre elles, elles tirèrent avec la plus grande activité. C'était pécisément l'intention que l'on avait eue en s'emparant de cette île : on voulait y attirer l'attention de l'ennemi pour le détourner du véritable but de l'opération.

Passage du bras du Danube à l'île Lobau.

Le 4, à dix heures du soir, le général Oudinot fit embarquer sur le grand bras du Danube 1500 voltigeurs commandés par le général Conroux. Le colonel Baste, avec dix chaloupes canonnières, les convoya et les débarqua au-delà du petit bras de l'île Lobau dans le Danube. Les batteries de l'ennemi furent bientôt écrasées, et il fut chassé des bois jusqu'au village de Muhlleuten.

A onze heures du soir, les batteries dirigées contre Enzersdorf reçurent l'ordre de commencer leur feu. Les obus brûlèrent cette infortunée petite ville, et en moins d'une demi-heure les batteries ennemies furent éteintes.

Le chef de bataillon Dessales, directeur des équipages des ponts, et l'ingénieur de marine......... ...

avaient préparé, dans le bras de l'île Alexandre , un pont de 8o toises d'une seule pièce , et cinq gros bacs.

Le colonel Sainte-Croix , aide-de-camp du duc de Rivoli , se jeta dans des barques avec 2500 hommes , et débarqua sur la rive gauche.

Le pont d'une seule pièce , le premier de cette espèce qui jusqu'à ce jour ait été construit, fut placé en moins de cinq minutes , et l'infanterie y passa au pas accéléré.

Le capitaine Bazelle jeta un pont de bateaux en une heure et demie.

Le capitaine Payerimoffe jeta un pont de radeaux en deux heures.

Ainsi, à deux heures après minuit, l'armée avait quatre ponts, et avait débouché la gauche à quinze cents toises au-dessous d'Enzersdorf , protégée par les batteries et la droite sur Vittau. Le corps du duc de Rivoli forma la gauche ; celui du comte Oudinot le centre , et celui du duc d'Auerstaedt la droite. Les corps du prince de Ponte-Corvo , du vice-roi et du duc de Raguse , la garde et les cuirassiers formaient la seconde ligne et les réserves. Une profonde obscurité, un violent orage et une pluie qui tombait par torrens, rendaient cette nuit aussi affreuse qu'elle était propice à l'armée française et qu'elle devait lui être glorieuse.

Le 5 , aux premiers rayons du soleil , tout le monde reconnut quel avait été le projet de l'Empereur, qui se trouvait alors avec son armée en bataille sur l'extrémité de la gauche de l'ennemi, ayant tourné tous ses camps retranchés , ayant rendu tous ses ouvrages inutiles, et obligeant ainsi les Autrichiens à sortir de leurs positions et à venir lui livrer bataille dans le terrain qui lui convenait. Ce grand problème était résolu , et sans passer le Danube ailleurs, sans recevoir aucune protection des ouvrages qu'on avait construits, on forçait l'ennemi à se battre à trois quarts de lieue de ses redoutes. On présagea dès-lors les plus grands et les plus heureux résultats.

A huit heures du matin les batteries qui tiraient sur Enzersdorf avaient produit un tel effet, que l'ennemi s'était borné à laisser occuper cette ville par quatre bataillons. Le duc de Rivoli fit marcher contre elle son premier aide-de-camp Sainte-Croix, qui n'éprouva pas une grande résistance, s'en empara et fit prisonnier tout ce qui s'y trouvait

Le comte Oudinot cerna le château de Sachsengang que l'ennemi avait fortifié, fit capituler les 900 hommes qui le défendaient, et prit douze pièces de canon.

L'Empereur fit alors déployer toute l'armée dans l'immense plaine d'Enzersdorf.

Bataille d'Enzersdorf.

Cependant l'ennemi, confondu dans ses projets, revint peu à peu de sa surprise et tenta de ressaisir quelques avantages dans ce nouveau champ de bataille. A cet effet, il détacha plusieurs colonnes d'infanterie, un bon nombre de pièces d'artillerie, et toute sa cavalerie, tant de ligne qu'insurgés, pour essayer de déborder la droite de l'armée française. En conséquence il vint occuper le village de Rutzendorf. L'Empereur ordonna au général Oudinot de faire enlever ce village, à la droite duquel il fit passer le duc d'Auerstaedt, pour se diriger sur le quartier-général du prince Charles, en marchant toujours de la droite à la gauche.

Depuis midi jusqu'à neuf heures du soir, on manœuvra dans cette immense plaine, on occupa tous les villages, et à mesure qu'on arrivait à la hauteur des camps retranchés de l'ennemi, ils tombaient d'eux-mêmes et comme par enchantement. Le duc de Rivoli les faisait occuper sans résistance. C'est ainsi que nous nous sommes emparés des ouvrages d'Esling et de Gros-Aspern, et que le travail de quarante jours n'a été d'aucune utilité à l'ennemi. Il fit quelque résistance au village de Raschdorf, que le prince de Ponte-Corvo fit attaquer et enlever par les Saxons. L'ennemi fut partout mené battant et écrasé par la supériorité de notre feu. Cet immense champ de bataille resta couvert de ses débris.

Bataille de Wagram.

Vivement effrayé des progrès de l'armée française et des grands résultats qu'elle obtenait presque sans efforts, l'ennemi fit marcher toutes ses troupes, et à six heures du soir il occupa la position suivante : sa droite, de Stadelau à Gerasdorf; son centre, de Gerasdorf à Wagram, et sa gauche, de Wagram à Neusiedel. L'armée française avait sa gauche à Gros-Aspern; son centre, à Raschdorf, et sa droite à Glin-zendorf. Dans cette position, la journée paraissait presque finie, et il fallait s'attendre à avoir le lendemain une grande bataille. Mais on l'évitait et on coupait la position de l'ennemi en l'empêchant de concevoir aucun système, si dans la nuit on s'emparait du village de Wagram. Alors sa ligne déjà immense prise à la hâte et par les chances du combat, laissait errer les différens corps de l'armée sans ordre et sans direction, et on en aurait eu bon marché, sans engagement sérieux. L'attaque de Wagram eut lieu, nos troupes emportèrent ce village; mais une colonne de Saxons et une colonne de Français se prirent dans l'obscurité pour des troupes ennemies, et cette opération fut manquée.

On se prépara alors à la bataille de Wagram. Il paraît que les dispositions du général français et du général autrichien furent inverses. L'Empereur passa toute la nuit à rassembler ses forces sur son centre, où il était de sa personne à une portée de canon de Wagram. A cet effet, le duc de Rivoli se porta sur la gauche d'Aderklau, en laissant sur Aspern une seule division, qui eut ordre de se replier, en cas d'événement, sur l'île de Lobau. Le duc d'Auerstaedt recevait l'ordre de dépasser le village de Grosshoffen pour s'approcher du centre. Le général autrichien, au contraire, affaiblissait son centre pour garnir et augmenter ses extrémités, auxquelles il donnait une nouvelle étendue.

Le 6, à la pointe du jour, le prince de Ponte-Corvo occupa la gauche, ayant en seconde ligne le duc de Rivoli. Le vice-roi le liait au centre, où le corps du comte Oudinot, celui du duc de Raguse, ceux de la garde impériale et les divisions de cuirassiers formaient sept ou huit lignes.

Le duc d'Auerstaedt marcha de la droite pour arriver au centre. L'ennemi au contraire mettait le corps de Bellegarde en marche sur Stadelau. Les corps de Collowrath, de Lichtenstein et de Hiller liaient cette droite à la position de Wagram où était le prince de Hohenzollern, et à l'extrémité de la gauche à Neusiedel où débouchait le corps de Rosenberg pour déborder également le duc d'Auerstaedt. Le corps de Rosenberg et celui du duc d'Auerstaedt, faisant un mouvement inverse, se rencontrèrent aux premiers rayons du soleil, et donnèrent le signal de la bataille. L'Empereur se porta aussitôt sur ce point, fit renforcer le duc d'Auerstaedt par la division de cuirassiers du duc de Padone, et fit prendre le corps de Rosenberg en flanc par une batterie de douze pièces de la division du général comte de Nansouty. En moins de trois-quarts d'heure, le beau corps du duc d'Auerstaedt eut fait raison du corps de Rosenberg, le culbuta et le rejeta au-delà de Nieusedel après lui avoir fait beaucoup de mal.

Pendant ce temps la canonnade s'engageait sur toute la ligne, et les dispositions de l'ennemi se développaient de moment en moment. Toute sa gauche se garnissait d'artillerie. On eût dit que le général autrichien ne se battait pas pour la victoire, mais qu'il n'avait en vue que le moyen d'en profiter. Cette disposition de l'ennemi paraissait si insensée que l'on craignait quelque piége, et que l'Empereur différa quelque temps avant d'ordonner les faciles dispositions qu'il avait à faire pour annuler celles de l'ennemi et les lui rendre funestes. Il ordonna au duc de Rivoli de faire une attaque sur le village qu'occupait l'ennemi, et qui pressait un peu l'extrémité du centre de l'armée. Il ordonna au duc d'Auerstaedt de tourner la position de Neusiedel, et de pousser de-là sur Wagram; et il fit former en colonne le duc de Raguse et le général Macdonald pour enlever Wagram au moment ou déboucherait le duc d'Auerstaedt.

Sur ces entrefaites on vint prévenir que l'ennemi attaquait avec fureur le village qu'avait enlevé le duc de Rivoli, que notre gauche était débordée de trois mille toises, qu'une vive canonnade se faisait déjà entendre à Gros-Aspern, et que l'intervalle de Gros-Aspern à Wagram paraissait couvert d'une immense ligne d'artillerie. Il n'y eut plus à douter. L'ennemi commettait une énorme faute : il ne s'agissait que d'en profiter. L'Empereur ordonna sur-le-champ au général Macdonald de disposer les divisions Broussier et Lamarque en colonne d'attaque. Il les fit soutenir par la division du général Nansouty, par la garde à cheval et par une batterie de soixante pièces de la garde et de quarante pièces des différens corps. Le général comte de Lauriston, à la tête de cette batterie de cent pièces d'artillerie, marcha au trot à l'ennemi, s'avança sans tirer jusqu'à la demi-portée du canon, et là commença un feu prodigie x qui éteignit celui de l'ennemi et porta la mort dans ses rangs. Le général Macdonald marcha alors au pas de charge. Le général de division Reille, avec la brigade de fusiliers et de tirailleurs de la garde, soutenait le général Macdonald. La garde avait fait un changement de front pour rendre cette attaque infaillible. Dans un clin-d'œil, le centre de l'ennemi perdit une lieue de terrain; sa droite épouvantée sentit le danger de la position où elle s'était placée, et rétrograda en grande hâte. Le duc de Rivoli l'attaqua alors en tête. Pendant que la déroute du centre portait la consternation et forçait les mouvemens de la droite de l'ennemi, sa gauche était attaquée et débordée par le duc d'Auerstaedt, qui avait enlevé Neusiedel, et qui étant monté sur le plateau, marchait sur Wagram. La division Broussier et la division Gudin se sont couvertes de gloire.

Il n'était alors que dix heures du matin, et les hommes les moins clairvoyans voyaient que la journée était décidée et que la victoire était à nous.

A midi, le comte Oudinot marcha sur Wagram pour aider à l'attaque du duc d'Auerstaedt. Il y réussit et enleva cette importante position. Dès dix heures, l'ennemi ne se battait plus que pour sa retraite; dès midi, elle était prononcée et se faisait en désordre; et beaucoup avant la nuit l'ennemi était hors de vue. Notre gauche était placée à Jetelsée et Ebersdorf, notre centre sur Obersdorf, et la cavalerie de notre droite avait des postes jusqu'à Shonkirchen.

Le 7 à la pointe du jour, l'armée était en mouvement et marchait sur Korneubourg et Wolkersdorf, et avait des postes sur Nicolsbourg. L'ennemi, coupé de la Hongrie et de la Moravie, se trouvait acculé du côté de la Bohême.

Tel est le récit de la bataille de Wagram : bataille décisive et à jamais célèbre, où trois à quatre cent mille hommes, douze à quinze cents pièces de canon se battaient pour de grands intérêts, sur un champ de bataille étudié, médité, fortifié par l'ennemi depuis plusieurs mois. Dix drapeaux, quarante pièces de canon, vingt mille prisonniers, dont trois ou quatre cents officiers et bon nombre de généraux, de colonels et de majors sont les trophées de cette victoire. Les champs de bataille sont couverts de morts, parmi lesquels on trouve les corps de plusieurs généraux, et entre autres d'un nommé Normann, Français traître à sa patrie, qui avait prostitué ses talens contre elle.

Tous les blessés de l'ennemi sont tombés en notre pouvoir. Ceux qu'il avait évacués au commencement de l'action, ont été trouvés dans les villages environnans. On peut calculer que le résultat de cette bataille sera de réduire l'armée autrichienne à moins de soixante mille hommes.

Notre perte a été considérable : on l'évalue à 1500 hommes tués et à 3 ou 4000 blessés.

Le duc d'Istrie, au moment où il disposait l'attaque de la cavalerie, a eu son cheval emporté d'un coup de canon ; le boulet est tombé sur sa selle, et lui a fait une légère contusion à la cuisse.

Le général de division Lasalle a été tué d'une balle. C'était un officier du plus grand mérite, et l'un de nos meilleurs généraux de cavalerie légère.

Le général bavarois de Wrede, et les généraux Seras, Grenier, Vignolle, Sahuc, Frere et Defrance, ont été blessés.

Le colonel prince Aldobrandini a été frappé au bras par une balle. Les majors de la garde, Dausmenil et Corbineau, et le colonel Sainte-Croix, ont aussi été blessés. L'adjudant-commandant Duprat a été tué. Le colonel du 9e d'infanterie de ligne est resté sur le champ de bataille. Ce régiment s'est couvert de gloire.

L'état-major fait dresser l'état de nos pertes.

Une circonstance particulière de cette grande bataille, c'est que les colonnes les plus rapprochées de Vienne n'en étaient pas à 1200 toises. La nombreuse population de cette capitale, couvrait les tours, les clochers, les toits, les monticules, pour être témoin de ce grand spectacle.

L'empereur d'Autriche avait quitté Wolkersdorf le 6, à cinq heures du matin, et était monté sur un belvédère, d'où il voyait le champ de bataille, et où il est resté jusqu'à midi. Il est alors parti en toute hâte.

Le quartier-général français est arrivé à Wolkersdorf dans la matinée du 7.

VINGT-SIXIÈME BULLETIN.

Wolkersdorf, le 9 juillet 1809.

La retraite de l'ennemi est une déroute. On a ramassé une partie de ses équipages. Ses blessés sont tombés en notre pouvoir : on en compte déjà au-delà de 12000 : tous les villages en sont remplis. Dans cinq de ses hôpitaux seulement, on en a trouvé plus de 6000.

Le duc de Rivoli, poursuivant l'ennemi par Stokerau, est déjà arrivé à Hollabrunn.

Le duc de Raguse l'avait d'abord suivi sur la route de Brunn, qu'il a quittée à Wulfersdorf pour prendre celle de Znaim. Aujourd'hui, à neuf heures du matin, il a rencontré à Laa, une arrière-garde qu'il a culbutée, et à laquelle il a fait 900 prisonniers. Il sera demain à Znaim.

Le duc d'Auerstaedt est arrivé aujourd'hui à Nicolsbourg.

L'empereur d'Autriche, le prince Antoine, une suite d'environ 200 calèches, carrosses et autres voitures, ont couché, le 6, à Erensbrunn ; le 7, à Hollabrunn, et le 8 à Znaim, d'où ils sont partis le 9 au matin : selon les rapports des gens du pays qui les conduisaient, leur abattement était extrême.

L'un des princes de Rohan a été trouvé blessé sur le champ de bataille. Le feld-maréchal-lieutenant Wussakowicz est parmi les prisonniers.

L'artillerie de la garde s'est couverte de gloire. Le major d'Aboville qui commandait, a été blessé. L'Empereur l'a fait général de brigade. Le chef d'escadron d'artillerie Grenner a eu un bras emporté. Ces intrépides canonniers ont montré toute la puissance de cette arme terrible.

Les chasseurs à cheval de la garde ont chargé, le jour de la bataille de Wagram, trois carrés d'infanterie qu'ils ont enfoncés. Ils ont pris 4 pièces de canon. Les chevau-légers polonais de la garde ont chargé un régiment de lanciers. Ils ont fait prisonnier le prince d'Auersperg et pris 2 pièces de canon.

Les hussards saxons d'Albert ont chargé les cuirassiers d'Albert, et leur ont pris un drapeau. C'était une chose fort singulière de voir deux régimens appartenant au même colonel combattre l'un contre l'autre.

Il paraît que l'ennemi abandonne la Moravie et la Hongrie, et se retire en Bohême.

Les routes sont couvertes de gens de la landwehr et de la levée en masse, qui retournent chez eux.

Les pertes que la désertion ajoute à celles que l'ennemi a éprouvées en tués, blessés et prisonniers, concourent à l'anéantissement de cette armée.

Les nombreuses lettres interceptées font un tableau frappant du mécontentement de l'armée ennemie et du désordre qui y règne.

A présent que la monarchie autrichienne est sans espérance, ce serait mal connaître le caractère de ceux qui l'ont gouvernée, que de ne pas s'attendre qu'ils s'humilieront comme ils le firent après la bataille d'Austerlitz. A cette époque ils étaient, comme aujourd'hui, sans espoir, et ils épuisèrent les protestations et les sermens.

Pendant la journée du 6, l'ennemi a jeté sur la rive droite du Danube quelques centaines d'hommes des postes d'observation. Ils se sont rembarqués après avoir perdu quelques hommes tués ou faits prisonniers.

La chaleur a été excessive ces jours-ci. Le thermomètre a été presque constamment à 26 degrés.

Le vin est en très-grande abondance. Il y a tel village où on en a trouvé jusqu'à trois millions de pintes. Il n'a heureusement aucune qualité malfaisante.

Vingt villages, les plus considérables de la belle plaine de Vienne, et tels qu'on en voit aux environs d'une grande capitale, ont été brûlés pendant la bataille. La juste haine de la nation se prononce contre les hommes criminels qui ont attiré tous ces malheurs sur elle.

Le général de brigade Laroche est entré, le 28 juin, avec un corps de cavalerie, à Nuremberg, et s'est dirigé sur Bareuth. Il a rencontré l'ennemi à Besentheim, l'a fait charger par le 1ᵉʳ régiment provisoire de dragons, a sabré tout ce qui s'est trouvé devant lui, et a pris deux pièces de canon.

VINGT-SEPTIÈME BULLETIN.

A Znaim, le 12 juillet 1809.

Le 10, le duc de Rivoli a battu devant Hollabrunn l'arrière-garde ennemie.

Le même jour à midi, le duc de Raguse, arrivé sur les hauteurs de Zuaim, vit les bagages et l'artillerie de l'ennemi qui filaient sur la Bohême. Le général Bellegarde lui écrivit que le prince Jean de Lichtenstein se rendait auprès de l'Empereur avec une mission de son maître, pour traiter de la paix, et demanda en conséquence une suspension d'armes. Le duc de Raguse répondit qu'il n'était pas en son pouvoir d'accéder à cette demande, mais qu'il allait en rendre compte à l'Empereur. En attendant il attaqua l'ennemi, lui enleva une belle position, lui fit des prisonniers et prit deux drapeaux.

Le même jour au matin, le duc d'Auerstaedt avait passé la Taya vis-à-vis Nicolsbourg, et le général Grouchy avait battu l'arrière-garde du prince de Rosenberg, et lui avait fait 450 prisonniers du régiment du prince Charles.

Le 11 à midi, l'Empereur arriva vis-à-vis Znaim. Le combat était engagé. Le duc de Raguse avait débordé la ville, et le duc de Rivoli s'était emparé du pont et avait occupé la fabrique de tabac. On avait pris à l'ennemi, dans les différens engagemens de cette journée, 3,000 hommes, 2 drapeaux et 3 pièces de canon. Le général de brigade Bruyères, officier d'une grande espérance, a été blessé. Le général de brigade Guiton a fait une belle charge avec le 10ᵉ de cuirassiers.

L'Empereur, instruit que le prince Jean de Lichtenstein , envoyé auprès de lui , était entré dans nos postes , fit cesser le feu. L'armistice ci-joint fut signé à minuit, chez le prince de Neufchâtel. Le prince de Lichtenstein a été présenté à l'Empereur, dans sa tente, à deux heures du matin.

Suspension d'armes entre S. M. l'Empereur des Français, Roi d'Italie, et S. M. l'Empereur d'Autriche.

Art. Ier. Il y aura suspension d'armes entre les armées de S. M. l'Empereur des Français, Roi d'Italie, et de S. M. l'Empereur d'Autriche.

II. La ligne de démarcation sera, du côté de la Haute-Autriche, la frontière qui sépare l'Autriche de la Bohême, le cercle de Znaim, celui de Brunn, et une ligne tracée de la frontière de Moravie sur Raab, qui commencera au point où la frontière du cercle de Brunn touche la March, et en descendant la March, jusqu'au confluent de la Taya, de-là à Saint-Johann et la route jusqu'à Presbourg ; Presbourg et une lieue autour de la ville ; le grand Danube jusqu'à l'embouchure de la Raab et une lieue autour; la Raab jusqu'à la frontière de Styrie ; la Styrie, la Carniole, l'Istrie et Fiume.

III. Les citadelles de Brunn et de Gratz seront évacuées immédiatement après la signature de la présente suspension d'armes.

IV. Les détachemens de troupes autrichiennes qui sont dans le Tyrol et dans le Voralberg, évacueront ces deux pays ; le fort de Sachsenbourg sera remis aux troupes françaises.

V. Les magasins de subsistances et d'habillement qui se trouveraient dans le pays qui doit être évacué par l'armée autrichienne, et qui lui appartiennent, pourront être évacués.

VI. Quant à la Pologne, les deux armées prendront la ligne qu'elles occupent aujourd'hui.

VII. La présente suspension d'armes durera un mois, et avant de recommencer les hostilités on se préviendra quinze jours d'avance.

VIII. Il sera nommé des commissaires respectifs pour l'exécution des présentes dispositions.

IX. A dater de demain 13, les troupes autrichiennes évacueront les pays désignés dans la présente suspension d'armes, et se retireront par journées d'étapes.

Le fort de Brunn sera remis le 14 à l'armée française, et celui de Gratz le 16 juillet.

Fait et arrêté entre nous soussignés, chargés des pleins pouvoirs de nos souverains respectifs, le présent armistice, S. A. S. le prince de Neufchâtel, major-général de l'armée française, et M. le baron de Wimpffen, général-major et chef d'état-major de l'armée autrichienne.

Au camp devant Znaim, le 12 juillet 1809.

Signé ALEXANDRE, WIMPFFEN.

VINGT-HUITIÈME BULLETIN.

Vienne, le 14 juillet 1809.

Le Danube a cru de six pieds. Les ponts de bateaux qu'on avait établis devant Vienne depuis la bataille de Wagram ont été rompus par les effets de la crue : mais nos ponts d'Ebersdorf, solides et permanens, n'en ont pas souffert. Ces ponts et les ouvrages de l'île de Lobau sont le sujet de l'admiration des militaires autrichiens. Ils avouent que de tels travaux à la guerre sont sans exemple depuis les Romains.

L'archiduc Charles ayant envoyé le général-major Weissenvof complimenter l'Empereur, et depuis le baron de Wimpffen, et le prince Jean de Lichtenstein ayant fait la même politesse en son nom, S. M. a jugé à propos de lui envoyer le duc de Frioul, grand-maréchal du palais, qui l'a trouvé à Budweis et a passé une partie de la journée d'hier à son quartier-général.

L'Empereur est parti hier à neuf heures du matin de son camp de Znaim, et est arrivé au palais de Schœnbrunn à trois heures après-midi.

S. M. a visité les environs du village de Spitz, qui forme la tête du pont de Vienne. Elle a ordonné au général comte Bertrand différens ouvrages qui doivent avoir été tracés et commencés aujourd'hui.

Le pont sur pilotis de Vienne sera rétabli dans le plus court délai.

S. M. a nommé maréchaux de l'empire, le général Oudinot, le duc de Raguse et le général Macdonald. Le nombre des maréchaux était de onze; cette nomination le porte à quatorze. Il reste encore deux placés vacantes; les places de colonel-général des Suisses et de colonel-général des chasseurs, sont aussi vacantes.

Le colonel-général des chasseurs est, d'après nos constitutions, grand-officier de l'empire.

S. M. a témoigné sa satisfaction de la manière dont la chirurgie a servi, et particulièrement des services du chirurgien en chef Heurteloup.

Le 7, S. M. traversant le champ de bataille, a fait enlever un grand nombre de blessés, et y a laissé le duc de Frioul, grand-maréchal du palais, qui y a passé toute la journée.

Le nombre des blessés autrichiens tombés en notre pouvoir s'élève de 12 à 13,000.

Les Autrichiens ont eu 19 généraux tués ou blessés. On a remarqué , comme un fait singulier, que les officiers français , soit de l'ancienne France, soit des nouvelles provinces qui se trouvaient au service d'Autriche , ont pour la plupart péri.

On a intercepté plusieurs courriers, et l'on a trouvé, dans les lettres dont ils étaient porteurs , une correspondance suivie de Gentz avec le comte Stadion. L'influence de ce misérable dans les grandes décisions du cabinet autrichien, est ainsi matériellement prouvée. Voilà les instrumens dont l'Angleterre se servait comme d'une nouvelle boîte de Pandore , pour souffler les tempêtes et répandre les poisons sur le continent.

Le corps du duc de Rivoli forme ses camps dans le cercle de Znaim ; celui du duc d'Auerstaedt, dans le cercle de Brünn; celui du maréchal duc de Raguse, dans le cercle de Korn-Neubourg ; celui du maréchal Oudinot, en avant de Vienne, à Spitz; celui du viceroi, sur Presbourg et Gratz. La garde impériale rentre dans les environs de Schœnbrunn.

La récolte est très-belle et partout d'une grande abondance. L'armée est cantonnée dans de superbes pays riches en denrées de toutes espèces et surtout en vins.

VINGT-NEUVIÈME BULLETIN.

Vienne, le 22 juillet 1809.

Les généraux Durosnel et Foulers sont arrivés au quartier-général. Les conjectures qu'on avait formées au sujet du général Durosnel se sont toutes trouvées fausses. Il n'a pas été blessé , il n'a pas eu de cheval tué sous lui; mais en revenant de porter au duc de Montebello, dans la journée du 22 mai, l'ordre de concentrer son mouvement à cause de la rupture des ponts, il traversa un ravin où il trouva 25 hussards qu'il croyait former un de nos postes. Il ne s'aperçût qu'ils étaient ennemis qu'au moment où ils lui sautèrent au collet. Comme on avait été long-temps sans avoir de ses nouvelles, et d'après quelques autres indices, on l'avait cru mort.

Le général de division Regnier a pris le commandement des Saxons et a occupé Presbourg.

Le maréchal Macdonald s'est mis en marche pour aller prendre possession de la citadelle de Gratz, où il doit être entré aujourd'hui.

Le maréchal duc de Raguse a campé ses troupes sur les hauteurs de Krems.

S. M. assiste tous les matins aux parades de la garde qui sont fort belles. Les vélites et les grenadiers à pied de la garde italienne se font remarquer par une excellente tenue.

Le prince Jean de Lichtenstein, revenant de Bude, a été présenté le 18 à S. M. : il apportait une lettre de l'empereur d'Autriche.

Le comte de Bubna, général-major aide-de-camp de l'empereur d'Autriche, a dîné plusieurs fois chez M. le comte Champagny.

Sur les rives du Danube, on a rassemblé et réparé les bateaux du commerce qui avaient été dispersés par les événemens de la guerre, et on les charge partout de bois, de légumes, de blés et de farines. On en voit arriver chaque jour.

Toute l'armée est campée.

TRENTIÈME BULLETIN.

Vienne, le 30 juillet 1809.

Le 9ᵉ corps que commandait le prince de Ponte-Corvo a été dissous le 8. Les Saxons qui en faisaient partie sont sous les ordres du général Regnier. Le prince de Ponte-Corvo est allé prendre les eaux. Dans la bataille de Wagram, le village de Wagram a été enlevé le 6, entre dix et onze heures du matin, et la gloire en appartient toute entière au maréchal Oudinot et à son corps.

D'après tous les renseignemens qui ont été pris, la maison d'Autriche se préparait à la guerre depuis près de quatre ans, c'est-à-dire, depuis la paix de Presbourg. Son état militaire lui a coûté, pendant trois années, 300 millions de francs chaque année. Aussi son papier-monnaie, qui ne se montait qu'à un milliard de francs lors de la paix de Presbourg, passe-t-il aujourd'hui deux milliards.

La maison d'Autriche est entrée en campagne avec soixante-deux régimens de ligne, dix-huit régimens de frontières, quatre corps francs ou légions, ayant ensemble un présent sous les armes de trois cent-dix mille hommes; cent cinquante bataillons de land-wehr, commandés par d'anciens officiers, et exercés pendant dix mois, formant cent cinquante mille hommes; quarante mille hommes de l'insurrection hongroise, et soixante mille hommes de cavalerie, d'artillerie et de sapeurs; ce qui a porté ses forces réelles de cinq à six cent mille hommes. Aussi la maison d'Autriche se croyait-elle sûre de la victoire. Elle espérait balancer les destins de la France, lors même que toutes nos forces auraient été réunies, et elle ne doutait pas qu'elle ne s'avançât sur le Rhin, sachant que la majeure partie de nos troupes et nos plus beaux régimens étaient en Espagne. Cependant ses armées sont aujourd'hui réduites à moins du quart, tandis que l'armée française est double de ce qu'elle était à Ratisbonne.

Ces efforts, la maison d'Autriche n'a pu les faire qu'une fois. C'est un miracle attaché au papier-monnaie. Le numéraire est si rare, que l'on ne croit pas qu'il y ait dans les États de cette monarchie soixante millions de francs en espèces. C'est ce qui soutient le papier-monnaie, puisque près de deux milliards qui, moyennant la réduction au tiers, ne valent que 6 à 700 millions, ne sont que le signe nécessaire à la circulation.

On a trouvé dans la citadelle de Gratz vingt-deux pièces de canon.

La forteresse de Sachsenbourg, située aux débouchés du Tyrol, a été remise au général Rusca.

Le duc de Dantzick est entré en Tyrol avec vingt-cinq mille hommes. Il a occupé, le 28, Lovers, et il a partout désarmé les habitans. Il doit en ce moment être à Inspruck.

Le général Thielman est entré à Dresde.

Le duc d'Abrantès est à Bayreuth. Il a établi ses postes sur la frontière de la Bohême.

FIN DU DEUXIÈME VOLUME.